박영선 목사의
산상수훈 강해

박영선 목사의
산상수훈 강해

박 영 선 지음

합신대학원출판부

박영선 목사의
산상수훈 강해

초판 1쇄   2017년 10월 31일
초판 3쇄   2025년 2월 15일

지은이   박영선
발행인   김학유
펴낸곳   합동신학대학원출판부
주소   경기도 수원시 영통구 광교중앙로 50(원천동)
전화   (031) 217-0629
팩스   (031) 212-6204
홈페이지   www.hapdong.ac.kr
출판등록번호   제22-1-1호
인쇄처   예원프린팅 (031) 957-6551
총판   (주) 기독교출판유통 (031) 906-9191
값   16,500원

ISBN   978-89-97244-42-3   03230
*잘못된 책은 교환해 드립니다

「이 도서의 국립중앙도서관 출판예정도서목록(CIP)은 서지정보유통지원시스템 홈페이지(http://seoji.nl.go.kr)와 국
가자료공동목록시스템(http://www.nl.go.kr/kolisnet)에서 이용하실 수 있습니다.
(CIP제어번호: CIP2017027496)」

차례

머리말

마태복음_ 5장

머리말

산상수훈은 성도들이 가장 좋아하는 예수님의 가르침일 것입니다. 그것은 이 가르침에서 우리가 '하나님의 의'를 만나기 때문입니다. 여기에서 하나님의 의는 정죄하고 강요하는 권력이 아니라 인간을 품어주고 완성하는 은혜라고 소개되고 있습니다. 비교와 경쟁을 통해서만 자신의 정체성을 확인하는 율법의 의로부터 자유로워지는 삶을 만나게 됩니다. 용서와 관용, 곧 사랑으로 내용을 삼는 예수 안에 있는 하나님의 의가 신앙 인격이 도달해야 할 참된 목표임을 깨닫는 것입니다.

이 설교에서 저는 하나님의 의를 예수 안에 있는 구원, 성도들이 누리는 하나님의 통치, 그리고 늘 경계해야 하는 죄성인 율법적 의와 같은 주제들을 통해 살펴보았습니다. 이러한 주제들은 신앙인의 삶에서 가장 현실적인 문제들이기도 합니다. 신앙생활이란 배워 알고 설명하는 것을 넘어 그렇게 살아내야 하는 것이기 때문입니다. 주어진 현실을 하나님의 통치라는 빛 아래에서 이해하고 순종하며 하루씩 살아가는 것, 그것이야말로 신앙생활의 본령이며 고통스럽지만 위대한 길임을 잊지 말아야 하겠습니다.

산상수훈에 대해 처음 제게 큰 도전을 준 것은 로이드 존스 목사님의 『산상설교집』이었고, 근자에는 달라스 윌라드 목사님의 『하나님의 모략』에서 적지 않은 도움을 받았습니다. 이렇게 성도들이 주님의 가르침을 배워가는 길에 이 설교집이 또 한 모퉁이에서 만나는 유익이 되었으면 합니다.

이 설교에 동참하여 함께 은혜를 나눈 남포교회 교우들에게 감사를 드립니다.

2011. 1.

박 영 선

※일러두기
　이 책의 성경구절은 개역개정 성경에서 인용했다.

마태복음 5장

1. 팔복

예수께서 무리를 보시고 산에 올라가 앉으시니 제자들이
나아온지라 입을 열어 가르쳐 이르시되 심령이 가난한 자
는 복이 있나니 천국이 그들의 것임이요 애통하는 자는 복
이 있나니 그들이 위로를 받을 것임이요 온유한 자는 복
이 있나니 그들이 땅을 기업으로 받을 것임이요 의에 주리
고 목마른 자는 복이 있나니 그들이 배부를 것임이요 긍
휼히 여기는 자는 복이 있나니 그들이 긍휼히 여김을 받
을 것임이요 마음이 청결한 자는 복이 있나니 그들이 하나
님을 볼 것임이요 화평하게 하는 자는 복이 있나니 그들
이 하나님의 아들이라 일컬음을 받을 것임이요 의를 위하
여 박해를 받은 자는 복이 있나니 천국이 그들의 것임이라
(마 5:1~10)

예수님이 공생애 사역을 하실 때에 많은 무리를 가르치기 위하여 산에서 하나님 나라의 복음을 설교하신 내용을 산상설교 혹은 산상수훈이라고 합니다. 마태복음 5~7장에 걸쳐 기록되어 있는데 이 내용은 기독교 복음에서 가장 정수가 되는 내용이 들어 있기 때문에 좀 더 자세하고 분명하게 살펴보는 기회를 가져보려고 합니다.

산상설교의 첫 번째 내용은 팔복입니다. '심령이 가난한 자' 부터 '의를 위하여 박해를 받는 자' 까지 여덟 개를 나열하고 있는데, 그 표현이 '이러이러한 자는 복이 있나니' 라고 되어 있어서 복의 조건과 자격으로 자주 오해되고 있습니다. "심령이 가난한 자는 복이 있나니 천국이 그들의 것임이요" 라고 해서 천국의 복을 받으려면 심령이 가난해야 된다고 우리가 거의 본성적으로 이해할 위험이 있습니다.

그러나 팔복은 복을 받는 조건이나 또는 자격을 나열한 것이 아닙니다. 왜냐하면 마태복음 5장에서 시작하는 팔복을 이해하기 위해서는 바로 앞에 나오는 마태복음 4장을 봐야합니다. 4장은 예수님의 사역을 이렇게 소개합니다.

예수께서 요한이 잡혔음을 들으시고 갈릴리로 물러가셨다가 나사렛을 떠나 스불론과 납달리 지경 해변에 있는 가버나움에 가서 사시니 이는 선지자 이사야를 통하여 하신 말씀을 이루려 하심이라 일렀으되 스불론 땅과 납달리 땅과 요단 강 저편 해변 길과 이방의 갈릴리여 흑암에 앉은 백성이 큰 빛을 보았고 사망의 땅과 그늘에 앉은 자들에게 빛이 비치었도다 하였느니라(마 4:12~16)

예수님의 사역을 이사야의 예언의 성취로 보면서 16절에 있는 바와 같이 "흑암에 앉은 백성이 큰 빛을 보았고 사망의 땅과 그늘에 앉은 자들에게 빛이 비치었도다." 이것은 사망에 앉아있던 자, 흑암에 앉아있던 자에게 빛이 찾아온 것이지 저들이 빛을 찾아나간 이야기는 아닙니다. 더 분명히 하기 위해서 23절을 봅시다.

예수께서 온 갈릴리에 두루 다니사 그들의 회당에서 가르치시며 천국 복음을 전파하시며 백성 중의 모든 병과 모든 약한 것을 고치시니 그의 소문이 온 수리아에 퍼진지라 사람들이 모든 앓는 자 곧 각종 병에 걸려서 고통 당하는 자, 귀신 들린 자, 간질하는 자, 중풍병자들을 데려오니 그들을 고치시더라 그의 소문이 온 수리아에 퍼진지라 사람들이 모든 앓는 자 곧 각종 병에 걸려서 고통 당하는 자, 귀신 들린 자, 간질하는 자, 중풍병자들을 데려오니 그들을 고치시더라(마 4:23~25)

예수께서 본문 1절에서 무리를 보셨다고 하셨는데 그 무리는 어떤 사람들입니까? 그들은 예수님의 복음 전파에 호응하여 나왔고 복음이 필요했던 사람들입니다. 여기 보시는 대로 모든 병과 모든 약한 것을 고치신다는 소문을 듣고 찾아온 자들, 다시 말해 "병에 걸려서 고통 당하는 자, 귀신 들린 자, 간질하는 자, 중풍병자"들과 관련이 있습니다. 방금 앞에서 읽은 말씀처럼 복음이 어떤 자들에게 선포되었느냐 하면 흑암의 세력 아래 있던 자, 사망의 그늘 진 땅에 앉아있던 자들에게 복음이 선포된 것입니다.

그래서 팔복이 자격과 조건을 말하고 있다고 보는 것은 맞지 않습니다. 우리의 영혼이나 마음에 깊은 상태가 준비되어 있어야 복을 받는다는 식으로 억지로 앞뒤를 맞추려 하다 보면 팔복에 자격과 조건이 들어 있다고도 말할 수 있습니다. 심령이 가난하고 애통하고 온유하고 의에 주리고 목마른 것이 다 조건이 된다는 것입니다. 그러나 이것이 조건이 될 수 없는 것은 아주 당연합니다. 그것이 조건이 되면 예수님이 서 계실 자리가 없어집니다. 예수님이 오신 것은 다른 무엇으로도 되지 않는다는 것을 함축하고 있기 때문입니다. '예수 때문에'라는 것을 외면하는 조건이라면 기독교 신앙과 합치될 수 없습니다. 정확한 설명이 될 수는 없겠지만 이것을 이렇게 말할 수 있습니다. "심령이 가난한 자는 복이 있나니, 그 마음이 피폐하고 한심한 자도 천국은 부르고 있다" 그런 뜻입니다. 예수님이 그런 사람들을 찾아오십니다. 애통하는 자는 복이 있다, 우는 것밖에 할 줄 모르는 자도 괜찮다, 예수님은 그들을 위하여 오셨다, 전부 이런 뜻입니다.

예를 들어, 정부에서 국민들을 위해 '무주택자들은 신고해라 집을 하나씩 주겠다' 하면 무주택자라는 것이 자격이고 조건이지만 그 혜택을 받는 자는 자기가 한 일의 대가로 받는다는 식의 조건이 아니라 구제를 받는 조건일 뿐입니다. 그것이 은혜를 받는 조건이지 자랑할 수 있는 대가나, 내가 한 일에 대한 결과를 요구할 수 있는 청구권과 같은 조건이 아니라는 뜻입니다. 여기 나오는 것은 전부 그런 이야기입니다. 우리 중에 어느 누구도 하나님의 나라, 곧 그의 통치와 그의 복과 은혜를 우리의 자격을 조건으로 해서 권리를 요청할 수 있는 자는 아무도 없습니다.

조금 더 가봅시다. 온유한 자는 어떤 사람입니까? 주장할 실력과 자격이 없는 자입니다. 무엇이든 져야합니다. 나서서 외칠 수 없고 큰소리를 칠 수 없는 자입니다.

의에 주리고 목마른 자는 가장 오해의 소지가 많은데 성경에서 말하는 의라는 것은 하나님의 통치를 말합니다. 하나님 통치의 공의로움이 말하는 본질은 자비로우심입니다. 자비가 필요한 자라는 뜻입니다. 이렇게 이야기하면 이해가 쉽지 않을까요? 무료급식소가 필요한 자, 무료급식소를 찾아 헤매는 자는 복이 있나니, 이렇게 하면 쉽게 이해될 것입니다. 여러분과 저의 경우 아닙니까? 만일 여러분이 이런 경우에 들어맞지 아니한다면 기독교 신앙은 필요 없을 것입니다. 그렇지 아니하면 오해하고 있는 것입니다.

긍휼이 여기는 자란 어떤 사람입니까? 긍휼이 여기는 자란 자신의 한심함에 대하여 깊이 주눅이 든 사람입니다. 누구에게도 정죄하거나 큰소리 칠 수 없는 사람을 말합니다. 그런 사람에게도 천국이 찾아오고 있습니다.

마음이 청결한 자란 어떤 사람입니까? 생각이 없는 사람입니다. 무엇이 있어야 더러워지는 것입니다. 제가 말하는 것이 심하게 느껴지실 것입니다. 그러나 여러분이 이것을 심하게 느끼는 것은 이것을 조건으로 삼고 싶어 하기 때문입니다.

화평케 하는 자는 사람들의 주의를 끌면 안 되는 자, 숨어 다니는 자, 지명 수배자입니다. 누가 쳐다보고 관심을 가지면 안 되는 것입니다. 조용히, 조용히, 자꾸 묻어야 합니다. 실력이 있어서 화평케 하는 것 아닙니다. 지명 수배자에게도 천국은 찾아오고 있습니다.

의를 위하여 박해를 받는 자는 자비가 통치하지 않는 한 대책이
없는 사람입니다. 자비로 불러주지 않으면 답이 없는 자, 어떤 경우
에도 괄시를 받을 수밖에 없는 자에게도 천국은 찾아오고 있습니다.
그것이 예수님의 성육신입니다. 그러나 우리는 본성적으로 이런 일
들에 대하여 마음에 거부감을 가집니다. 이것이 죄의 본성입니다.
누가복음 10장에는 팔복을 자격으로 생각하는 우리의 본성을 잘 지
적하는 비유가 나옵니다.

> 어떤 율법교사가 일어나 예수를 시험하여 이르되 선생님 내가 무엇
> 을 하여야 영생을 얻으리이까(눅 10:25)

이 질문은 아주 깊이 헤아려야 합니다. 율법교사는 무엇을 하라
고만 하면 할 수 있다는 자세입니다. 그러자 예수님이 "율법에 뭐라
고 되어 있느냐"고 물었습니다. 그가 "하나님 사랑과 이웃 사랑"이
라고 답했습니다. "그래 그렇게 해라"고 하십니다. 그러자 율법사가
"내 이웃이 누굽니까?"라고 반문하자 그 유명한 선한 사마리아인의
비유를 말씀하십니다.

선한 사마리아인의 비유는 어떤 사람이 길을 가다 강도를 만나
죽게 되었는데 제사장이 지나가다 보고 그냥 가고 레위인이 보고 그
냥 갔다는 것입니다. 제사장이나 레위인은 당시 특별한 직무를 맡은
성별된 사람들입니다. 그런데 율법사의 질문을 보면 그도 자신의 신
분과 지위가 남다르다고 생각하고 있는 사람입니다. 자격이 있다고
생각한 것입니다. 그러자 예수님은 강도 만난 사람을 도와주는 사마

리아인을 등장시켜 그의 생각을 깨시는 것입니다.

제사장이 그냥 갔고 레위인이 그냥 갔는데 사마리아인이 그를 구해주었습니다. 사마리아인은 이스라엘이 바벨론의 포로가 됐을 때 북왕조 수도인 사마리아에 다른 민족들을 불러들이고 이스라엘의 천민들, 평민들만 남겨서 혼혈을 만드는 정책을 씁니다. 그래서 이스라엘이 다시 귀환해서 나라를 되찾았을 때 사마리아 사람들을 같은 이스라엘 사람으로 취급하지 않고 경멸합니다. 그래서 사마리아 사람을 동원해서 누가 이웃이었겠느냐고 묻는 것입니다. 그러자 그 사람이 재미있는 대답을 합니다.

네 생각에는 이 세 사람 중에 누가 강도 만난 자의 이웃이 되겠느냐 이르되 자비를 베푼 자니이다(눅 10:36)

달라스 윌라드라는 학자가 이 부분에 아주 기가 막힌 토를 달았습니다. 차마 사마리아인이라고 말할 수 없어서 자비를 베푼 자라고 말했다는 것입니다. 율법사는 자신의 자존심 때문에 사마리아인이라는 말을 입 밖에 낼 수 없어서 자비를 베푼 자라고 했다는 것입니다.

기독교 신앙의 가장 중요한 핵심은 무엇입니까? 다른 모든 일반 종교는 믿는 자의 소원과 수단 그리고 자격에 관한 문제를 다루고 있습니다. 자기가 믿는 신에게 어떻게 하여 원하는 결과를 얻느냐 하는 문제와 그것을 얻기 위해서 내가 무엇을 해야 되느냐 하는 자격과 조건을 생각하는 것이 일반종교입니다. 그러나 기독교는 전혀 그와 달리 천지를 지으시고 우리를 지으신 하나님이 당신의 기쁘신 뜻을 이루기 위하여 찾아오는 종교라는 것입니다. 하나님은 도망간 그의 백성을 찾아오십니다. 이것이 기독교입니다. 그래서 찾아오시는 하나님의 진실하심과 은혜로우심과 성의가 예수 그리스도로 다 증언이 되는 것입니다. 그의 죽으심과 부활, 이것들이 다 찾아오시는 하나님을 증언하고 있는 것이지 우리가 어떤 자격과 조건을 가져야 되느냐를 말하는 것은 아닙니다.

바로 그 이야기를 하는 것입니다. 그러나 우리는 자격을 논합니다. 물론 기독교 신앙은 하나님이 찾아오시고 당신의 기쁘신 뜻을 이루시고자 하시는 것이기 때문에 궁극적으로 우리의 거룩함을 요구합니다. 그러나 그 거룩함은 신앙의 순종에 대한 문제이지 자격의 문제는 아닙니다. 우리가 기독교인으로서 신앙을 점검할 때마다 무슨 생각을 해야 되냐 하면 하나님이 나에 대한 당신의 뜻을 포기하시지 않는다는 것이 우리를 다시 신앙으로 내몰지, 내가 이래서 되겠느냐는 자격과 조건이라는 자존심의 문제로써 분발이 되는 것이라면 힘을 잃습니다. 그건 전혀 기독교 신앙과 다른 것입니다.

우리는 신앙을 현실 속에서 자기 격려라는 것에 익숙하기 때문에 이 방법을 자주 사용하지만 본질상 차이가 있는 것입니다. 앞으로 산상설교를 해나가면서 이 부분은 더 분명하고 자세하게 설명할 기회가 있을 것입니다. 누가복음 4장에 가면 이 문제를 인간이 얼마나 고집을 부리는지 확인시키는 구절이 나옵니다.

예수께서 그 자라나신 곳 나사렛에 이르사 안식일에 늘 하시던 대로 회당에 들어가사 성경을 읽으려고 서시매 선지자 이사야의 글을 드리거늘 책을 펴서 이렇게 기록된 데를 찾으시니 곧 주의 성령이 내게 임하셨으니 이는 가난한 자에게 복음을 전하게 하시려고 내게 기름을 부으시고 나를 보내사 포로 된 자에게 자유를, 눈 먼 자에게 다시 보게 함을 전파하며 눌린 자를 자유롭게 하고 주의 은혜의 해를 전파하게 하려 하심이라 하였더라 책을 덮어 그 맡은 자에게 주시고 앉으시니 회당에 있는 자들이 다 주목하여 보더라 이에 예수께서 그들에게 말씀하시되 이 글이 오늘 너희 귀에 응하였느니라 하시니 그들이 다 그를 증언하고 그 입으로 나오는 바 은혜로운 말을 놀랍게 여겨 이르되 이 사람이 요셉의 아들이 아니냐(눅 4:16~22)

예수님이 회당에 들어가셔서 성경을 달라고 하셔서 이사야의 예언을 읽으셨습니다. 18절에 있는 바와 같이 가난한 자에게, 포로 된 자에게, 눈먼 자에게, 눌린 자에게 구원을 베풀기 위하여 나를 보내셨다는 이사야의 예언이 예수님에게서 성취됐고 그 일을 위하여 보냄을 받았다고 이야기합니다. 당시에 회당에 나와 있는 자들은 종교인들입니다. 예수의 이 가르침에 대하여 두 가지 면에서 불편한 반응을 보입니다. 가난한 자와 눌린 자와 포로 된 자에게 구원을 주려고 한다는 것과 예수가 그 일을 하러 왔다는 이 두 가지 일에 대해서 불편해 합니다. 누가복음 4장 23절 이하를 봅시다.

예수께서 그들에게 이르시되 너희가 반드시 의사야 너 자신을 고치라 하는 속담을 인용하여 내게 말하기를 우리가 들은 바 가버나움에서 행한 일을 네 고향 여기서도 행하라 하리라 또 이르시되 내가 진실로 너희에게 이르노니 선지자가 고향에서는 환영을 받는 자가 없느니라 내가 참으로 너희에게 이르노니 엘리야 시대에 하늘이 삼 년 육 개월 간 닫히어 온 땅에 큰 흉년이 들었을 때에 이스라엘에 많은 과부가 있었으되 엘리야가 그 중 한 사람에게도 보내심을 받지 않고 오직 시돈 땅에 있는 사렙다의 한 과부에게 뿐이었으며 또 선지자 엘리사 때에 이스라엘에 많은 나병환자가 있었으되 그 중의 한 사람도 깨끗함을 얻지 못하고 오직 수리아 사람 나아만뿐이었느니라(눅 4:23~27)

예수님의 답은 나는 포로 된 자, 가난한 자, 눌린 자를 위하여 왔는데 너희는 아니라고 우기고 있어서 너희들은 나와 상관이 없다고 답하는 대목입니다. 엘리야 시대에도 3년 6개월 간 가뭄이 들었을 때 이스라엘에 있는 과부들이 도움을 받은 것이 아니라 이방 땅인 시돈에 있는 사렙다 한 과부뿐이었고, 엘리사 선지자 때에도 이스라엘에 많은 문둥병자가 있었지만 아무에게도 그 혜택이 베풀어진 것이 아니라 수리아 사람 나아만뿐이었다고 이야기함으로써 너희가 스스로 가난한 자이며 병든 자이며 포로 된 자라는 것을 거부하고 나를 받아들이지 않기 때문에 너희와는 이 복음이 상관없다고 이야기하는 것입니다. 28절부터 봅니다.

회당에 있는 자들이 이것을 듣고 다 크게 화가 나서 일어나 동네 밖으로 쫓아내어 그 동네가 건설된 산 낭떠러지까지 끌고 가서 밀쳐 떨어뜨리고자 하되 예수께서 그들 가운데로 지나서 가시니라(눅 4:28~30)

인간이 죄의 본성상 가장 못 참는 것은 다른 사람의 도움이 필요하다는 것입니다. 무엇을 해서 대가로 받기를 원합니다. 기독교 신앙도 우리가 한 일이 대가와 결과를 얻는 종교라고 생각하는 데에서 빨리 벗어나셔야 합니다. 은혜를 구할 줄 알아야 합니다. 여기가 어렵습니다. 산상설교를 하면서 거듭 확인하게 되겠지만 하나님이 예수를 보내셨다는 것은 참으로 놀라운 선언입니다. 그것은 보통 아는 대로 은혜롭고 고마운 복음이면서 동시에 우리의 가장 깊은 죄의 뿌리를 지적하는 것입니다. 하나님을 떠나 독립했던 인간의 죄성 말입니다.

하나님의 찾아오심이 은혜요 복이요 기적임에도 불구하고 그토록 어려운 이유는 예수 믿으면서 세상살이 속에서 만나는 믿지 않는 세상 사람들과의 단절, 죄인이라는 말의 단절, 예수를 믿으려면 죄인이라는 것을 인정해야 되는데 그것을 인정하는 자연인은 없습니다. 그들이 자신들을 완벽하다고 주장하진 않지만 구원을 필요로 하는 죄인이라는 것은 누구나 거절합니다. 어느 때까지입니까? 예수님이 누군지를 알 때까지 모두가 이 문제를 거절합니다.

그래서 우리는 기독교 신앙의 핵심 되는 가장 중요한 성격이 하나님이 당신의 백성을 찾아오시며 구원하시며 복 주려 하신다는 신적 선택이요 의지라는 것을 늘 기억하고 있어야 합니다. 그런 차원에서 우리의 신앙 현실 속에서도 물론 우리가 분발해야 되는 문제지만 우리의 부족함이 우리를 좌절시키게 놓아두어선 안 됩니다. 그것은 믿음이 없는 것입니다.

믿음이 없다는 것은 내가 신자답지 못하다는 것이 아니라 우리의 신자 된 선택과 결정이 하나님의 의지에 있다는 것을 놓아버리는 것입니다. 우리는 자격이 없다는 것을 늘 확인해야 됩니다. 우리가 은혜에 속한 사람이라는 것은 늘 확인해야 되지만 은혜에 속했기 때문에 절망할 수 없다고 꼭 생각해야 됩니다.

누가복음 15장에 가면 탕자의 비유가 있습니다. 탕자의 비유를 보면 기독교 신앙의 정수가 이렇게 드러납니다. 둘째 아들이 아버지에게 자기 상속분의 재산을 미리 달라 해서 먼 나라에 가서 허랑방탕하게 쓰고 나중에 굶어 죽게 되자 돌아오는 이야기입니다.

그가 돼지 먹는 쥐엄 열매로 배를 채우고자 하되 주는 자가 없는지라 이에 스스로 돌이켜 이르되 내 아버지에게는 양식이 풍족한 품꾼이 얼마나 많은가 나는 여기서 주려 죽는구나 내가 일어나 아버지께 가서 이르기를 아버지 내가 하늘과 아버지께 죄를 지었사오니 지금부터는 아버지의 아들이라 일컬음을 감당하지 못하겠나이다 나를 품꾼의 하나로 보소서 하리라 하고 이에 일어나서 아버지께로 돌아가니라 아직도 거리가 먼데 아버지가 그를 보고 측은히 여겨 달려가 목을 안고 입을 맞추니 아들이 이르되 아버지 내가 하늘과 아버지께 죄를 지었사오니 지금부터는 아버지의 아들이라 일컬음을 감당하지 못하겠나이다 하나 아버지는 종들에게 이르되 제일 좋은 옷을 내어다가 입히고 손에 가락지를 끼우고 발에 신을 신기라 그리고 살진 송아지를 끌어다가 잡으라 우리가 먹고 즐기자 이 내 아들은 죽었다가 다시 살아났으며 내가 잃었다가 다시 얻었노라 하니 그들이 즐거워하더라(눅 15:16~24)

아버지는 집나간 아들을 아들이 아니라고 생각한 적이 없다는 것에 핵심이 있습니다. 이 문제를 큰 아들은 이렇게 말합니다.

아버지께 대답하여 이르되 내가 여러 해 아버지를 섬겨 명을 어김이 없거늘 내게는 염소 새끼라도 주어 나와 내 벗으로 즐기게 하신 일이 없더니 아버지의 살림을 창녀들과 함께 삼켜 버린 이 아들이 돌아오매 이를 위하여 살진 송아지를 잡으셨나이다 아버지가 이르되 얘 너는 항상 나와 함께 있으니 내 것이 다 네 것이로되 이 네 동생은 죽었다가 살아 났으며 내가 잃었다가 얻었기로 우리가 즐거워하고 기뻐하는 것이 마땅하다 하니라(눅 15:29~32)

아버지의 입장에서 볼 때 집나간 아들은 포기했던 아들도 아니고 아들이 아닌 것도 아닙니다. 그냥 집나간 아들입니다. 부모들은 아시겠지만 자식을 잊는 부모는 없습니다. 이것은 돌아온 탕자 이야기가 아니라 잊지 않는 아버지와 아버지를 버린 아들과의 대조입니다. 왜냐하면 누가복음 15장에는 세 가지 비유가 나오는데 앞의 두 비유는 잃어버린 양과 잃어버린 드라크마를 찾는 이야기입니다. 그리고 잃어버린 아들 찾는 이야기입니다. 모두 찾는 이야기입니다. 신적 선택, 하나님의 찾으심에 관한 것입니다. 그것이 기독교입니다.

우리는 하나님이 예수를 보내어 잃은 그의 자식들을 찾으러 오셨다는 사실로 복음을 이해해야 됩니다. 그러면 많은 부분에서 우리의 신앙에 아주 힘 있는 근거들을 확보하게 됩니다. 하나님이 이 일을 하십니다. 하나님의 찾아오심은 영원하시고 전능하신 신적 찾으심입니다. 인간의 배반과 하나님의 찾으심이라는 것은 하나님의 찾으심이 더 클 수밖에 없습니다. 이것이 기독교 신앙을 유지하는, 우리가 늘 우리의 못난 것에도 불구하고 승리를 믿는 믿음의 근거입니다. 에베소서 1장에는 이 이야기를 잘 요약하고 있습니다. 아주 중요한 성경의 요약입니다.

찬송하리로다 하나님 곧 우리 주 예수 그리스도의 아버지께서 그리스도 안에서 하늘에 속한 모든 신령한 복을 우리에게 주시되 곧 창세 전에 그리스도 안에서 우리를 택하사 우리로 사랑 안에서 그 앞에 거룩하고 흠이 없게 하시려고 그 기쁘신 뜻대로 우리를 예정하사 예수 그리스도로 말미암아 자기의 아들들이 되게 하셨으니 이는 그가 사랑하시는 자 안에서 우리에게 거저 주시는 바 그의 은혜의 영광을 찬송하게 하려는 것이 (엡 1:3~6)

하나님이 우리에 대하여 이런 목적을 갖고 있습니다. 그의 영광의 찬송이 되게 하려는 것, 그의 영광을 찬송하게 하며 그의 영광의 찬송이 되게 하는 것입니다. 하나님이 가지신 기쁘신 뜻, 신적 의지를 설명할 때마다 그리스도를 조건으로 삼고 있습니다.

찬송하리로다 하나님 곧 우리 주 예수 그리스도의 아버지께서 그리스도 안에서 하늘에 속한 모든 신령한 복을…(엡 1:3)
곧 창세 전에 그리스도 안에서 우리를 택하사 우리로 사랑 안에(엡 1:4)
그 기쁘신 뜻대로 우리를 예정하사 예수 그리스도로 말미암아(엡 1:5)
그가 사랑하시는 자 안에서(엡 1:6)

여러분은 예수를 믿는다는 기독교 신앙고백이 갖는 의미를 예수님이 내 죄를 속하고 나를 죄에서 구원하기 위하여 죽으셨다는 하나의 사건으로 국한하시면 안 됩니다. 자주 어떤 문제가 생기느냐 하면 예수님이 나를 위해 죽으셨으니 이제 내가 예수님을 위하여 보답하며 살겠다고 하면 너무 작아집니다. 그것보다 더 큽니다. 하나님의 궁극적인 목적과 물려있어서 그렇습니다.

하나님의 궁극적인 목적 그 기쁘신 뜻, 하나님의 영광을 찬송하며 우리가 하나님의 영광의 찬송이 되는 그 목적을 위하여 예수를 보내시고 찾아오시는 것입니다. "자기 아들을 아끼지 아니하시고 우리 모든 사람을 위하여 내주신 이가 어찌 그 아들과 함께 모든 것을 우리에게 주시지 아니하겠느냐"(롬 8:32)라는 로마서 8장의 이야기에서 보듯이 기독교 신앙인들을 소망 가운데 있게 하고 믿음 가운데 있게 하려는 데 있다는 말씀입니다. 여러분들이 누군가를 확인하고 여러분이 가진 믿음이 어떤 것인가를 아는 오늘의 말씀과 신앙생활이 되시기를 바랍니다.

기도

하나님 아버지 은혜를 감사합니다. 하나님이 우리를 찾으시고 예수 안에서 부르시니 이제 더 바랄 것이 없습니다.

누가 하나님의 택하신 자를, 하나님이 편드는 자를, 예수 안에서 구원한 자들을 막겠습니까? 하나님의 신실하심과 능력을 누가 제한하겠습니까? 오늘 주께서 우리를 부르셨고 예수 안에서 목적을 삼으셨으니 그 모든 것이 이루어질 줄 믿습니다. 우리의 삶을 믿음으로 주 앞에 바치며 순종하는, 승리하는 신자 되게 하여 주시옵소서.

예수님의 이름으로 기도합니다.

아멘

2. 너희는 세상의 빛이라

나로 말미암아 너희를 욕하고 박해하고 거짓으로 너희를 거슬러 모든 악한 말을 할 때에는 너희에게 복이 있나니 기뻐하고 즐거워하라 하늘에서 너희의 상이 큼이라 너희 전에 있던 선지자들도 이같이 박해하였느니라 너희는 세상의 소금이니 소금이 만일 그 맛을 잃으면 무엇으로 짜게 하리요 후에는 아무 쓸데 없어 다만 밖에 버려져 사람에게 밟힐 뿐이니라 너희는 세상의 빛이라 산 위에 있는 동네가 숨겨지지 못할 것이요 사람이 등불을 켜서 말 아래에 두지 아니하고 등경 위에 두나니 이러므로 집 안 모든 사람에게 비치느니라 이같이 너희 빛이 사람 앞에 비치게 하여 그들로 너희 착한 행실을 보고 하늘에 계신 너희 아버지께 영광을 돌리게 하라(마 5:11~16)

오늘 마태복음 5장의 본문에서 핵심은 "너희는 세상의 빛이라"는 말씀입니다. 예수 믿는 사람들이 세상의 빛이라는 성경의 말씀은 약속이요 책임이요 또 특권이자 우리의 정체성과 신자로서 삶을 어떻게 살아야 하는지에 대한 모든 내용을 요약하고 있습니다. 그러나 이 말씀을 이해하려면 팔복에 이어 오늘 읽은 본문의 첫 부분인 "나로 말미암아 너희를 욕하고 박해하고 거짓으로 너희를 거슬러 모든 악한 말을 할 때에는 너희에게 복이 있나니"라는 말씀을 먼저 잘 알아야 합니다.

우리는 팔복을 생각할 때 그 모든 내용들이 자격과 조건, 어떤 상태를 말하는 것이 아니라 예수 그리스도로 말미암아 하나님의 복된 나라에 초청을 받을 수 있는 무조건적인 범위를 지시하고 있다는 것을 확인했습니다. 우리가 어떤 자일지라도 예수로 말미암아 부르시고 허락하시는 하나님의 복된 나라에 예외 없이 들어갈 수 있다는 것이었습니다.

우리의 능력과 자격을 요구하지 않고 허락하는 천국이지만 하나님의 나라는 세상나라와 적대적인 관계에 있는 나라입니다. "나로 말미암아 너희를 욕하고 박해하고 거짓으로 너희를 거슬러 모든 악한 말을 할 때에는"라는 말씀이 그런 의미입니다. 이러한 적대적인 일은 예수로 말미암아 복을 얻고 하나님의 백성으로 부름을 받는 모든 자들이 세상 나라에 속했는지 하나님 나라에 속했는지를 확인하게 해 줍니다. 우리는 둘을 동시에 공유할 수 없습니다.

그러면서 12절에 있는 바와 같이 "기뻐하고 즐거워하라 하늘에서 너희의 상이 큼이라 너희 전에 있던 선지자들도 이같이 박해하였느니라"라는 말씀으로 이어집니다. 옛날 선지자들이 당한 박해는 구약성경으로 이해하면 '너희는 하나님의 말씀을 순종해라 하나님의 뜻을 실천해라' 이런 것들이 선지자들의 사명이었습니다. 그것으로 인하여 왜 선지자들이 박해를 받았습니까? 이스라엘 백성들은 당연히 하나님의 선민들이고 하나님과 약속 관계에 있는 큰 책임을 지고 있는 백성들입니다. 그들이 하나님의 명령과 율법으로 요약된 지켜야 할 내용들을 몰랐을 리도 없고 아주 반대했다고 보기도 어렵습니다.

그러나 거기에 오늘 우리가 보는 바와 같은 옛 선지자들이 박해받은 이유와 그 이유가 설명하는 우리의 성도 된 자들의 세상 현실에 관한 실마리가 있습니다. 이사야 11장으로 가봅시다.

이새의 줄기에서 한 싹이 나며 그 뿌리에서 한 가지가 나서 결실할 것이요 그의 위에 여호와의 영 곧 지혜와 총명의 영이요 모략과 재능의 영이요 지식과 여호와를 경외하는 영이 강림하시리니 그가 여호와를 경외함으로 즐거움을 삼을 것이며 그의 눈에 보이는 대로 심판하지 아니하며 그의 귀에 들리는 대로 판단하지 아니하며 공의로 가난한 자를 심판하며 정직으로 세상의 겸손한 자를 판단할 것이며 그의 입의 막대기로 세상을 치며 그의 입술의 기운으로 악인을 죽일 것이며 공의로

그의 허리띠를 삼으며 성실로 그의 몸의 띠를 삼으리라(사 11:1~5)

이새의 줄기에서 나는 싹, 다윗과 그의 후손으로 지칭되는 예수 그리스도에 관한 예언입니다. 그리고 하나님의 기름부음 받은 메시아인 그의 아들이 오셔서 성취할 하나님의 약속들입니다. 이 약속들은 이스라엘 역사 속에서 세움 받았던 모든 하나님의 종들인 선지자들에게 위임됐던 동일한 내용이기도 합니다. 그것은 공의를 실현하는 것이었습니다.

그런데 이 공의를 실현하는 문제를 4절에 보시면 "공의로 가난한 자를 심판하며 정직으로 세상의 겸손한 자를 판단한다"고 했는데 여기서 심판과 판단은 정죄한다는 뜻이 아니라 사법권으로 보호한다는 뜻입니다. 가난한 자를 보호하고 겸손한 자를 지켜준다는 뜻입니다. 모든 선지자들과 하나님의 종들이 행하는 바는 세상의 정의와 공의에 변화를 세우는 일입니다. 이것들은 아직도 기독교의 남아 있는 큰 책임이기도 하지만 이 일들은 종종 오해를 사기도 합니다.

우리가 사는 시대와 사회에서 공평과 정의를 구현해 내는 것은 기독교 신앙의 속성입니다. 어떤 의미에서 속성이냐 하면 공평과 정의를 실현할 수 있는 주인이 하나님이시기 때문입니다. 하나님은 공의로우시며 거룩하시며 자비하시고 우리를 사랑하고 복 주시고 공평과 정의를 요구하시는 분입니다. 그러한 까닭에 공평과 정의라는 기독교적 책임을 낳습니다.

여기에 있는 11장 1절에서 5절의 내용도 하나님의 종이 해야 하는 일, 궁극적으로 예수 그리스도께서 성취하실 일입니다. 2절에서 보듯이 그 일은 "그의 위에 여호와의 영 곧 지혜와 총명의 영이요 모략과 재능의 영이요 지식과 여호와를 경외하는 영"에 의해서 성취됩니다. 이 사역을 3절에서 말하듯이 "그가 여호와를 경외함으로 즐거움을 삼아" 감당하는 것입니다.

우리가 마태복음 5장에서 보는 '너희는 세상의 빛'이라는 선포 또는 우리의 책임이란 우리의 정체성 때문에 오는 것입니다. 예수 그리스도로 말미암아 은혜를 입어 복음의 부름을 받아 하나님의 자녀가 된 정체성, 하나님의 주권과 통치아래 있다는 정체성입니다. 그것은 그 지위와 신분 때문에 생기는 것입니다. 우리의 빛 됨은 우리가 가지는 기독교 신앙의 내용에 속하는 도덕성과 종교성 이전에 그런 속성을 가진 통치자에 근거하는 것입니다.

너희는 세상의 빛이라는 내용은 모든 신자들이 가진 신앙고백, 예수 그리스도 안에서 가진 바 믿음의 내용과 관계가 있습니다. 그리고 그 믿음과 신앙고백들이란 우리를 부르신 하나님이 누구냐에 근거합니다. 예수를 보내신 하나님이 누구냐에 관한 것이며 거기에 대한 고백에서 나오는 것들입니다. 요한복음 1장을 봅시다.

태초에 말씀이 계시니라 이 말씀이 하나님과 함께 계셨으니 이 말씀은 곧 하나님이시니라 그가 태초에 하나님과 함께 계셨고 만물이 그로 말미암아 지은 바 되었으니 지은 것이 하나도 그가 없이는 된 것이 없느니라 그 안에 생명이 있었으니 이 생명은 사람들의 빛이라 빛이 어둠에 비치되 어둠이 깨닫지 못하더라(요 1:1~5)

이 빛은 생명과 진리에 관한 것입니다. 여러분 잘 아시는 요한복음 14장의 선언대로 "내가 곧 길이요 진리요 생명이니"입니다. 예수님은 생명과 진리에 대해서 깨우쳐주러 오신 분이 아닙니다. 그 분이 진리요 생명입니다. 우리의 빛은 예수를 소유하고 있고 예수 안에서 하나님의 통치아래 있다는 것으로서 빛이지 우리가 믿는 신앙을 어떻게 도덕적으로 정치적으로 실현하는가에 빛이 있는 것이 아닙니다. 이것은 중요한 차이가 있습니다.

여러분은 먼저 하나님의 자녀라는 것이 무엇인지, 우리가 예수를 믿는다는 고백이 무엇인지를 알아야 됩니다. 여러분은 세상에 속해 있지 않고 하나님께 속해 있으며 하나님의 통치 아래 있습니다. 그것 때문에 이 세상에서 핍박을 받습니다. 세상은 우리에게 적대적입니다. 그리고 예수님처럼 우리도 성육신의 고난의 길을 걸어야 합니다. 왜냐하면, 지난번 확인했듯이 팔복을 이해하는 가장 중요한 배경으로서 이 빛은 흑암에 찾아온 빛이었습니다. 사망의 자리에 찾아온 빛이었습니다. 우리의 빛은 전부 사망의 그늘진 곳과 어두운 자리로 보냄을 받습니다. 세상에는 예수가 없고 예수로 말미암아 하나님을 알지 못하는 곳은 흑암의 자리요 사망의 자리일 수밖에 없습니다.

예수님 외에 다른 곳에서 빛을 발견할 수 없습니다. 마땅히 우리의 빛 된 것은 소속에 관한 문제입니다. 하나님이 우리의 유일한 통치자요 우리는 그의 시민입니다. 이 사실이 우리를 빛 되게 하며 우리의 빛 된 것에 대한 이해에 있어서 소속감과 신분과 하나님과의 관계와 그로 말미암는 정체성으로 이 빛을 이해하게 만듭니다. 고린도후서 4장에는 신자 된 정체성과 삶을 이렇게 묘사합니다.

우리는 우리를 전파하는 것이 아니라 오직 그리스도 예수의 주 되신 것과 또 예수를 위하여 우리가 너희의 종 된 것을 전파함이라(고후 4:5)

우리가 빛 된 것에 대하여 아주 쉽게 근본적으로 대조하려면 예수를 믿어서 내가 어떻게 변했는가가 아니라 예수를 믿어서 내가 누구를 만났는가에 전 초점을 맞추어야 합니다. 당연히 우리가 변해야 하고 또 책임이 윤리나 도덕에 있지만 근본적인 것은 윤리나 도덕에서 나오는 것이 아니라 하나님이 누구신가에서 나오는 것입니다.

하나님은 당연히 도덕성을 가지십니다. 윤리성을 가지십니다. 그러나 하나님은 빛이시고 진리시고 생명이시고 자비로우시고 은혜로우십니다. 그런 근본적인 속성 위에 도덕성과 윤리성이 있는 것입니다. 신자의 자기 확인이란 무엇을 행하기 이전에 내가 예수를 믿는다는 정체성으로서 자신을 확인하면 세상 안에서의 신자의 삶을 이해하고 버텨냄에 있어서 필요한 힘에 대한 이해가 달라지는 법입니다. 우리는 우리를 전파하는 것이 아니라 예수의 주되신 것을 전하기 위해 이 세상에서 성육신의 삶을 사는 것입니다. 그래서 바울은 "예수를 위하여 우리가 너희의 종 된 것을 전파한다"고 합니다. 신자 된 사람들의 인생은 섬기는 인생입니다. 그래서 고달픕니다. 종이 주인보다 고달픈 것은 당연한 이치입니다. 계속해서 6절 이하를 봅시다.

> 어두운 데에 빛이 비치라 말씀하셨던 그 하나님께서 예수 그리스도의 얼굴에 있는 하나님의 영광을 아는 빛을 우리 마음에 비추셨느니라 우리가 이 보배를 질그릇에 가졌으니 이는 심히 큰 능력은 하나님께 있고 우리에게 있지 아니함을 알게 하려 함이라(고후 4:6)

우리의 보배는 예수 그리스도입니다. 우리는 질그릇입니다.

우리가 사방으로 우겨쌈을 당하여도 싸이지 아니하며 답답한 일을 당하여도 낙심하지 아니하며 박해를 받아도 버린 바 되지 아니하며 거꾸러뜨림을 당하여도 망하지 아니하고 우리가 항상 예수의 죽음을 몸에 짊어짐은 예수의 생명이 또한 우리 몸에 나타나게 하려 함이라(고후 4:8~10)

예수님이 하셨던 것처럼 우리 자신이 증거하고 우리 자신으로 확인할 수 있는 것들은 없습니다. 예수님은 메시아이시지만 메시아로서 대접받지 못하고 죽으셨습니다. 죽으셨다는 것은 세상적으로는 완벽한 실패입니다. 우리는 예수의 죽음을 몸에 짊어지고 삽니다. 예수께서 사신 것처럼 살도록 부름을 받고 있습니다. 그러나 우리는 빛입니다. 하나님이 예수 그리스도를 보내어 그를 통하여 모든 인류를 부르신 것 같이 우리도 그렇게 살아가야 합니다.

우리 살아 있는 자가 항상 예수를 위하여 죽음에 넘겨짐은 예수의 생명이 또한 우리 죽을 육체에 나타나게 하려 함이라(고후 4:11)

우리 인생은 고달플 수 있습니다. 그런데 여러분이 이 문제를 어떤 유혹 속에서 씨름을 하게 되느냐 하면 내가 제대로 빛 노릇을 하면 사람들에게 효과도 있고 내가 가진 신앙과 나를 보내신 하나님의 능력이 결과를 볼 수 있지 않을까 하는 유혹 속에 있을 수 있습니다. 내가 무엇을 잘못해서 어디가 부족해서 나의 빛 된 사명, 신자 된 인생은 아무 보상이 없는가라는 문제에 여러분이 늘 직면할 수 있습니다.

예수님께서 자신이 죽어야 된다고 하자 제자들이 모두 말렸습니다. 죽으면 말이 안 됩니다. 신자의 생애가 궁극적으로 죽는 생애라고 얘기하면 마음에 항복이 되십니까? 보란 듯이 신앙생활이 결실이 되고 보상됐으면 좋겠다는 생각은 우리 모두가 갖고 있는 것입니다.

　그러나 성경은 예수의 죽음을 몸에 짊어지고 주께서 죽으신 길을 가고 그리고 예수를 위하여 죽음에 넘겨집니다. 질그릇이 깨져야 보배가 드러나듯이 우리는 그와 같은 부름을 받고 있습니다. 그렇게 해서 우리는 나의 믿음이라는 종교성, 우리의 신앙의 어떤 열정이 기능하는 것이 아니라 내가 예수 그리스도 안에 속했다는 것으로 기능하는 존재가 됐다는 것을 인식해야 됩니다. 그것이 빛입니다. 저 사람은 세상이 주인이 아니요 세상의 법칙으로 살지 아니하며 세상을 향해 구하지 않는 사람, 이것이 빛입니다. 저 사람은 예수로만 주인을 삼고 예수를 위하여 기꺼이 세상이 가지는 가장 큰 힘에 대해서도 굴복하지 않는 것이 빛입니다. 저들은 다른 것을 가진 것입니다.

　그 다른 것은 세상 것을 가지고 확인하는 보상들은 아닙니다. 예수를 믿으니까 잘되고, 예수를 믿으니까 성공했다는 것이 아닙니다. 그것 가지고는 세상과 예수의 구별이 분명하지 않습니다.

　저는 여러분들이 기독교 신앙으로 인하여 또 기도해서 하나님의 많은 응답을 받기를 소원합니다. 그러나 그것이 궁극적인 것은 아닙니다. 하나님이 여러분의 기도에 응답하시고 그것으로 하나님이 세상보다 크다는 것을 확인시켜주셨을 것입니다. 그러나 궁극적으로 우리는 죽는 인생을 살아야 합니다. 이 문제에 대하여 빌립보서 4장에서 사도 바울은 이런 가르침을 줍니다.

내가 주 안에서 크게 기뻐함은 너희가 나를 생각하던 것이 이제 다시 싹이 남이니 너희가 또한 이를 위하여 생각은 하였으나 기회가 없었느니라 내가 궁핍하므로 말하는 것이 아니니라 어떠한 형편에든지 나는 자족하기를 배웠노니 나는 비천에 처할 줄도 알고 풍부에 처할 줄도 알아 모든 일 곧 배부름과 배고픔과 풍부와 궁핍에도 처할 줄 아는 일체의 비결을 배웠노라 내게 능력 주시는 자 안에서 내가 모든 것을 할 수 있느니라(빌 4:10~13)

이 구절에서 사도 바울이 "내게 능력 주시는 자 안에서 내가 모든 것을 할 수 있느니라"고 한 말씀은 긍정적인 확신이 아닙니다. 낙관성에 관한 이야기가 아닙니다. 그는 지금 로마 옥중에 갇혀 있습니다. 곤궁한 처지에 있습니다. 그를 위로하여 문안차 찾아온 빌립보 교인들에게 준 답입니다.

'내게 능력 주시는 자 안에서 내가 모든 것을 할 수 있다. 나는 어떤 형편에도 일체의 비결을 배웠다.'고 합니다. 그가 하는 이야기는 '나는 세상을 섬기지 않고 예수를 섬긴다. 내가 섬기는 예수님이 하라는 일은 내가 무엇이든지 할 수 있다.'는 것입니다. 여기서 무엇이든지라는 말은 내게 능력 주시는 자 안에서는 내가 무슨 꼴이라도, 무슨 형편도 감수할 수 있다는 것을 말합니다. 이것이 신자의 현실입니다.

그렇다면 당연히 마음속에 '예수를 왜 믿어?' 라는 질문이 나올 것입니다. 그럼 믿지 않으셔야 합니다. 우리는 바로 그 이유 때문에 믿습니다. 세상보다 예수가 더 크다는 것을 알기 때문에 믿습니다. 예수를 알기 때문에 우리는 세상에 굴할 수 없고, 세상과 하나님을 겸하여 섬길 수 없기 때문에 우리는 기꺼이 세상을 포기합니다.

우리가 각오해야 되는 것뿐만 아니라 우리가 사는 세상에 대하여도 가져야 하는 빛 된 신자의 책임을 감수하기 위하여 알아야 할 내용이 있습니다. 사도 바울은 고린도전서 2장 이하에서 이 말씀을 합니다.

> 형제들아 내가 너희에게 나아가 하나님의 증거를 전할 때에 말과 지혜의 아름다운 것으로 아니하였나니 내가 너희 중에서 예수 그리스도와 그가 십자가에 못 박히신 것 외에는 아무 것도 알지 아니하기로 작정하였음이라 내가 너희 가운데 거할 때에 약하고 두려워하고 심히 떨었노라 내 말과 내 전도함이 설득력 있는 지혜의 말로 하지 아니하고 다만 성령의 나타나심과 능력으로 하여 너희 믿음이 사람의 지혜에 있지 아니하고 다만 하나님의 능력에 있게 하려 하였노 (고전 2:1~5)

우리는 죽음의 길을 걸어야하고 성육신을 뒤좇아야 한다는 사실을 감수하기로 작정해야 합니다. 그것이 유일한 길입니다. 우리가 그렇게 산다고 해서 세상 사람들이 우리가 하는 일이 무엇인지를 알 수 있을 것이라고 섣부른 낙관을 해서도 안 됩니다. 그것은 하나님이 하실 것입니다.

고린도전서 2장에 증거된 대로 하자면 사도 바울이 고린도 교회에 갔을 때 자신의 믿음을 설명하기 위하여 상대방들을 인간적인 능력으로 항복시키려는 유혹을 물리치는 것이 제일 힘들었다고 한 고백을 우리는 기억해야 합니다. 그것은 하나님만이 하십니다.

우리는 우리가 알고 해야 하는 일에 순종할 뿐이지 우리에게 능력과 조종할 힘이 있다고는 믿지 않습니다. 그가 하는 대로 하자면 '내가 너희 중에서 예수 그리스도와 그가 십자가에 못 박히신 것 외에는 아무 것도 알지 아니하기로 작정하였음이라' 이것입니다. 여러분이 세상에 들어가 만나는 모든 사람들에 대해서 여러분의 판단을 내리지 마시고 이 사람들을 위하여 예수가 오셨고 예수가 죽으셨다는 사실만 기억하고 사셔야 됩니다.

사도 바울도 예수님이 살아계실 때에는 따르지 않았습니다. 예수와 그의 추종자들을 핍박하는 자였지만 다메섹 도상에서 예수님을 만나고 돌아섭니다. 그의 중생은 전혀 인간적인 힘에 근거하지 않았습니다. 바울을 변화시킨 하나님이 우리 모두를 변화시켰고 또 얼마든지 하나님의 백성들을 불러내실 것입니다. 이것이 성경이 우리에게 말하는 '너희는 세상의 빛이다' 라는 것입니다. 그리하여 거기서 말하는 너희 착한 행실을 보고, 모든 사람으로 하나님 아버지께 영광을 돌리게 하라가 등장하는 것입니다.

하나님께 보내야 하는 영광은 우리가 한 일의 효과, 대단함으로 받는 영광이 아니라 하나님이 누구신가를 아는 영광이 되는 것입니다. 하나님이 누구신가를 아는 영광, 하나님의 자녀가 되고 하나님 앞에 부름 받는 자들이 세상이 제시하고 세상이 위협하고 세상이 약속하는 모든 것을 기꺼이 외면하는 것으로 하나님과 하나님을 따르는 자의 다름을 저들이 최우선적으로 직면하게 될 것입니다. 그 일을 해내지 않는다면 우리는 빛이 아닙니다.

우리가 얼마나 쉽게 우리 자신의 열심과 헌신과 진심 때문에 스스로의 하나님의 자녀 된 정체성과 또 내가 하나님을 향하여 드리는 헌신들이 보상받아야 된다고 생각합니까? 그것이 우리를 어두운 데로 보냄을 받는 성육신의 길을 방해합니다. 전혀 이해할 수 없는 데로 인도하시는 하나님을 우리는 이해하지 못합니다. 평생을 신자로 살았는데 신자다운 보상을 안 해주실 수 있습니다. 그냥 그렇게 살다 죽으라고 할 수 있습니다. 우리의 자랑은 내가 얼마나 유능한가가 아니라 하나님을 아는 것에 있습니다. 하나님의 자녀라는 것 자체, 하나님이 누구신가를 아는 것입니다. 이사야 42장에는 분명하게 이 문제를 이렇게 못 박습니다.

> 하늘을 창조하여 펴시고 땅과 그 소산을 내시며 땅 위의 백성에게 호흡을 주시며 땅에 행하는 자에게 영을 주시는 하나님 여호와께서 이같이 말씀하시되 나 여호와가 의로 너를 불렀은즉 내가 네 손을 잡아 너를 보호하며 너를 세워 백성의 언약과 이방의 빛이 되게 하리니 네가 눈먼 자들의 눈을 밝히며 갇힌 자를 감옥에서 이끌어 내며 흑암에 앉은 자를 감방에서 나오게 하리라(사 42:5~7)

이 빛은 모든 선지자들이 가졌던 위임받은 사명이며 직임이며 책임이며 예수 그리스도 안에서 궁극적으로 성취되는 또는 그 주인이신 예수 안에서 일어난 일이며 우리 모든 성도들에게 허락된 것입니다. 눈먼 자들의 눈을 밝히며 갇힌 자를 감옥에서 해방시키는 것입니다. 이 일들은 기능적이기 이전에 이렇게 되어 있습니다.

> 나는 여호와이니 이는 내 이름이라 나는 내 영광을 다른 자에게, 내 찬송을 우상에게 주지 아니하리라(사 42:8)

하나님이 자기의 형상대로 만든 인류를 우상에게 넘겨주지 않겠다고 분명히 작정하셨습니다. 그래서 그의 아들을 보내셨고 그 전에는 선지자들을 보내셨으며 지금도 우리를 보내어 가장 열악한 환경, 가장 어두운 곳 가장 절망적인 자리까지 하나님은 당신의 영광을 위하여 당신의 자비롭고 거룩하고 신실하신 통치를 모든 피조물들에게 허락하기 위하여 열심히 일하시고 이루실 것입니다. 그것이 우리 모두가 가지는 신자로서의 빛 된 사명입니다.

여러분들이 어떻게 하나님께 도움이 되느냐 어떻게 충성해야 되느냐 하기 이전에 이것은 하나님의 뜻입니다. 여러분이 이 뜻에 맞게 살고 순종한다면 여러분의 인생은 그 자체로 보상받은 인생이며 복된 인생이고 그것을 보이는 결과로 확인하고 싶으면 우리는 하나님의 통치아래 있는 것과 세상의 통치아래 있는 것 사이에서 시험받고 있는 꼴이 되는 것입니다. 오늘의 이 말씀이 여러분의 신자 된 고백과 삶과 존재에 유일하고도 충분한 힘이 되시기를 바랍니다.

기도

하나님 아버지 은혜를 감사합니다.

하나님을 아버지라 부르는 것이 얼마나 큰일이며 그래서 우리가 갖고 있는 우리의 존재와 인생이 얼마나 큰 것인지를 확인했습니다.

하나님을 아는 지식을 주셨고 예수 안에 허락된 모든 하나님의 거룩하시고 자비로우시고 전능하신 통치아래 부름 받았으니 그 복된 책임을 우리의 기쁨으로 신자 된 자랑과 영광으로 누리고 승리하는 우리들 되게 하여 주시옵소서. 충성과 인내를 주시옵소서. 무엇보다 진리와 생명을 소유한 자의 넉넉함과 풍성함을 허락 하옵소서.

세상이 우리를 이길 수 없음을 믿고 순종케 하옵소서.

예수님 이름으로 기도합니다.

아멘

3. 더 나은 의의 근거

내가 율법이나 선지자를 폐하러 온 줄로 생각하지 말라 폐하러 온 것이 아니요 완전하게 하려 함이라 진실로 너희에게 이르노니 천지가 없어지기 전에는 율법의 일점 일획도 결코 없어지지 아니하고 다 이루리라 그러므로 누구든지 이 계명 중의 지극히 작은 것 하나라도 버리고 또 그같이 사람을 가르치는 자는 천국에서 지극히 작다 일컬음을 받을 것이요 누구든지 이를 행하며 가르치는 자는 천국에서 크다 일컬음을 받으리라 내가 너희에게 이르노니 너희 의가 서기관과 바리새인보다 더 낫지 못하면 결코 천국에 들어가지 못하리라 (마 5:17~20)

3.

예수님께서 하나님의 나라를 선포하십니다. 당신의 오심으로 하나님의 의롭고 은혜롭고 복된 통치로 우리 모두를 부르십니다. 이미 팔복에서 보았듯이 어떤 조건과 형편에 있는 자도 이 나라에 들어올 수 있다는 것, 환영을 받는다고 선포하셨습니다. 그것은 예수 그리스도 안에서 하나님의 통치에 자신을 복속시키고 순종하는, 그래야만 빛일 수 있는 책임을 진다고 이야기합니다.

오늘 본문은 하나님 나라로 초대 받고 복을 약속 받는 것이 하나님의 은혜와 자비로우심에 근거하는 것이지만 우리에게 아무 책임도 없는 것은 아니라고 가르칩니다. 이 책임은 20절에 있는 바와 같이 서기관과 바리새인보다 더 나은 의를 수행하고 책임져야 될 것이라고 선포하십니다. 서기관과 바리새인보다 나은 의, 하나님의 통치 안에서 예수 그리스도로 말미암아 완전해지는 의란 무엇입니까? 이것이 하나님의 통치를 받는 모든 백성들의 책임이요 또 그 부르심의 내용이라는 것을 기억해야 할 것입니다.

우리는 성경에서 예수님이 율법에 관해 가르치시다가 서기관이나 바리새인들과 충돌하시는 모습을 자주 만납니다. 서기관과 바리새인들에 대한 예수님의 깊은 분노와 질책이 복음서에 자세히 묘사되어 있습니다. 가장 큰 핵심은 율법을 통해 자신의 옳음을 증명하는 것은 목적도 내용도 아니라는 것입니다.

예수님의 가르침은 율법사의 질문에 대답하신 데서 잘 드러납니다. 율법사가 '어느 계명이 제일 큽니까?' 라고 질문하자 '첫째는 하나님 사랑하는 것이요 둘째는 네 이웃을 네 몸과 사랑하는 것이라' 는 예수님의 답변에서 드러납니다. 율법은 결단코 자기 증명을 위하여 사용되지 않으며 타인의 이익을 위하여 희생하는 것으로 나타난다고 가르칩니다. 여기에 바로, 서기관과 바리새인보다 나은 의가 등장하고 또 가능하게 됩니다.

그러면 서기관과 바리새인들은 왜 이 문제에 실패한 것입니까? 또 오늘날 우리 모든 신자들의 신앙 실천의 현실 속에서도 왜 우리는 성공보다 실패가 많은지 물어야 됩니다. 로마서 7장으로 갑시다.

우리가 율법은 신령한 줄 알거니와 나는 육신에 속하여 죄 아래에 팔렸도다 내가 행하는 것을 내가 알지 못하노니 곧 내가 원하는 것은 행하지 아니하고 도리어 미워하는 것을 행함이라 만일 내가 원하지 아니하는 그것을 행하면 내가 이로써 율법이 선한 것을 시인하노니 이제는 그것을 행하는 자가 내가 아니요 내 속에 거하는 죄니라 내 속 곧 내 육신에 선한 것이 거하지 아니하는 줄을 아노니 원함은 내게 있으나 선을 행하는 것은 없노라 내가 원하는 바 선은 행하지 아니하고 도리어 원하지 아니하는 바 악을 행하는도다 만일 내가 원하지 아니하는 그것을 하면 이를 행하는 자는 내가 아니요 내 속에 거하는 죄니라 그러므로 내가 한 법을 깨달았노니 곧 선을 행하기 원하는 나에게 악이 함께 있는 것이로다 내 속사람으로는 하나님의 법을 즐거워하되 내 지체 속에서 한 다른 법이 내 마음의 법과 싸워 내 지체 속에 있는 죄의 법으로 나를 사로잡는 것을 보는도다 오호라 나는 곤고한 사람이로다

이 사망의 몸에서 누가 나를 건져내랴(롬 7:14~24)

이 곤고한 사람은 우리 모든 인류입니다. 모든 자연인들입니다. 기독교식 표현으로 하면 죄인으로 태어나는 모든 자연인들은 옳은 것을 알고 옳은 것을 소원하지만 현실에서 그것을 행할 능력은 없는 것입니다. 여기에서도 율법은 선하고 율법은 신령한 줄 알고 원함도 있지만 하지를 못합니다. 이것이 율법을 주신 하나님의 목적, 하나님을 사랑하고 이웃을 사랑하라는 이룰 수 없는 인간들의 처지입니다. 그러나 예수님이 오셔서 이 문제를 해결합니다.

로마서 7장 25절에 보면 "우리 주 예수 그리스도로 말미암아 하나님께 감사하리로다"고 말합니다. 이것은 분명 그 앞에 있는 24절에 있는 답입니다. "오호라 나는 곤고한 사람이로다 이 사망의 몸에서 누가 나를 건져내랴"에 대한 답으로 예수가 우리를 건져내는 것입니다. 그래서 다시 하반절에서 앞의 현실을 다시 한 번 강조합니다. "그런즉 내 자신이 마음으로는 하나님의 법을, 육신으로는 죄의 법을 섬기노라"고 말씀합니다. 내가 소원하고 있고 알고 있지만 행할 수 없는 나에게 예수님만이 해답이 되었다는 것입니다. 그래서 8장에 가면 "그러므로 이제 그리스도 예수 안에 있는 자에게는 결코 정죄함이 없나니 이는 그리스도 예수 안에 있는 생명의 성령의 법이 죄와 사망의 법에서 너를 해방하였음이라"는 위대한 선언이 나오며 이런 설명으로 이어집니다.

율법이 육신으로 말미암아 연약하여 할 수 없는 그것을 하나님은 하시나니 곧 죄로 말미암아 자기 아들을 죄 있는 육신의 모양으로 보내어

육신에 죄를 정하사 육신을 따르지 않고 그 영을 따라 행하는 우리에게 율법의 요구가 이루어지게 하려 하심이니라(롬 8:3~4)

결국 예수님은 율법을 폐하러 오신 게 아니라 완전케 하러 오셨고 예수로 말미암아 구원 얻고 하나님의 나라로 부름을 받는 모든 성도들로 하여금 율법을 성취하게 하십니다.

그래서 보통 하는 표현으로 예수를 믿는 자들은 능력 주시는 예수 그리스도로 말미암아 율법을 이룰 수 있음을 믿습니다. 사랑할 수 있음을 믿습니다. 그러나 이 문제는 그렇게 간단하지 않습니다. 여러분이 잘 아시는 대로 예수를 믿고 소원하고 있음에도 불구하고 우리들의 현실은 율법의 의로운 것을 알고 있고 그래서 그것을 이루기 위한 소원도 있지만 이루지 못했던 자연인들의 모습과 방불한 신자의 모습을 현실 속에서 늘 만납니다. 왜 이런 일이 벌어지는가 하는 문제입니다. 이것을 구체적으로 다 설명하는 것은 힘들지만 가장 기본적이고 중요한 내용은 예수님의 말씀 속에서 찾아야 합니다.

우리는 예수를 믿고 율법을 이루는 하나님의 백성으로서의 신앙적인 승리, 예수 안에서 시행되는 하나님의 통치의 식민이 되었습니다. 아니 그것보다 더 큰 그의 자녀가 되었습니다. 그러면 하나님의 자녀로서 가지는 어떤 식의 특권이 서기관과 바리새인들도 이루지 못했던 율법을 온전하게 지키는 더 보편적인 표현으로 참다운 구원을 우리에게 결실시키느냐 하는 것이 오늘 우리가 관심을 갖는 것입니다.

어느 시대나 그랬지만 우리는 세상이 예수를 믿는다는 문제에서 가장 크게 오해하는 것은 예수 한 분에게 집중되어 있는 것을 봅니다. 역사적으로도 인류는 예수를 구세주로 인정하지 않습니다. 도덕선생으로 보거나 무슨 인류애의 위인으로 보거나 위대한 정신적 지도자라고 이야기는 해도 우리 모든 인류를 죄 가운데서 구원하고 하나님과 화목시킨 구세주로, 하나님으로 인정하지는 않습니다.

그런 문제들은 우리가 밖에 나가 믿지 않는 사람들과 신앙의 문제를 주제로 이야기해보면 세상 사람들이 우리를 반대하지 않는 표현을 이렇게 합니다. "난 당신들이 착하게 살려고 하는 것 인정해, 나도 착하게 살려고 해." 말하자면 착함, 의로움, 혹은 행복을 추구하는 이런 모든 것들이 예수 그리스도와 상관없이 언급된다는 사실입니다. 우리가 팔복에서부터 산상설교 내내 확인하는 것은 예수 없이는 기독교가 성립되지 않는다는 예수 그리스도의 중요성, 절대성입니다. 율법을 지키는 문제, 구원이 우리에게 성립시키는 온전한 율법의 완성, 사랑을 할 수 있게 되는 것도 오직 예수 그리스도와만 연결이 됩니다. 문제는 그것이 어떻게 연결되느냐 하는 것입니다.

현대사회에서 그렇듯이 우리의 영성이 각 개인의 주관적인 종교성, 주관적인 정신적 진지성에 국한되어서는 안 됩니다. 거기는 예수가 없습니다. 각자가 진지하게 자신의 정신과 영혼과 삶을 성찰한다는 것을 영성이라고 하는데 기독교에서의 모든 영성은 예수와만 직결되어 있습니다. 예수에게만 실체가 있기 때문입니다.

성경은 우리가 보통 이야기하는 구원, 생명, 진리, 행복, 의라는 말을 할 때 그것을 개념으로 이야기한 적이 없습니다. 예수님은 생명에 대하여 이야기하러 오시지도 않고 구원을 설명하러 오신 것이 아니라 예수님만이 부활이요 생명입니다. 부활에 대한, 생명에 대한 분이 아니라 그 자신이 생명이고 부활이며 예수님 자신만이 길이고 진리이고 생명이십니다. 예수님만이 우리의 구원이십니다. 예수님으로부터 배우는 것이 아니고 예수님으로부터 도움을 받는 것보다 더 본질적으로 예수님 자신과 직결된 문제입니다. 조금 더 이 문제를 성경을 통해 확인할 필요가 있습니다. 요한일서 4장입니다.

사랑하는 자들아 우리가 서로 사랑하자 사랑은 하나님께 속한 것이니 사랑하는 자마다 하나님으로부터 나서 하나님을 알고 사랑하지 아니하는 자는 하나님을 알지 못하나니 이는 하나님은 사랑이심이라 하나님의 사랑이 우리에게 이렇게 나타난 바 되었으니 하나님이 자기의 독생자를 세상에 보내심은 그로 말미암아 우리를 살리려 하심이라 사랑은 여기 있으니 우리가 하나님을 사랑한 것이 아니요 하나님이 우리를 사랑하사 우리 죄를 속하기 위하여 화목 제물로 그 아들을 보내셨음이라 사랑하는 자들아 하나님이 이같이 우리를 사랑하셨은즉 우리도 서로 사랑하는 것이 마땅하도다(요일 4:7~11)

틀린 표현은 아니지만 '하나님이 예수 그리스도로 말미암아 우리를 사랑하는 것을 보였으니 우리도 그 사랑에 보답하고 본받아 사랑하자'는 표현은 우리에게 본질을 충분히 설명하지 못합니다. 가르침을 받고 배운 것을 가르치는 것 같이 이야기하는 것은 기독교 신앙을 설명하는 데 있어서는 굉장히 부족합니다. 그것보다 더 훨씬 큽니다. 이렇게 이야기합니다. 7절을 다시 봅시다.

사랑하는 자들아 우리가 서로 사랑하자 사랑은 하나님께 속한 것이니 사랑하는 자마다 하나님으로부터 나서 하나님을 알고(요일 4:7)

기독교 신앙, 즉 율법이 추구했던 하나님 사랑과 이웃 사랑이라는 것은 어디서 배우는 것이 아니라, 하나님 자신의 의로부터만 나옵니다. 그것은 생명이 생명을 낳는 것과 같습니다. 가르쳐서 생명이 생기는 것이 아니라 생명만이 생명을 낳듯이 하나님만이 사랑을 낳습니다. 우리가 생명이라는 단어를 아무리 예쁘게 써도 생명이 되지 않는 것과 같습니다. 우리는 가르침 받고 흉내를 내는 것보다 본질적으로 하나님이 찾아오사 사랑을 우리 안에 심고, 낳았다고 이야기할 수밖에 없습니다. 구원을 받는다는 개념은 하나님의 자녀로 태어나는 것이라고 이야기할 수 있습니다. 그래서 구원받지 못한 죄인이라는 표현은 성경에서는 하나님과 상관없는 존재인 것입니다. 하나님과 관계도 없고 속성과 성품 그 어느 것과도 아무 관계없는 자를 죄인이라고 합니다. 죄인이 예수 그리스도 안에서 하나님의 자녀로 구원을 받았다는 것은 하나님과의 관계, 하나님을 닮는 것, 하나님이 낳은 자녀로 회복되고 구원받는 것을 말합니다.

우리는 하나님으로부터 사랑을 배우고 물려받습니다. 하나님만이 사랑이고 그 외 어디서도 사랑은 만들어내지 못합니다. 흉내 내고 모조품을 만들 수도 없습니다. 하나님으로부터만 나옵니다. 그래서 "사랑하지 아니하는 자는 하나님을 알지 못하나니 이는 하나님은 사랑이심이라"고 한 내용은 성경의 특별한 표현입니다. 하나님은 사랑이시지 사랑에 대하여 가르쳐주는 분이 아닙니다. 사랑은 하나님만이 만들어내시는 것입니다. 의와 진리와 생명과 거룩도 하나님께 속해있고 하나님만 만들어 냅니다. 우리는 그의 자녀로 부름을 받기 때문에 혈연관계에서 유전적으로 부모의 내용을 물려받듯이 구원받은 자녀들이 이런 모든 것을 물려받는 것입니다.

그래서 우리는 예수 그리스도 안에서의 구원이 가지는 특권들이 하나님과 예수 안에서 허락된 것임을 분명히 해야 됩니다. 이것을 알지 못하면 늘 하나님은 하늘 보좌에서 우리에게 명령을 내리시고 우리가 어떻게 하나 보시는 분으로 되어 있지 하나님이 찾아오시고 우리를 낳으셨고 함께 하는 분이라는 것을 이해하지 못하게 됩니다. 그것이 12절 이하에 이렇게 이어집니다.

> 어느 때나 하나님을 본 사람이 없으되 만일 우리가 서로 사랑하면 하나님이 우리 안에 거하시고 그의 사랑이 우리 안에 온전히 이루어지느니라 그의 성령을 우리에게 주시므로 우리가 그 안에 거하고 그가 우리 안에 거하시는 줄을 아느니라 아버지가 아들을 세상의 구주로 보내신 것을 우리가 보았고 또 증언하노니 누구든지 예수를 하나님의 아들이라 시인하면 하나님이 그의 안에 거하시고 그도 하나님 안에 거하느니라 하나님이 우리를 사랑하시는 사랑을 우리가 알고 믿었노니 하나님은 사랑이시라 사랑 안에 거하는 자는 하나님 안에 거하고 하나님도 그의 안에 거하시느니라 이로써 사랑이 우리에게 온전히 이루어진 것은 우리로 심판 날에 담대함을 가지게 하려 함이니 주께서 그러하심과 같이 우리도 이 세상에서 그러하니라(요일 4:12~16)

예수님은 그가 구원하시는 자녀들을 하나님의 통치아래 부르십니다. 그가 허락하시는 구원 안에서 하나님이 목적하셨던 사랑하는 자녀로 만드십니다. 예수 그리스도의 대속사역으로 우리를 죄인 되었던 자리로부터 하나님의 자녀로 탄생시킵니다. 우리가 보통 하는 표현으로 부활생명을 입게 됩니다. 세상적인 표현으로 하자면 우리는 하나님의 유전인자를 갖고 태어나는 것입니다. 그래서 성경적 표현으로 하면 예수 안에, 하나님 안에 있다고 합니다. 이처럼 관계성으로 설명이 되는데 이 관계성은 성삼위 하나님과의 연합입니다. 이것을 관계성으로의 부름이라고 합니다.

15절 말씀은 이렇게 말씀합니다. "누구든지 예수를 하나님의 아들이라 시인하면 하나님이 그의 안에 거하시고 그도 하나님 안에 거하느니라." 이것이 구원입니다. 예수님이 구세주라는 의미입니다. 예수로 말미암아 하나님 안에 거하게 되는 것인데 "하나님이 우리를 사랑하시는 사랑을 우리가 알고 믿었노니 하나님은 사랑이시라 사랑 안에 거하는 자는 하나님 안에 거하고 하나님도 그의 안에 거하시느니라." 예수로 인하여 하나님 안에 거하게 되며 하나님이 사랑이시기 때문에 우리도 사랑하는 자가 되는 것입니다.

기독교 신앙이 갖는 내용들은 규범도 아니고 책임도 아니고 정성의 문제도 아니고 본질적인 존재의 구성적 요소들입니다. 우리는 하나님의 자녀입니다. 이것을 요한일서 4장에서 이야기하는 대로 하나님이 누구냐를 예수 안에서 만나는 것입니다. 배우는 것이 아니라 만나는 것입니다. 예수께서 성부 하나님의 보내심을 받아 이 땅에 우리를 찾아오십니다. 그래서 예수 그리스도의 중요한 이름 중에 하나가 '임마누엘'입니다. 하나님이 우리와 함께 거하신다는 것입니다.

이 성삼위 하나님의 교제의 부름을 받은 신자는 그가 가지는 모든 신앙적 내용들을 요구로 이해하든 명령으로 이해하든 책임으로 이해하든 특권으로 이해하든 하게 됩니다. 그것이 여러분의 신앙적 실천과 분발에 어느 것이 더 유용하게 적용되든 간에 공통적인 본질은 예수 그리스도로 말미암아 하나님 안에 거하는 부름을 받음으로써 우리가 갖게 된 것입니다.

우리의 신앙 실천에서 가장 중요하게 기억해야 할 바는 이런 것입니다. 내가 존재하고 당하는 삶의 모든 정황, 기독교 신앙이 요청되는 무대 안에서 내가 하나님의 뜻과 요구되는 신앙을 어떻게 실천해야 하는 문제란 나 혼자 거기에 서는 것이 아니라 예수 안에서 하나님과 함께 늘 직면한다는 것입니다. "하나님 이럴 때엔 어떻게 해야 좋습니까? 예수님 이런 건 어떻게 해야 좋습니까?"라는 교제를 가지고 만나라는 것이 성경이 하는 이야기입니다. 좀 더 확인하는 성경구절을 찾으십시다. 요한복음 17장입니다.

> 아버지여, 아버지께서 내 안에, 내가 아버지 안에 있는 것 같이 그들도 다 하나가 되어 우리 안에 있게 하사 세상으로 아버지께서 나를 보내신 것을 믿게 하옵소서내게 주신 영광을 내가 그들에게 주었사오니 이는 우리가 하나가 된 것 같이 그들도 하나가 되게 하려 함이니이다 곧 내가 그들 안에 있고 아버지께서 내 안에 계시어 그들로 온전함을 이루어 하나가 되게 하려 함은 아버지께서 나를 보내신 것과 또 나를 사랑하심 같이 그들도 사랑하신 것을 세상으로 알게 하려 함이로소이다 (요 17:21~23)

더 이상 설명할 필요가 없습니다. 성부 하나님과 성자 하나님의 관계와 같은 것을 우리에게 요구하시려고 예수께서 오셨다는 것입니다. 내가 아버지 안에 있는 것 같이 우리 모두를 아버지 안으로 부르기 위하여 예수께서 오셨습니다.

아버지여 내게 주신 자도 나 있는 곳에 나와 함께 있어 아버지께서 창세 전부터 나를 사랑하시므로 내게 주신 나의 영광을 그들로 보게 하시기를 원하옵나이다 의로우신 아버지여 세상이 아버지를 알지 못하여도 나는 아버지를 알았사옵고 그들도 아버지께서 나를 보내신 줄 알았사옵나이다 내가 아버지의 이름을 그들에게 알게 하였고 또 알게 하리니 이는 나를 사랑하신 사랑이 그들 안에 있고 나도 그들 안에 있게 하려 함이니이다(요 17:24~26)

너무나 분명합니다. 우리는 하나님의 자녀입니다. 부모와 자식의 관계로 부름을 받으며 아버지의 어떠하심 같이 우리도 그렇게 되도록 예수 그리스도께서 오셨고 그것을 위하여 십자가에서 죽으셨다는 사실을 확인합니다. 변명의 여지도 없고 더 다른 설명이 필요치 않습니다. "그러므로 이제 그리스도 예수 안에 있는 자에게는 결코 정죄함이 없습니다." 이 말씀은 우리가 죄와 사망의 법 아래로부터 생명과 성령의 법 아래로 부름을 받았다는 것, 즉 예수 안에서 얻은 구원이 무엇인가를 정말 놀랍게 선언하고 있습니다. 우리는 하나님의 자녀인데 그것은 책임 이전에 유전적 성향, 속성, 성품에 있어서 새롭게 지음을 받았다는 것입니다.

물론 우리는 옛 습관의 많은 영향을 아직 받고 있습니다. 그러므로 성경이 가르치는 바는 예수 안에서 우리가 누구인가를 확인하라고 합니다. 모든 삶의 정황 속에서 내가 이 문제를 신자로서 어떻게 해결해야 되는가? 어떻게 반응해야 되는가? 책임져야 하는가? 이런 물음이 던져질 때마다 예수님께서 왜 오셨고 예수를 믿는다는 것이 무엇인지 떠올리십시오. 우리는 하나님의 자녀입니다. 그것이 여러분의 신앙실천에 있어서 가장 큰 힘을 발휘할 것입니다. 우리는 밖에 나가서 어렸을 때 까불고 놀다가 누가 "너 누구 아들 아니야?" 그러면 꼼짝 못했던 기억이 납니다. "너 아무개지?" 보다 "너 누구 아들이지?" 그러면 끝입니다. 그것이 성경이 말하는 너희 의가 서기관과 바리새인보다 나아야 된다는 이유입니다. 이유이면서 놀라운 특권입니다. 서기관과 바리새인들은 아버지가 없습니다. 우리가 복음서 속에서 예수님의 질책을 받은 바리새인과 서기관들을 보면 그들은 하나님을 모시고 있지 않았습니다. 그것이 저들의 치명적인 결함이었습니다. 갈라디아서 2장 20절에 가면 신자의 삶을 사도 바울은 이렇게 설명하였습니다.

> 내가 그리스도와 함께 십자가에 못 박혔나니 그런즉 이제는 내가 사는 것이 아니요 오직 내 안에 그리스도께서 사시는 것이라 이제 내가 육체 가운데 사는 것은 나를 사랑하사 나를 위하여 자기 자신을 버리신 하나님의 아들을 믿는 믿음 안에서 사는 것이라(갈 2:20)

이런 신자의 존재를 또는 신앙인의 자리를 신비라는 이름으로 모호하게 만드는 것이 아닙니다. 내가 사는 것이 아니라 예수께서 내 안에 산다는 이름으로 약간 책임을 면하고 신적 조종과 능력 속에서 모호한 낙관을 이야기하는 것이 아니라 함께 산다는 것입니다. 철저히 함께 산다는 것입니다. 지켜보고 계시고 돕고 계십니다. 우리가 만나는 어느 자리 어떤 경우도 나 혼자 서 있지 않습니다. 도우심으로서도 중요하지만 두려움으로서도 중요합니다. 빌립보서 2장 12절에서 "두렵고 떨림으로 너희 구원을 이루라"는 경고가 나오는 이유가 되기도 합니다. 여러분의 신자 된 내용을, 위치를 분명히 하는 오늘 말씀이 되고 그것이 여러분들로 하여금 실제 생활에서 예수 그리스도로 말미암아 하나님과 함께 사는 자리라는 것으로 여러분의 신앙을 승리케 하는 오늘의 말씀이 되길 바랍니다.

기도

하나님 아버지 하나님이 우리를 예수 안에서 우리를 자녀로 부르시고 영생으로 우리에게 복 주시며 거룩으로 부르셨으며 그렇기 위하여 우리와 함께 하신다는 사실을 확인했습니다. 기쁨을 가지고 믿음을 가지고 당연히 승리해야 할 것이요 책임져야 할 것이요 두려운 마음과 부르신 부름에 합당하게 서기관과 바리새인보다 더 나은 의를 이루어야 할 것입니다. 그것이 신자 된 자랑인 것을 알게 하시고 이 구원의 특권들과 놀라운 은총들을 우리의 삶 속에서 이루어내고 누리는 우리의 삶과 신앙되게 하여 주시옵소서.

주 예수님의 이름으로 기도합니다.

아멘

4. 살인하지 말라

옛 사람에게 말한 바 살인하지 말라 누구든지 살인하면 심판을 받게 되리라 하였다는 것을 너희가 들었으나 나는 너희에게 이르노니 형제에게 노하는 자마다 심판을 받게 되고 형제를 대하여 라가라 하는 자는 공회에 잡혀가게 되고 미련한 놈이라 하는 자는 지옥 불에 들어가게 되리라 그러므로 예물을 제단에 드리려다가 거기서 네 형제에게 원망 들을 만한 일이 있는 것이 생각나거든 예물을 제단 앞에 두고 먼저 가서 형제와 화목하고 그 후에 와서 예물을 드리라 너를 고발하는 자와 함께 길에 있을 때에 급히 사화하라 그 고발하는 자가 너를 재판관에게 내어 주고 재판관이 옥리에게 내어 주어 옥에 가둘까 염려하라 진실로 네게 이르노니 네가 한 푼이라도 남김이 없이 다 갚기 전에는 결코 거기서 나오지 못하리라(마 5:21~26)

4

오늘 본문에 등장하는 살인하지 말라는 명령은 앞 절에 있는 "너희 의가 서기관과 바리새인보다 더 낫지 못하면 결코 천국에 들어가지 못하리라"에 대한 구체적인 설명입니다.

바리새인들은 하나님의 계명을 지키기 위하여 최선을 다 했고 사람이 할 수 있는 모든 의지와 열심을 동원하여 지켰던 참으로 경건한 사람들이었습니다. 그럼에도 불구하고 예수 믿는 사람들의 의가 저들보다 더 나아야 된다고 예수님은 말씀하십니다.

그러면서 실제적인 차이점을 예로 든 것이 '살인하지 말라'는 계명입니다. 살인하지 않는 것은 살인이라는 행위를 하지 않는 것이 전부가 아니라 분노를 품으면 안 된다는 것입니다. 그러나 이 문제가 살인이라는 행위를 한 것과 마찬가지로 살인을 낳게 하는 분노가 있는 이상 그것은 살인과 마찬가지라고 이야기하는 것이 틀림없지만 그 둘을 비교하는 데는 중요한 차이점이 있습니다.

율법을 대표하는 십계명에 보면 첫째 계명에서 네 번째 계명까지는 하나님에 대한 계명이고, 다섯 번째 계명에서 열 번째 계명까지는 사람에 대한 계명입니다. 어떤 율법사가 예수님께 "어느 계명이 가장 큽니까?"라고 묻자 예수님은 "첫째는 네 마음을 다하고 뜻을 다하고 성품을 다하여 주 너희 하나님을 사랑하라 하셨으니 이것이 크고 첫째 되는 계명이요 둘째는 그와 같으니 네 이웃을 네 몸과 같이 사랑하라 하셨다"라고 가르칩니다.

십계명 혹은 율법 전체를 이해하는 데 있어서 예수님의 가르침을 이해하면 사람이란 그의 필요를 하나님으로부터만 받을 수 있다는 뜻입니다. 하나님 사랑과 이웃 사랑이 묶여 있는 것은 네 이웃이 네 필요를 채우기 위한 약탈의 대상이 아니라는 뜻입니다.

우리는 우리의 필요를 하나님으로부터 채우고 이웃들도 하나님으로부터 채우기 때문에 이웃과 우리의 필요를 경쟁하지 않아야 합니다. 이웃은 우리의 필요의 대상이 아니라 오히려 사랑의 대상인데 그 이유는 우리의 필요가 하나님으로부터 충분하게 주어진다고 가르치기 때문입니다.

그러면 살인하지 말라는 계명은 우리의 필요가 하나님으로부터만 나오고 이웃으로부터 얻어질 것이 아니기 때문에 이웃을 해하려고 하거나 이웃을 약탈의 대상으로 여기지 말고 하나님이 얼마든지 넉넉히 주신다는 것의 증거로 이해해야 합니다. 하나님이 나만 채워주는 것이 아니라 내 이웃의 많은 존재들에게도 넉넉하게 채우시는 하나님이라는 것을 안다면 하나님이 내게 주시는 것, 내 이웃에게 주시는 것, 그 충만함과 넉넉함에 대하여 서로 감사하며 확인하며 격려하며 살아야 한다는 것입니다.

그렇다면 바리새인들은 살인하지 말라는 계명에 대해서도 잘못 이해한 것이고 또 분노라는 것도 역시 결핍에서 오는 비명인 것입니다. 살인이라는 행위가 내 필요를 이웃에게서 채워야 된다고 생각하는 하나님 없는 자의 결핍이라면, 분노도 내가 내 필요를 스스로 채울 수 없고 내 이웃이 가지는 어떤 것들을 빼앗아서도 채울 수 없는 한계와 절망에 대한 표현이라고 인식하라는 것이 예수님의 가르침입니다.

서두에도 말씀드린 바와 같이 분노가 살인의 뿌리이므로 살인만 안하면 전부가 아니라 마음에 분노를 품고 있으면 결국 살인의 씨앗을 품고 있으니까 잘못인 것입니다. 그래서 '살인하지 말라' 가 '분노를 품지 말라' 로 갑니다.

지금 서기관과 바리새인보다 나은 의는 산상설교 시작부터 나오는 팔복에서 처음 선포된 중요한 핵심 된 내용, 예수 그리스도의 필요성, 예수 그리스도로 말미암는 구원의 본질이라는 것을 전제하고 이 이야기를 풀어나가는 것입니다. '살인하지 말라,' '분노하지 말라,' '화내지 말라' 가 우리가 지켜야할 명령으로만 요구된다면 살인과 마찬가지로 분노에서도 우리 스스로 지켜낼 수 없습니다. 예수님이 말씀하시는 바는 살인이 하나님으로부터 필요를 공급받지 못하는 사람들이 저지를 수밖에 없는 현실이듯이 분노라는 것도 스스로의 필요를 채울 수 없는 모든 인간이 가지는 자기 자신에 대한 진실, 자기 자신에 대한 사실에 대한 깨우침입니다.

우리의 분노를 생각해보십시오. 그것이 공포라는 것은 우리의 삶 어느 곳에서도 만날 수 있습니다. 자녀를 기르는 데서도 두드러지게 나타납니다. 우리 자녀가 공부를 잘하게 되길 바라는 것은 물론 훌륭하게 되기를 바라는 이유 때문입니다. 공부를 잘해서 이 세상에서 괄시받지 않고 살기를 바랍니다. 그러나 공부를 잘한다고 꼭 이 세상에서 만사형통하리라고 믿지 않습니다. 최악의 경우는 면할 수 있습니다. 그렇게 믿는 데는 우리가 해줄 수 있는 것이 없기 때문입니다.

우리는 자녀들을 사랑하지만 자녀를 대신해서 살아줄 수는 없습니다. 그것이 부모가 자녀들이 공부 안하거나 못하는 데 대하여 터뜨리는 분노입니다. 그 분노 속에는 속수무책의 감정이 가장 크게 자리잡고 있습니다. 이대로 놔둘 수도 없고 그렇다고 외면할 수도 없는 비명입니다. 그리고 세상이 얼마나 냉혹한 곳인지를 알기 때문에 또 비명을 지르는 것입니다.

우리 모두가 자녀에게 훌륭해지라고 이야기하는 것보다 훨씬 더 현실적으로 이 공갈을 칩니다. "너 그렇게 해서 어떻게 살려고 그래." 이것이 우리 예수 믿는 사람들의 부모 입에서도 자주 나오는 비명입니다. 그것이 분노입니다.

우리는 우리 자신뿐만 아니라 우리 이웃들의 존재와 삶에 대해서도 답이 없다는 것을 봅니다. 이웃의 못난 것이나 결함이나 실수가 나와 연결된다는 사실에서 우리는 화를 낼 수밖에 없습니다. 고쳐줄 방법이 없고 만회할 가진 것이 없기 때문입니다. 만회할 가진 것이란, 자녀가 아주 어렸을 때를 생각해보십시오. 그때 저지르는 실수라는 것은 우유병을 엎는다든지 장난감을 부수는 정도는 만회할 수 있습니다. 거기에 분노하지 않습니다. 그러나 점점 살면서 우리가 대신해줄 수 없는 일들이 일어납니다. 그래서 우리는 분통을 터뜨릴 수밖에 없습니다.

거기에 대하여 지금 예수님이 우리의 의가 바리새인과 서기관보다 나아야 하는 것은 율법을 대표하는 기본적인 성경의 취지가 가르치는 것과 같이 하나님 사랑으로서만 이웃을 사랑할 수 있다는 데에 초점이 모아지는 것입니다. 예수를 소유한 자만, 예수를 믿는 자만, 예수로 인하여 하나님의 자녀가 되어 하나님의 사랑을 받는 자만이 만회할 수 있습니다. 채우고 고쳐주고 넘어가줄 수 있습니다.

우리가 살면서 인간이 인간에게 가장 필요한 것이 뭐냐 하면, 얼른 생각할 때는 능력일 것 같습니다. 그러나 조금 더 깊이 생각해보시고 살아보시면 사람에게 제일 필요한 것은 용서와 이해입니다. 우리가 아무리 많은 능력을 가졌어도 우리 자신과 우리의 인생과 세상을 다 제어할 수 없고 만족시킬 수 없다는 것을 알게 됩니다. 결국 용서같이 필요한 것이 없고 사랑해주는 것같이 필요한 것은 없습니다.

말하자면 우리는 우리보다 더 큰 힘이 필요합니다. 그리고 세상이 세상을 책임지지 않습니다. 우리가 잘 알고 있습니다. 그렇다고 우리가 세상을 바꿀 힘을 갖고 있지도 않습니다. 여기에 바로 예수 그리스도의 필요성 예수 그리스도가 구세주 되신다는 기독교 신앙의 선포의 중요성이 있습니다. 다른 것으로 대체할 수 없는 성경의 선포의 귀한 것이 있습니다.

우리가 살면서 분통을 터뜨리다 보면 해결할 수 없는 문제 때문에 즉, 우리 자신과 다른 사람들과 세상이 인간과 세상의 문제를 해결할 수 없다는 사실 때문에 약간 비겁한 방법을 사용합니다. 그것이 본문에 나오는 예물을 드리는 행위입니다. 종교라는 것으로 또는 어떤 이념, 신념으로 가지만 그것은 다 도망가는 것이라고 성경은 가르칩니다. 화해하고 사람을 용서하고 용서를 구하여 사람과 사람 사이의 관계를 정상화하는 것보다 우선하는 것은 없는 것입니다. 화해하고 정상화하는 것은 하나님을 모시는 것밖에는 없는 것입니다.

그 뒤에 너를 고발하는 자와 함께 길에 있을 때 급히 사과하고 용서를 구하라는 것입니다. 우리는 아무에게도 빚을 지지 않고 꾸중을 받지 않고 해를 끼치지 않고 살 수 있는 존재는 아닙니다. 용서를 구해야합니다. 우리가 용서를 구할 수 있는 것은 답이 있을 때뿐입니다. 답이 없는 사람은 용서를 구할 수 없습니다. 용서를 구하기보다 할복을 합니다.

예수 그리스도의 필요성, 예수 그리스도로 말미암는 기독교 신앙의 다른 것을 오늘 가르치는 것입니다. 이 문제는 성경 전체에서 거

듭 반복하여 아주 중요하게 가르치고 있는 내용입니다. 그러나 우리
는 기독교 신앙을 성경이 가르치고 예수님께서 친히 가르치신 내용
들에 대하여 우리의 자연인 된 본성에 의하여 희석시키는 것 같습니
다. 요한일서 4장을 보겠습니다.

> 사랑 안에 두려움이 없고 온전한 사랑이 두려움을 내쫓나니 두려움에
> 는 형벌이 있음이라 두려워하는 자는 사랑 안에서 온전히 이루지 못하
> 였느니라(요일 4:18)

사랑과 두려움을 서로 대조하고 있다는 것이 대단히 지혜롭지 않
습니까? 왜 사랑 안에는 두려움이 없다 합니까? 사랑이 없으면 두려
움이 있다는 뜻입니다. 그래서 사랑을 논하는 가장 큰 이유는 다음과
같습니다.

> 사랑하는 자들아 우리가 서로 사랑하자 사랑은 하나님께 속한 것이니
> 사랑하는 자마다 하나님으로부터 나서 하나님을 알고 사랑하지 아니
> 하는 자는 하나님을 알지 못하나니 이는 하나님은 사랑이심이라(요일
> 4:7~8)

이곳이 핵심입니다. 기독교 신앙을 대표하는 개념이 뭐냐고 물으
면 예수를 믿지 않는 세상 사람들도 사랑이라고 알고 있습니다. 사랑
은 세상에는 없는 개념입니다, 하나님만이 사랑의 실체이십니다. 하
나님만 사랑할 수 있고 사랑을 만드시며 사랑을 채우십니다. 예수 그
리스도 안에서 하나님의 자녀로 거듭나고 소위 구원 받은 자만이 사

랑을 누리고 소유하며 받고 행할 수 있습니다. 이것이 없으면 인간은 두려움 속에 있을 수밖에 없다고 합니다.

왜냐하면 인간은 자신의 필요를 스스로 채울 수 없기 때문입니다. 인간이라는 존재는 세상에서 가치 있게 여기는 어느 것으로도 그 영혼이 만족할 수 없는 존재로 만들어졌습니다. 여러분이 살면서 언제나 거듭해서 경험하시고 확인하는 성경의 지적이며 현실입니다.

우리가 오늘 보는 이 분내는 자가 누군가를 멸시함으로써 자존심을 위로하는 차원에서는 답을 갖지 못한다는 예수님의 지적에 자기 자신을 비춰봐야 합니다. 다시 말해서 예수를 믿었고 하나님의 자녀가 되었다는 것은 서기관과 바리새인들과 다른, 예수 안에서 하나님의 자녀로 부름 받은 것인데 그것이 무엇을 의미하는가를 확인해야 됩니다. 요한일서 4장 7절부터 다시 이어봅시다.

사랑하는 자들아 우리가 서로 사랑하자 사랑은 하나님께 속한 것이니 사랑하는 자마다 하나님으로부터 나서 하나님을 알고 사랑하지 아니하는 자는 하나님을 알지 못하나니 이는 하나님은 사랑이심이라 하나님의 사랑이 우리에게 이렇게 나타난 바 되었으니 하나님이 자기의 독생자를 세상에 보내심은 그로 말미암아 우리를 살리려 하심이라(요일 4:7~9)

예수 믿고 영생을 얻었으며 천국 간다는 말을 모든 신앙고백을 가진 자들이 합니다. 그러나 이 고백의 내용과 범위와 깊이를 자주 오해합니다. 죽어서 천국 가는 것, 하나님의 백성으로 세상 이외에 초월자이신 하나님의 특별한 배려 속에 사는 것 정도로 생각하는 경우를 많이 보게 됩니다. 오늘 식으로 이야기를 하자면 우리는 우리 존재와 삶에 대하여 근본적으로 우리 안에 아무런 실력이 없는 사실에 대하여, 가진 것이 없는 사실에 대하여 놀랍니다.

그리고 두려운 공포 속에 살 수밖에 없습니다. 누구를 만나도 답이 없고 세상에 있는 무엇으로도 이 영혼의 필요를 채울 수 없다는 사실에 대하여 놀랍니다. 사실은 전전긍긍하고 살고 있는 셈입니다.

사람과 사람 사이에 좋은 말을 하고 편을 들고 이해하고 용서하고 넘어갈 실력이나 넘어갈 수 있는 아무것도 우리는 가진 것이 없습니다. 우리가 의지하고 누구를 용납할 수 없는 것은 내가 먼저 난파하고 있고 내가 먼저 무너지고 있는 탓입니다. 누구를 껴안고 버텨줄 여유가 없습니다. 그때에야 비로소 예수로 말미암아 하나님의 자녀가 되어 살아 있다는 것을 알게 됩니다.

우리는 비로소 세상의 냉혹함, 비참함, 왜곡됨, 그 폭력성에 대하여 드디어 마주설 수 있습니다. 세상이 우리에게 가하는 어떤 공격도 인간의 가장 중요한 것을 어떻게 할 수는 없습니다. 우리를 불편하게 하고 고통스럽게 하고 우리를 힘들게 할 수는 있어도 인간의 인간 된 가장 중요한 내용을 세상은 도울 수도 없고 해칠 수도 없습니다. 그리고 그 답을 세상이 갖고 있지 않습니다. 예수 안에서 하나님과 화목 된 후에라야만 그 답이 하나님께 있는 것을 알게 됩니다.

우리는 기댈 곳이 있습니다. 의지할 곳이 있습니다. 맡길 데가 있습니다. 그래서 질 수 있고 당할 수 있습니다. 그것이 기독교 신앙입니다. 우리는 쉽게 예수를 믿으면 세상적인 방법이 아니라 초월적인 방법, 기독교라는 종교적 기적으로 세상의 공격들을 대꾸하고 반응하고 조금 더 나아가서 보복하고 승리할 수 있는 보상을 받게 될 것이라고 생각합니다. 그러나 예수님은 그 약속을 하신 것이 아닙니다. 인간의 인간 된 가장 깊은 본질에 관한 이야기를 하고 있는 것입니다. 거기에 우리의 답이 있습니다.

믿음으로 세상을 살 수 있다는 것은 믿음으로 살면 세상이 공격하고 시험하는 모든 것을 세상이 원하는 답으로 제시할 수 있다는 것이 아니라 세상의 공격보다 우리가 더 크다는 것입니다. 세상이 공격하는 것이 표피에 불과하고 우리는 심층을 가지고 있는 것입니다. 그것이 우리를 넉넉하게 만듭니다. 그것이 여기에서 말하는 "하나님의 사랑이 우리에게 이렇게 나타난 바 되었으니 하나님이 자기의 독생자를 세상에 보내심은 그로 말미암아 우리를 살리려 하심이라"는 말씀입니다. 오늘 식으로 말하면 "살았다~ 이제는 살았다" 그런 생각이 납니다.

여러분 어디 등산 갔다가 길을 잃었는데 아는 길이 나오면 "살았다"고 합니다. 배 타고 표류하다 육지를 발견하면 "살았다~" 어디 난관에 봉착해서 어려운 일을 당하고 있는데 도움을 줄 수 있는 사람을 만나면 "살았다~"고 합니다. 우리의 깊고 영원한 운명과 존재의 가치에 관한 문제에서도 살았다고 할 때는 예수로 말미암아 발견하는 것입니다. 그것이 기독교인입니다. 우리가 고백하는 예수를 믿는다는 고백이 가지는 중요한 내용입니다.

골로새서 3장에 가시면 성경은 오늘 우리가 본 살인하지 말라는 것과 분노를 연결하여 예수님이 있어야 살인을 하지 않을 뿐 아니라 분노할 필요도 없고 두려워 할 필요도 없는 우리가 가진 자라는 것을 사도 바울을 통하여 이렇게 가르칩니다.

그러므로 너희는 하나님이 택하사 거룩하고 사랑 받는 자처럼 긍휼과 자비와 겸손과 온유와 오래 참음을 옷 입고 누가 누구에게 불만이 있거든 서로 용납하여 피차 용서하되 주께서 너희를 용서하신 것 같이 너희도 그리하고 이 모든 것 위에 사랑을 더하라 이는 온전하게 매는 띠니라(골 3:12~14)

사랑을 받은 자만이 할 수 있는 것을 말합니다. 너희는 사랑을 받고 사랑을 넉넉히 받을 수 있는 자가 되었으므로 긍휼과 자비와 겸손과 온유와 오래 참음으로 옷 입으라는 것입니다. 이것은 가진 자만이 하는 것입니다. 세상이 말하는 가진 자와 다른 것입니다. 권세와 명예와 부에 관한 문제가 아니라 우리의 필요를 채워주실 수 있는 유일한 하나님, 그 하나님과 그의 사랑을 가진 자만이 할 수 있습니다.

우리가 분노를 터뜨리는 일 중에는 이런 요구도 있습니다. 예를 들어 나라에 대해 분노를 터뜨릴 수 있습니다. 좀 더 멋있고 훌륭한 정치를 하라고 분노를 터뜨리기도 하고 사회에 대해서도 그렇게 이야기합니다. 우리 사회가 이래서는 안 되겠다고 분노를 터뜨립니다. 좀 더 책임 있고 진지하고 좀 더 도덕성을 지키라는 분노를 터뜨릴 수 있습니다. 그러나 결국 그 싸움은 그렇게 이야기함으로써 남들에게 나 살기 편하게 하라는 이야기입니다. 그것은 살인에 버금가는 것입니다.

우리가 처음에 시작할 때 살인하지 말라는 계명이 내 필요를 위해 상대방에게서 무엇인가를 빼앗아오지 말라는 가르침이었다는 것을 기억한다면 다른 사람에게 정직하고 책임을 다하라고 말하는 것은 결국 내 필요와 내 안전을 누구에게 요구하는 이야기가 됩니다. 그것은 국가와 사회와 어떤 윤리에 넘기는 것입니다. 그것이 세상에서는 잘못 됐다고 이야기할 수 없습니다. 그러나 기독교인으로 보면 그것은 하나님으로부터만 나옵니다. 하나님이 한 개인을 변화시키지 않는 한, 세상이 가지는 어떤 강제권도 어떤 명분도 사람을 고쳐 놓지는 못합니다.

복음서를 보면 예수님께서는 그의 생애에 만나는 모든 사람의 필요에 응하십니다. 죄 지은 자를 용서하시고 귀신을 내어 쫓으시고 병을 고치십니다. 위로하시고 죄인들과 가난한 자들의 편이 되십니다. 유일하게 한 부류, 바리새인들에 대해서만은 진노하시고 저주하십니다. 왜냐하면, 저들이 다른 것 때문이 아니라 윤리 도덕적으로 삶의 자세와 책임에 대하여 더 앞선 사람임에도 불구하고 하나님 없이 인간이 필요를 채울 수 있다고 우기는 자들이기 때문입니다.

우리가 누구에게 분통을 터뜨릴 때마다 너만 잘하면 내가 편해진다고 이야기하는 것은 여러분이 하나님 없이 문제를 해결하겠다고 고함을 지르는 순간이라고 아셔야 됩니다. 세상 사람들은 이 문제를 해결할 수 없습니다. 그러나 예수 믿는 사람들은 다릅니다. 그래서 그 이후에 나오는 말씀을 보십시오.

> 그리스도의 평강이 너희 마음을 주장하게 하라 너희는 평강을 위하여 한 몸으로 부르심을 받았나니 너희는 또한 감사하는 자가 되라 그리스도의 말씀이 너희 속에 풍성히 거하여 모든 지혜로 피차 가르치며 권면하고 시와 찬송과 신령한 노래를 부르며 감사하는 마음으로 하나님을 찬양하고 또 무엇을 하든지 말에나 일에나 다 주 예수의 이름으로 하고 그를 힘입어 하나님 아버지께 감사하라 (골 3:15~17)

가장 중요한 공통된 단어는 그리스도입니다. 그리스도의 평강,

그리스도의 말씀, 주 예수의 이름입니다. 서기관과 바리새인의 의와 다른 의, 그들의 의와 비교할 수 없는 다른 차원의 의, 이것은 예수 안에만 있습니다. 하나님의 통치와 하나님께 속한 자에게만 있습니다. 이것이 기독교 신앙의 다른 점입니다. 그리고 반복해서 감사가 나옵니다. 15절도 "감사하는 자가 되라", 16절도 "감사하는 마음으로 하나님을 찬양하고" 17절도 "그를 힘입어 하나님아버지께 감사하라"입니다. 이것은 은혜로 얻는 자들의 반응을 말하고 있습니다.

여러분들이 세상을 살아가는 동안 신자로 산다는 것이 무엇인지를 분명히 알아야 됩니다. 죽은 다음에 보장을 받는다는 보험 정도가 아니라, 종교라는 영역 내에서만 통용되는 무슨 방법이 아니라는 것입니다. 이 세상이 어떤 곳이며 인생이 얼마나 버거운 것인가를 아는 데 그 모든 것을 넉넉히 감수할 만큼 눈에 보이게 해결되는 게 아니라 근본적으로 해결 된 자로서 사는 그런 정체성을 가지고 있습니다. 우리의 기독교 신앙 용어로 말한다면 믿음 안에서 살 수 있게 된 것입니다. 여러분 신앙고백의 특별함과 그 복 된 것을 기억하시어 신자 된 인생을 살아가시고 이기시고 사랑하시고 용서하시고 웃으시는 여러분들 되기를 바랍니다.

기도

하나님 아버지 은혜를 감사합니다. 하나님을 아버지라 부르는 것은 얼마나 큰 특권이고 얼마나 무한한 복인지요. 우리는 비로소 인생을 살 수 있고 세상을 대적할 수 있습니다. 우리가 가진 것은 세상이 주는 것이 아니요 우리 하나님의 아버지 되심입니다. 이 능력, 이 넉넉함, 이 복된 진리와 생명을 가지고 우리의 삶과 우리의 신앙고백을 지키고 누리고 증거하고 복된 삶, 기적의 삶을 살아가는 우리 되게 하여 주시옵소서.

예수님 이름으로 기도합니다.

아멘

5. 간음하지 말라

또 간음하지 말라 하였다는 것을 너희가 들었으나 나는 너희
에게 이르노니 음욕을 품고 여자를 보는 자마다 마음에 이미
간음하였느니라 만일 네 오른 눈이 너로 실족하게 하거든 빼
어 내버리라 네 백체 중 하나가 없어지고 온 몸이 지옥에 던
져지지 않는 것이 유익하며 또한 만일 네 오른손이 너로 실
족하게 하거든 찍어 내버리라 네 백체 중 하나가 없어지고
온 몸이 지옥에 던져지지 않는 것이 유익하니라
(마 5:27~30)

오늘 예수님의 가르침은 십계명의 7계명에 있는 '간음하지 말라' 는 말씀입니다. 예수 그리스도께서 오셔서 서기관과 바리새인들의 의와 다른 의, 예수를 믿는 자들에게 허락된 하나님의 의를 설명하기 위하여 "간음하지 말라" 는 계명을 예로 들고 있습니다. 간음하지 말라는 것을 너희가 들었지만 음욕을 품으면 이미 간음한 것이라고 하는 것이 7계명의 진정한 취지라고 말씀하십니다.

그리고 "네 오른 눈이 너로 실족하게 하거든 빼어 내버리라 네 오른손이 너로 실족하게 하거든 찍어 내버리라"는 말씀도 그 앞에 있는 살인 문제처럼 자주 오해됩니다. 살인문제를 다룰 때 살인하지 않았다고 그 계명을 지킨 것이 아니라 형제에게 분노하면 이미 그는 살인한 자라고 말씀하신 것과 같이 여기서도 동일하게 행위의 여부가 아니라 그런 행위를 만들어내는 우리의 본성을 지적하고 있습니다.

그러나 살인하지 말라는 계명이 분노하지 말라는 것으로 더 나아간 것 같이, 간음하지 말라가 오른 눈을 빼고 오른 손을 잘라야 한다는 현실적으로 행할 수 있는 문제가 아닙니다. 예수님의 가르침을 현상이 아니라 원인을 제거하라는 명령으로 이해한다면 이것은 다시 율법으로 돌아가고 맙니다. 율법으로 돌아가고 만다는 것은 우리가 우리의 인간 존재의 필요를 스스로 채울 수 있느냐, 그 필요를 만들어낼 수 있느냐 하는 문제에 있어서 우리가 하나님을 대신할 수 있다고 믿는 문제와 결부되고 맙니다. 앞의 살인 문제에서 살인이 인간 자신의 한계와 무력함을 아는 공포에 관한 문제였다면 간음의 문제는 인간의 한계와 무력함을 아는 기만의 문제입니다.

앞에서 우리는 그 두려움을 남에게 화를 내고 남에게 해를 끼쳐 자기를 보호하려고 했던 것과 같이 간음의 문제에서는 답이 아닌 것을 답으로 찾아 자기는 답을 얻은 것 같이 자신을 스스로 속이는 문제가 이 간음의 문제에서 예수님께서 지적하시려는 내용입니다. 골로새서 3장으로 가보겠습니다.

> 그러므로 너희가 그리스도와 함께 다시 살리심을 받았으면 위의 것을 찾으라 거기는 그리스도께서 하나님 우편에 앉아 계시느니라 위의 것을 생각하고 땅의 것을 생각하지 말라 이는 너희가 죽었고 너희 생명이 그리스도와 함께 하나님 안에 감추어졌음이라 우리 생명이신 그리스도께서 나타나실 그 때에 너희도 그와 함께 영광 중에 나타나리라(골 3:1~4)

이 구절은 우리가 예수로 말미암아 하나님의 자녀가 되어 하나님의 생명 안에 있는 영생하는 존재가 되었고 영원한 나라의 백성이 되었다는 가르침입니다. 그런데 그 후에 나오는 5절 이하의 "그러므로 땅에 있는 지체를 죽이라 곧 음란과 부정과 사욕과 악한 정욕과 탐심이니 탐심은 우상 숭배니라"는 말씀은 예수 믿기 전의 원죄 상태에 있는 자연인의 모습과 비교하는 것 때문에 이것이 도덕성으로 오해됩니다.

신앙의 내용은 도덕성이 없는 것은 없습니다. 하나님은 도덕적인 분이시며 거룩하신 분입니다. 그러나 근본적인 차이를 성경이 논할 때는, 자연인과 신앙인 사이를 비교할 때는 하나님의 통치아래 있는가, 하나님이 인간의 존재의 창조주로서 그 복을 주시려는 부모로서 그 통치와 복 주심 아래에 보호받고 있는가 그렇지 않은가를 대조하는 것입니다. 그것은 도덕성보다 중요한 생명에 관한 문제이며 영혼에 관한 문제입니다.

그런데 예수 안에서 하나님의 자녀가 된 자가 하나님의 통치, 그 생명과 거룩함으로 부름을 받고 약속 받고 있고 보호받고 있는 것과는 달리 우리가 우리 자신의 주인이 되고 하나님과 상관이 없을 때는 우리는 음란과 부정과 사욕과 악한 정욕과 탐심 속에 있었는데 그것을 다 우상숭배라고 합니다.

우상이란 자기가 소원하고 필요로 하는 것을 이루어줄 수단입니다. 인격도 없고 도덕성도 없고 능력만 있습니다. 왜냐하면 우상은 스스로 존재하는 것이 아니라 사람이 만드는 것입니다. 사실은 사람이 주인입니다. 사람이 우상을 만들 때 그것은 자신이 부여한 내용과 가치에 따른 힘만 갖고 있는 존재이기 때문에 우상의 진정한 주인은 자기 자신으로 돌아오고 마는 것입니다. 자기 자신이 자기의 주인이 된, 즉 하나님 없는 인간이 만들어내는 것은 여기 나열된 것과 같이 '음란과 부정과 사욕과 악한 정욕과 탐심'입니다. 이것들은 도덕적이기 이전에 생명이 없는 것이고 진리가 없는 것들입니다. 그 자체의 생명 없음이 나타날 수밖에 없는 것들로서 그것들 외에는 만들어낼 수 없는 생명 자체와는 대조가 됩니다.

성경이 이 문제를 왜 이런 식으로 설명을 하느냐 하면, 영국의 체스터턴(1874-1936)의 말로 기억하고 있는데, 어느 글에서 이런 말을 했습니다. "창녀촌에 방문을 두드리는 그 두드림은 하나님의 방문을 두드리는 손길"이라는 기이한 표현을 했습니다. 사람이 정욕과 음란에 탐닉하는 것은 영혼의 갈증에 대한 몸부림이라는 것입니다. 하나님을 만날 수 없으면 무엇으로라도 그 갈증과 고통을 잠시 덜어야 되니까 창녀촌의 문을 두드린다는 것입니다.

오늘 우리가 다루는 바와 같이 이 문제는 본문에서 예수님이 날카롭게 지적했듯이 우리가 눈을 빼고 손을 자른다고 해서 마음에 탐심과 정욕이 없어지지 않듯이, 바꾸어 말하면 그런 것들을 덧붙인다고 해서, 또 다른 하나의 팔을 덧붙이고 눈을 덧붙이고 무언가 필요를 외부로부터 들여온다고 해서 마음을 채울 수는 없다는 대단한 역설입니다.

지체를 자른다고 해서 마음에서 솟아나는 나쁜 생각을 없앨 수 없듯이 우리의 잘못된 내부를 밖에서 해결할 수 있는 방법을 구할 데가 없다는 것이 오늘의 지적입니다. 그래서 우리가 지금 지적받는 간음에 관한 문제는 성적인 부도덕성을 논하는 것이 아닙니다.

우리가 살인에서 살펴봤듯이 그것은 사람을 살리느냐 죽이느냐의 문제가 아니라 인간이 어떤 존재냐에 대하여 나타나는 결함의 증상이었습니다. 마찬가지입니다. 간음이라고 지적되는 성경의 지적이 우리의 인격과 온 삶에서 늘 드러나는 얼마나 치명적인 현상이냐 하면 하나님으로밖에 해결될 수 없는 것을 하나님 없이 인간 혼자 책임져야 한다고 할 때는 이런 식으로 드러날 수밖에 없는 증상들인 것입니다. 그것이 골로새서 3장식으로 이야기하면 다음과 같습니다.

그러므로 땅에 있는 지체를 죽이라 곧 음란과 부정과 사욕과 악한 정욕과 탐심이니 탐심은 우상 숭배니라 이것들로 말미암아 하나님의 진노가 임하느니라 너희도 전에 그 가운데 살 때에는 그 가운데서 행하였으나 이제는 너희가 이 모든 것을 벗어 버리라 곧 분함과 노여움과 악의와 비방과 너희 입의 부끄러운 말이라(골 3:5~8)

지금 8절에 열거된 분함과 노여움과 악의와 비방과 부끄러운 말이란 평행법적으로 볼 때 앞에 열거된 음란과 부정과 사욕과 악한 정욕과 탐심과 병행되는 것입니다.

그것들은 우리의 본성의 습관에 따라 아직도 그 증상이 나오고 있습니다. 예수 안 믿는 사람들에게는 얼마나 대책이 없는 증상이냐 하면 여러분 주변에 술 드시는 친구 분들 보시면 또는 합석해 보시면 혹시 여러분은 사이다 마시고 그 자리에 앉아 계셨다면 술을 한 잔 해서 마음의 긴장의 끈이 풀어질 때 속에 있던 이야기가 '술술' 나오게 됩니다. 그래서 '술'이라고 합니다. 안주는 앞에 놓여있는 음식이 안주가 아니고 누군가를 비방하는 것이 안주가 됩니다.

이런 이야기를 하는 것은 굉장히 조심스럽습니다. 마치 이렇게 이야기하면 그것을 비난함으로써 나는 그 수준과 내용에서 제외된 것 같은 인상을 주기 때문입니다. 우리는 다 동일합니다.

그런데 가장 뚜렷한 특징이어서 술안주 비유를 든 것입니다. 거기서야말로 적나라하게 "거 누구 있지? 그게 말이야? 지난번에 내가 인사했는데 고개도 끄떡이지 않더라고." 이것이 우리의 술안주입니다. 이것은 우리가 조금 더 교양 있고 인격적인 훈련이 되어 있는 사람에게도 나타납니다. 그냥 "누구는 말이야~ 왜 이래." 그러면 "야

뭐 그런 이야기를 하냐." 이렇게 반응합니다. "뭐 굳이 말을 하냐, 입에 올릴 가치도 없지." 이런 식입니다. 그러나 예수를 믿으면 "나 그 사람 위해서 기도해" 이렇게 나옵니다.

아니 이 말은 좋은 말입니다. 좋은 말인데 우리는 좋게 못씁니다. '나 당신 위해서 기도해' 그 말이 찌르는 말일 때가 더 많습니다. 우리가 누구를 위해서 왜 기도하느냐 하면 우리의 본성과 섞여서 신자답긴 해야 되고 실력은 모자라니까 '하나님 저 사람 내 맘에 들게 해주세요'라고 기도하는 것입니다. 하나님께 맡기지 못하는 것입니다.

『오두막』(저자/윌리엄 폴영)이라는 책에 나온 걸로 기억하는데, 용서란 내가 상대방을 용서하는 게 아니라 상대방을 하나님께 돌려보내는 것이라고 합니다. 하나님이 다스리시니 하나님께 놓아 보내는 것입니다 그런데 우리는 못합니다. 그것이 예수님이 말씀하시는 서기관과 바리새인과는 다른, 예수로 말미암는 의입니다.

왜 이 이야기가 우리에게 중요하느냐 하면 만약 살인하지 말라, 노하지도 말라, 간음은 말할 것도 없고 음욕도 품지 말라는 것이 우리가 할 수 있는 것인데 그렇게 하지 못했다고 책임을 묻는 것이라면 예수님이 십자가에 달릴 필요가 없습니다. 예수님은 심판자가 될 뿐입니다.

그러나 지금 예수님은 죽으로 오신 것입니다. 우리를 서기관과 바리새인들의 의로부터 구원하기 위하여 죽으러 오신 것입니다. 예수님이 친히 설명하신 대로 모든 율법은 하나님 사랑하라, 이웃 사랑하라는 그 말씀의 뜻을 이해하고 성취할 수 있게 되는 것입니다. 예수님으로 말미암아 그의 사랑과 구원에 힘입어 하나님의 자녀가 되고, 또 그 사랑을 힘입자 우리는 이웃을 약탈하거나 자기를 기만할 필요가 없게 되는 것입니다. 이것이 본문이 우리에게 주장하는 것입니다.

골로새서 3장 9절에 가면 이렇습니다. "너희가 서로 거짓말을 하지 마라." 여기서 거짓말은 무엇을 속이는 것이 아니라 훨씬 본질적인 것, 우리가 우리의 필요를 만들 수 있다고 속이지 마라, 네 이웃을 희생 제물로 삼으면 너를 그나마 해결할 수 있다고 속이지 마라는 그것입니다. 그래서 간음한다는 것은 창녀와 하룻밤을 잠으로써 영혼의 갈증을 채울 수 있다는 기만에서 벗어나는 것이며 상대방을 한 인격으로 존중하지 않고 내 필요를 위하여 희생시켜야만 된다는 거짓에서 벗어나는 것입니다. 이 두 가지 거짓, 그러니까 예수 없으면 우리가 누가 되느냐 하면 흡혈귀가 되는 것입니다. 흡혈귀가 된다는 것은 한 생명을 빨아먹어야 자기 생명을 유지할 수 있는 존재인 것입니다.

누구의 인격과 존재 가치와 생명 자체를 희생시켜야, 나의 하루 삶을 위한 식량을 얻는다는 이 거짓됨으로부터의 구원입니다. 이것이 예수 그리스도께서 당신의 오심과 당신으로 말미암는 그의 백성들에게 주시고자 하는 구원입니다. 에베소서 5장에 가면 같은 내용을 약간 달리해서 성경이 증언하고 있습니다.

> 그러므로 사랑을 받는 자녀 같이 너희는 하나님을 본받는 자가 되고
> 그리스도께서 너희를 사랑하신 것 같이 너희도 사랑 가운데서 행하라
> 그는 우리를 위하여 자신을 버리사 향기로운 제물과 희생제물로 하나
> 님께 드리셨느니라(엡 5:1~2)

예수 그리스도로 말미암아 하나님의 자녀 되고 하나님의 사랑과

복을 받는 자가 되었습니다. 그리고 무엇과 대조시키느냐면 옛날 같이 살지 말라는 것입니다.

> 음행과 온갖 더러운 것과 탐욕은 너희 중에서 그 이름조차도 부르지 말라 이는 성도에게 마땅한 바니라(엡 5:3)

무엇에서 오해의 소지가 생기느냐 하면 윤리와 도덕이라는 것이 명분상 부인할 수 없는 가치라는 것을 알기 때문에 이것을 도덕으로 요구하면 우리는 할 말이 없습니다. 그러나 성경이 이야기하는 것은 도덕으로 이야기하지 않습니다. 도덕으로 이야기하지 않는다는 것은 제가 도덕과 윤리로 기독교 신앙을 제시하면 여러분은 제 앞에서 도덕성과 윤리성의 명분을 부인하거나 반대할 수 없지만 여러분이 속해있는 교회의 영적 지도자라는 목사가 이런 것은 당연히 해야 되지 않느냐고 요청하는 것만으로는 여러분은 항복하시지 않습니다. 그것을 성취할 능력을 제시해야 됩니다. 그것이 예수 그리스도의 필요성입니다.

예수 없이 이런 것을 대조하는 것이 아니라 예수 안에 들어와 있는 자와 예수 밖에 있는 자의 가장 큰 차이는 율법에서 나타난 바와 같이 그것이 옳다는 것은 누구나 알지만 그것을 제대로 행할 수 있거나 성취할 수 있는 자는 예수로 말미암지 않고는 없다는 것입니다. 여기에 기독교 신앙의 핵심이 있습니다. 그래서 예수를 믿어야 됩니다. 신앙인이 된다는 것은 도덕군자가 되는 것이 아니라 예수를 믿는 것입니다. 도덕과 법을 넘치게 성취하는 것입니다. 옳은 정도가 아니라 사랑으로 가라는 것입니다. 다시 3절 이하를 보십시오.

음행과 온갖 더러운 것과 탐욕은 너희 중에서 그 이름조차도 부르지 말라 이는 성도에게 마땅한 바니라 누추함과 어리석은 말이나 희롱의 말이 마땅치 아니하니 오히려 감사하는 말을 하라(엡 5:3~4)

얼마나 놀랍습니까? 지난 시간에 살인 문제에서 우리가 자녀에게 쉽게 분노하고 분통을 터뜨리는 근본적인 이유는 부모인 내가 자식을 어떻게 책임질 수 없다는 사실, 그 한계를 알기 때문입니다. 또 그렇게 사랑스러운 자식이 스스로의 인생을 스스로의 힘만으로 제어할 수 없다는 것을 우리가 압니다. 그래서 우리가 자녀들에게 분통을 터뜨립니다. 우리에게 무슨 일이 생기면 누구라도 할 것 없이 분통을 터뜨립니다. 아무도 도울 수가 없습니다.

예수를 믿으면 뭐가 다르냐하면 내 이웃을 도우려면 내가 살아있어야 됩니다. 내가 누구를 구해주고 힘을 주려면 내가 내 발을 온전한 터 위에 굳게 세워서 나를 지탱하지 않고는 남에게 도울 손을 내밀 수가 없습니다. 그것이 예수 믿는다는 표현입니다.

그래서 여기 말하는 어리석은 말들, 희롱하는 말들이라는 것은 우리 삶의 현장 속에서 많이 쓰는 것입니다. 우리는 정부나 사회에 대해 분통을 터뜨릴 때가 많은데 그것도 다 공포입니다. 그리고 나를 걱정 끼치지 말아달라는 간언일 때가 많습니다. 나라가 튼튼하고 사회가 건강하면 거기에 안심할 근거를 만들고 싶은 것입니다. 그 거짓에 속지 말라는 것입니다.

여러분 교통사고를 당했을 때 상대방이 고의로 들이받지 않습니다. 상대방도 조심해서 잘 오다가 잠깐 실수로 받았는데 결과는 엄청납니다. 우리는 거기서 자유롭지 않습니다. 인간의 원죄와 하나님 없는 인간의 무력함과 죄악 됨을 제대로 인식하지 못한다면 예수 믿는다는 말이 가지는 답도 여전히 제대로 누리지 못하게 될 것입니다. 갈라디아서 5장 19절 이하에 가면 동일한 내용, 동일한 강조를 반복합니다.

> 육체의 일은 분명하니 곧 음행과 더러운 것과 호색과 우상 숭배와 주술과 원수 맺는 것과 분쟁과 시기와 분냄과 당 짓는 것과 분열함과 이단과 투기와 술 취함과 방탕함과 또 그와 같은 것들이라 전에 너희에게 경계한 것 같이 경계하노니 이런 일을 하는 자들은 하나님의 나라를 유업으로 받지 못할 것이요(갈 5:19~21)

이것은 인간의 나라입니다. 피조물인 우리가 스스로를 다스리고 보호하고 채울 수 있다고 믿는 나라입니다. 골로새서 3장이나 에베소서 5장에서 본 것 같이 우리가 만들어내는 것들은 헛된 것들입니다. 썩어져가는 것들입니다. 생명을 만들 수도 없고 생명의 필요를 공급할 수도 없습니다. 그러나 "오직 성령의 열매는 사랑과 희락과 화평과 오래 참음과 자비와 양선과 충성과 온유와 절제"입니다.

예수 안에서 하나님의 통치가 우리를 부르고 인도하고 채워나가는 것은 이런 것들입니다. 이것은 마치 생명이 가득한 숲을 보는 것과 같습니다. 수목이 울창하고 꽃이 피고 향기가 나고 많은 생명들이 깃들여 있는 풍성한 숲을 보여주는 것 같은 우리 생명의 풍성함과 넘침과 부요함입니다. 이런 것들을 다른 데서는 구할 수 없습니다. 우리가 우리를 통치해서는 또는 세상의 무엇으로도, 세상의 정부나 세상의 법이나 지식이나 그 무엇으로도 생명을 만들거나 생명을 유지하지 못합니다. 요한복음 6장에서 성경은 인간의 가장 깊은 근원적이고 가장 중요한 본질의 문제에 대하여 이렇게 분명하게 선언합니다.

> 예수께서 이르시되 나는 생명의 떡이니 내게 오는 자는 결코 주리지 아니할 터이요 나를 믿는 자는 영원히 목마르지 아니하리라(요 6:35)

예수 자신이십니다. 예수께서 가르치신 무엇보다 우선해서 예수님 자신이 우리의 생명이십니다. 그 분을 모르고 그 분을 소유하고 있지 않으면 오늘 우리가 살펴본 바와 같이 살인과 간음에서 지적된 바와 같이 인간은 자신을 도울 수가 없습니다. 자신을 책임질 수 없습니다.

그래서 예수를 믿는 자의 다름, 예수를 소유한 자의 다름, 생명을 가진 자의 다름이 가장 우선적으로 실천되고 증거되어야 하는 곳이 교회입니다. 교회가 보여야 할 가장 큰 특징은 도덕성과 능률이 아니고 은혜여야 합니다. 그래서 예수를 믿는 사람들이란 예수를 필요로 하는 사람들입니다.

서두에 창녀 이야기를 해서 언급하지 않았는데 결론 부분에도 한 번 더 창녀 이야기를 하겠습니다. 어느 신자가 창녀촌에서 비참하게 사는 여인을 보고 이렇게 권했답니다. "왜 그렇게 사는가? 교회 나와 예수를 믿으라" 하자 그 여인이 이렇게 대답했다고 합니다. "난 이미 충분히 비참합니다. 내가 왜 교회 나가서 더 비참해져야 됩니까?" 이 말이 갖는 의미를 아시겠습니까? 우리는 우리도 모르게 예수를 믿는 것이 내가 남들과 다른 조건과 자격을 가진 사람이라는 기만과 위선을 갖게 됩니다. 왜냐하면 그것이 우리의 본성이기 때문입니다. 누구의 도움을 받아야 된다는 것을 질색하는 인간의 알량한 자존심입니다.

본인이 의식하든 의식하지 않든지 교회에서 언제나 가장 크게 문제가 되는 것은 예수를 만나려면 너부터 만나라는 것입니다. 자기는 예수가 필요해서 나온, 가난한 자요 핍절한 자였다는 증언을 하지 않고 나는 예수님을 도우러 나왔다는 표정을 짓고 있기 때문에 모두가 와서 입을 열 수 없는 것입니다.

우리 모두의 신앙을 우리가 우리 교회를 잘 만들어야 된다는 부분에서가 아니라 우리가 얼마나 많이 예수를 믿고 영생을 얻었다는 문제를 덮어놓고 예수 안 믿는 자와 똑같이 자존심을 세우고 자기는 간음하지 않고 살인하지 않는 자인 것 같이 자기를 증명하여 윽박지르고 있는가, 모두를 피해자로 만들고 자신을 속이고 있는가를 돌아봐야 합니다. 예수를 소유한 자의 넉넉함으로 여러분이 여러분의 자리를 지킬 때만 여러분은 비로소 이웃을 도울 수 있습니다. 그럴 때만 교회는 맡은 책임, 어느 시대 어느 사회에서나 빛이고 소금인 유일한 기관인 것입니다. 오늘의 말씀이 여러분들로 하여금 소모적인 기만과 발돋움에서 벗어나 은혜를 구하는 자로서의 여러분의 자리로 여러분의 신앙을 되돌려놓고 겸손과 그래서 그 겸손 속에 가지는 하나님 통치의 부요함을 누리는 신앙의 삶으로 돌아오는 말씀이 되기를 바랍니다.

기도

하나님 아버지 은혜를 감사합니다.

예수 안에서 하나님을 아버지라 부르는 자 되어 하나님의 사랑을 받으며 생명과 진리와 능력과 의로우심과 자비하심과 사랑의 자녀가 되었으니 감사하는 자 되게 하옵소서. 겸손한 자 되게 하옵소서. 우리와 우리 이웃을 주 예수 그리스도의 은혜 가운데 도울 수 있는 자 되게 하옵소서. 그래서 우리의 신앙고백이 우리의 존재가 우리의 삶이 우리가 사는 이 나라 이 시대 이 땅에서 하나님의 생명의 빛이 되게 하여 주시옵소서.

예수님의 이름으로 기도합니다.

아멘

6. 맹세하지 말라

또 옛 사람에게 말한 바 헛 맹세를 하지 말고 네 맹세한 것을
주께 지키라 하였다는 것을 너희가 들었으나 나는 너희에게
이르노니 도무지 맹세하지 말지니 하늘로도 하지 말라 이는
하나님의 보좌임이요 땅으로도 하지 말라 이는 하나님의 발
등상임이요 예루살렘으로도 하지 말라 이는 큰 임금의 성임
이요 네 머리로도 하지 말라 이는 네가 한 터럭도 희고 검게
할 수 없음이라 오직 너희 말은 옳다 옳다, 아니라 아니라 하
라 이에서 지나는 것은 악으로부터 나느니라(마 5: 33~37)

오늘 본문에는 예수님이 헛 맹세를 하지 말고, 오직 "옳다 옳다, 아니라 아니라" 하는 것이 우리의 한계라고 말씀하시는 대목입니다. 예수 그리스도로 말미암는 의가 서기관과 바리새인의 의보다 나아야 되는 가르침을 구체적으로 설명하는 대목이고 예수 그리스도로만 가능한 천국의 의를 설명하는 대목입니다.

우리는 이미 이 모든 것이 율법의 진정한 본질인 하나님 사랑과 이웃 사랑으로부터 모든 것을 이해해야 하고, 하나님 사랑과 이웃 사랑이 본질적인 의미로 이해되지 않을 때 율법은 자기 의에 불과하다는 지적 속에서 이 가르침을 듣고 있습니다.

헛 맹세를 하지 말고 맹세한 것을 지켜야 되지만, 예수님은 맹세 자체를 하지 말라 하십니다. 맹세란 말하자면 신하고 하는 약속입니다. 그러나 인간은 신에게 자신의 약속을 지킬 만큼 능력이 있지 않습니다. 신실하지 않습니다. 더구나 진실된 맹세라는 이름으로 거짓 맹세를 합니다. 거짓 맹세라는 것은 사실 불가능합니다. 왜냐하면 신과의 약속을, 신을 속이는 거짓 약속을 할 수가 없습니다. 상대방이 신이라면 거짓된 약속에 속을 리가 없습니다. 그럼에도 거짓된 약속과 맹세가 존재하는 이유는 결국 그것이 사람을 속일 수 있기 때문입니다. 맹세가 신과의 약속을 위하여 동원되는 것이 아니라 또는 신 앞에서는 진지함으로 사용되는 것이 아니라 이웃을 속이기 위하여 동원된다는 것입니다.

왜 이웃을 속여야 됩니까? 우리는 예수 그리스도로 말미암는 천국의 의, 아주 넓게 구원이라는 하나님을 아는 지식과 하나님과의 관계 회복과 생명과 진리로 거듭나지 아니하고는 인간은 자신의 한계를 해결할 방법이 없습니다. 그래서 처음에 살펴본 것은 두려움, 두 번째 살펴본 것은 기만, 오늘 보는 바와 같이 권력으로 그 한계를 메우려고 하는 부작용을 낳는 것입니다.

우리가 자신을 책임질 수 없고 어떤 안전한 근거를 확보할 수 없을 때 우리는 여러 가지 두려움에 또는 거짓된 해결책을 제시할 수밖에 없는데 그중에 하나가 통제력입니다. 인간은 일반적으로 권력이라고 부르는 힘을 갖고 싶어 합니다. 그렇게 해야 자신을 안전하게 보호하고 있는 것 같은 느낌이 들기 때문입니다. 그것은 밖에서 보는 물리적인 힘이나 또는 사회적인 지위에 국한되는 것이 아니라 종교까지 그렇게 사용한다는 것입니다. 그 종교의 주인인, 경배의 대상인 신과의 관계로 이해하는 것이 아니라 신을 동원하여 자신의 무기로 삼으려고 하는 것입니다. 그렇게 되면 신앙이라는 것은 믿는다고 주장하는 당사자의 어떤 영적인, 인격적인 문제의 해결책이 되는 것이 아니라 이웃을 압제하는 권력의 수단이 되고 맙니다.

여러분 잘 알다시피 신앙이라는 이름으로 자신의 옳음을 증명해서 상대방을 압제해 통제력으로 쓰는 일은 얼마든지 있습니다. 한 교회에서 신앙생활 하면서도 가끔 그 갈등과 다툼이 생기는데 다툴 때에 이 말을 먼저 하는 사람이 이깁니다. "하나님은 내 마음 아실 거야." 무서운 말입니다. 너만 모르고 있다는 것입니다. 이렇게 하나님을 먼저 끌어다 쓰는 사람이 옳은 사람이 되는 것입니다. 그 다음에는 할 것이 없습니다. 남은 건 사탄인데, 사탄을 불러다 쓸 수도 없고 너무너무 억울하지만 우리에게는 늘 있는 일입니다. 그래서 교회는 도덕이라는 이름으로 신앙이 통제가 되면 힘을 잃습니다. 교회는 도덕성이 아니라 신성의 문제입니다.

하나님이 우리를 자신의 자녀삼기 위하여 허락하신 구원의 가장 중요한 내용은 사랑입니다. 그 사랑이 본질인 생명과 진리가 허락되지 않으면, 사랑이 없는 생명과 진리는 그것 자체로 다시 이기적인 것이 되고 맙니다. 어떤 명분을 갖다 대도 우리는 하나님 사랑, 이웃 사랑으로 가지 못하고 이웃을 통제하는 독재밖에는 할 것이 없습니다.

그래서 오늘 본문 37절에 있는 말과 같이 "오직 너희 말은 옳다 옳다, 아니라 아니라 하라 이에서 지나는 것은 악으로부터 나느니라"는 결론을 주십니다. 기독교 신앙에서 하나님의 자녀 된 자들의 통치에서는 하나님이 권력자입니다. 하나님만 권력자이고 통치자이며 우리는 그 통치를 누리는 자인 것입니다. 빌립보서 1장에 가면 이 문제가 사도 바울의 입을 통하여 이렇게 증언됩니다.

나의 간절한 기대와 소망을 따라 아무 일에든지 부끄러워하지 아니하고 지금도 전과 같이 온전히 담대하여 살든지 죽든지 내 몸에서 그리스도가 존귀하게 되게 하려 하나니 이는 내게 사는 것이 그리스도니 죽는 것도 유익함이라(빌 1:20~21)

깊이 이해해야 되는 말씀입니다. 살든지 죽든지 목숨을 바쳐서라도 주의 영광을 드러내겠다는 헌신과 소욕에 관한 문제가 아닙니다.

어느 길로 인도하든지, 어떤 경우로 인도하든지 하나님의 통치에 순종함으로 내가 내 인생을 책임지거나 나의 유익을 구하는 통치아래 있지 아니하고 예수를 보내신 하나님의 통치아래 있다는 것을 증언하겠다는 뜻입니다.

내가 흥해도 좋고 망해도 좋다는 것입니다. 그렇게 함으로 예수 그리스도로 말미암는 하나님의 구원, 하나님의 자녀로서의 부름, 하나님의 통치가 갖는 이 세상이 대신할 수 없는 진정한 복과 영광을 기꺼이 내 삶으로 증언하겠다는 뜻입니다.

나는 예수로 말미암아 살고 예수로 말미암아 내용을 갖는 사람이기 때문에 나를 세상이 어떤 식으로 다루고 내 인생이 어떤 경우로 꾸며진다 할지라도 예수 하나님의 통치아래 있다는 것을 세상은 어떻게 할 수 없는 것입니다. 그러므로 어떤 경우에도 내가 순종하여 예수로 말미암아 사는 사람인 것을 하나님이 드러내시는 일에 쓰신다는 사실 때문에 나는 아무래도 좋다고 고백하는 것입니다. 이런 표현은 우리에게 사랑에 관하여 가르치는 고린도전서 13장의 가르침이 보다 깊은 이해를 줍니다.

내가 사람의 방언과 천사의 말을 할지라도 사랑이 없으면 소리 나는 구리와 울리는 꽹과리가 되고 내가 예언하는 능력이 있어 모든 비밀과 모든 지식을 알고 또 산을 옮길 만한 모든 믿음이 있을지라도 사랑이 없으면 내가 아무 것도 아니요 내가 내게 있는 모든 것으로 구제하고 또 내 몸을 불사르게 내줄지라도 사랑이 없으면 내게 아무 유익이 없느니라(고전 13:1~3)

사랑을 무엇과 비교하고 있는지 보십시오. 천사의 말과 비교합니다. 그것은 가장 아름답고 감격스러울 수 있지만 어떤 것이라도 사랑이 없으면 자기 자랑으로 갈 수밖에 없고 자기 자랑은 결국 이웃을 발밑에 누름으로써 획득하는 하나의 폭력에 불과하게 됩니다.

우리가 세상을 살며 한 사람의 성공이 가지는 기쁨은 사실 보이지 않는 수많은 경쟁자들을 이기고 그들을 울게 하여 얻은 승리입니다. 우리가 그 문제를 해결할 방법이 없지만 또 예수를 믿는다고 해서 사랑을 이야기한다 해서 경쟁 자체가 잘못은 아닙니다.

그러나 그 승리를 본인이 누군가를 이긴 승리로 확인하는 것입니다. 내 필요와 승리는 하나님에게서 얻기 때문에 내 이웃의 것을 뺏을 필요 없이 내가 얼마든지 이웃에게 나누어줄 수 있습니다. 우리의 경쟁은 사람 사이의 능력 경쟁이 아니라 성실함의 경쟁이요 신실함의 경쟁인 것입니다. 그것은 죄와의 싸움이지 이웃과 싸우는 것은 아닙니다. 신자들이 세상을 살면서 세상 삶의 방식 속에 함께 처해 있지만 근본적인 원리나 내용에 있어서 또는 목표에 있어서는 세상과 아주 다른 이유이고 내용이기도 합니다.

사도 바울은 열심히 사는 것입니다. 빨리 죽어서 천국 가겠다는 욕심을 갖고 있지 않습니다. 그의 살아있음은 죽는 것보다 더 고통스러울 수 있습니다. 그러나 그가 기꺼이 사는 것은 그것만이 유일한 버팀목이고 죽으면 끝인 인생이 아니고 그의 삶이 살아서 당하는 모든 환경과 조건을 예수 안에서 담아내고 해결하고 답을 주시는 하나님의 통치를 드러내는 삶이기 때문에 열심히 살아남겠다고 이야기하는 것입니다. 죽어서 그것이 더 드러날 이유가 있고 하나님이 죽음으로 이끈다면 기꺼이 죽을 수 있는 것입니다. 전혀 다른 이유를 갖고 있다는 것을 이해하실 것입니다.

예언하는 능력이 있어 모든 비밀과 모든 지식을 알고 또 산을 옮길 만한 모든 믿음이 있을지라도 사랑 없이 신앙 좋은 것은 골치 아플 뿐입니다. 기독교 신앙이라는 것을 고급한 종교적 수준으로 가는 싸움으로 이해를 하고 그것을 이웃과 믿음의 식구들을 비교해서 확인하려고 하면 자신의 우월함을 증명해야 되기 때문에 자기도 모르게 이웃을 해치는 수밖에 없습니다.

사랑이 없으면 종교라는 것도 결국은 이웃을 잡지, 이웃을 위하여 희생하지 못합니다. 무서운 현실입니다. 우리가 하나님의 사랑이라는 통치의 가장 큰 본질 속에 있지 않으면 우리의 영혼은 차고 넘칠 수가 없습니다. 우리가 우리의 영혼을 쥐어짜서 이웃을 먹일 것은 아무것도 없습니다. 이 사랑이 '내게 있는 모든 것으로 구제하고 내 몸을 불사르게 내어줄지라도 사랑이 없으면' 그것은 다 하나의 자기증명의 범주를 벗어나지 못한다는 것입니다.

우리는 쉽게 기독교 신앙을 위하여 안타까운 마음을 가집니다. 한국교회가 더 열심을 내어 영향력 있기를 바라고 또 개인으로도 내 신앙이 더 능력 있고 쓸모 있기를 바랍니다. 그런 면에서 우리는 우리도 모르게 영향을 주겠다는 숭고하고 진실한 차원에서 힘이 되기를 바라는 것입니다. 힘이 되기를 바라면 우리는 금방 군대같이 만들고 싶어 합니다. 모두가 일사분란하게 움직이고 한마음 한뜻이 되고 정치적으로 영향력 있는 지위의 신자가 포진해 있기를 바라고 또 보란 듯이 한 번 해서 국가와 사회가 거부할 수 없는 기독교의 힘을 보여주고 싶어 합니다.

그러나 그 속에는 하나님은 왜 그렇게 안 하시느냐에 대한 진지한 성찰이 없습니다. 하나님은 예수 보낸 것으로 이제 할 일 다 했으니 우리가 힘써 그 하나님이 하신 큰 일, 독생자 예수를 보내 우리를 죄와 사망에서 구원해낸 그 큰 은혜를 힘입어 우리가 우리 시대에 사회나 국가나 세계를 하나님의 나라로, 하나님의 통치로 바꾸자는 진실한 소원으로 권력을 탐하게 됩니다. 그러나 여기에는 하나님의 일하심을 약간 간과하는 구석이 있습니다. 이사야 42장으로 가봅시다.

> 내가 붙드는 나의 종, 내 마음에 기뻐하는 자 곧 내가 택한 사람을 보라 내가 나의 영을 그에게 주었은즉 그가 이방에 정의를 베풀리라 그는 외치지 아니하며 목소리를 높이지 아니하며 그 소리를 거리에 들리게 하지 아니하며 상한 갈대를 꺾지 아니하며 꺼져가는 등불을 끄지 아니하고 진실로 정의를 시행할 것이며 그는 쇠하지 아니하며 낙담하지 아니하고 세상에 정의를 세우기에 이르리니 섬들이 그 교훈을 앙망하리라(사 42:1~4)

하나님이 보내실 종, 메시야에 관한 예언입니다. 그 메시야는 하나님의 뜻을 이루는 종으로 이 땅에 보내지지만 그는 자비로운, 인자한, 은혜로운 방식으로 하나님의 뜻을 이루실 것이라고 약속합니다. 5절 이하에 한 번 더 다른 면으로 메시야가 소개됩니다.

> 하늘을 창조하여 펴시고 땅과 그 소산을 내시며 땅 위의 백성에게 호흡을 주시며 땅에 행하는 자에게 영을 주시는 하나님 여호와께서 이같이 말씀하시되 나 여호와가 의로 너를 불렀은즉 내가 네 손을 잡아 너를 보호하며 너를 세워 백성의 언약과 이방의 빛이 되게 하리니 네가 눈먼 자들의 눈을 밝히며 갇힌 자를 감옥에서 이끌어 내며 흑암에 앉은 자를 감방에서 나오게 하리라(사 42:4~7)

그는 구원을 베풀고 모든 인간의 난제들을 다 해결하고 비극을 다 풀어줄 것입니다. 하나님이 메시야를 이런 목적과 약속으로 보내십니다. 그리고 다음과 같이 결론을 짓습니다.

나는 여호와이니 이는 내 이름이라 나는 내 영광을 다른 자에게, 내 찬송을 우상에게 주지 아니하리라(사 42:8)

하나님이 그 아들을 이 땅에 보내신 것은 하나님이 하나님 노릇을 중단하지 않는다는 뜻입니다. "나는 여호와이니 이는 내 이름이라." 여호와라는 이름은 출애굽기에서 모세가 자기를 부르시고 이스라엘을 해방하라고 보내실 때 물었던 이름입니다. "당신의 이름을 가르쳐 주옵소서." "나는 스스로 있는 자니라." 그것이 여호와라는 이름의 풀이입니다. 우리말로는 나는 스스로 있는 자라고 풀었고 영어 번역은 'I am that I am'입니다. 나는 나로서 나니라 이렇게 이해할 수 있습니다. 그것이 원어에 더 가깝습니다. 나는 나로서 나라는 것은 언제나 나인 하나님이라는 뜻입니다. 나는 나임을 잊거나 중단하거나 유보할 수 없고 그 아들을 보내고 십자가에 못 박던 때의 하나님이심과 동일하게 그 후에도 지금까지 온 세상과 우주와 역사 속에서 그리고 여러분 각자의 인생 속에서 하나님이십니다. 그 아들을 보내신 때에만 더 하나님이셨고 그 후에는 그 큰일을 이루셨기 때문에 그 때보다는 덜 하고 계시지 않습니다. 그 아들을 이 땅에 보내시고 십자가에 죽이시는 그 열심과 우리를 향한 사랑의 정도는 동일하십니다.

그는 하나님이신 것을 약화시킬 수가 없습니다. 우리는 그 부분을 놓치는 것입니다. 우리는 힘을 갖고 싶어 합니다. 하나님이 그 아들을 십자가에 못 박는 것과 방불한 방식으로 능력과 열심과 지혜와 모든 면에서 우리를 향한 지극함에서 믿지 않기 때문에 우리는 권력을 갖고 싶은 것입니다. 거기서 속아 넘어가는 것입니다. "너희는 옳다 옳다, 아니라 아니라 하라." 하나님의 통치에 순종하여 인생을 살라는 것이 하나님이 인도하는 길입니다. 이것은 숙명론을 이야기하는 것이 아닙니다. 여러분은 열심히 사셔야 합니다. 그러나 보란 듯이 살고 있지 않다고 해서 여러분의 인생이 아무것도 아닌 것으로 끝나지 않는다는 이야기입니다.

우리는 빌립보서 1장 20~21절에서 본 바와 같은 사도 바울의 고백이 우리 모두에게 가능하다는 것을 압니다. 바울의 고백은 당시에는 위대하지 않았을 것입니다. 그는 그렇게 순교당하고 만 사람입니다. 죽어버리고 만 사람입니다. 그리고 자기가 많은 교회를 세운 것이 사실이지만 교회를 위하여 항상 가슴이 조마조마했던 사람입니다. 멋진 부흥사라는 대접을 받지 못했습니다.

우리 인생도 별 것 아닙니다. 그러나 하나님이 내 이웃 앞에 나를 세우고 있는 것입니다. 내 이웃 앞에 통제할 힘을 주시지 않고 내 이웃을 사랑하게 인도하고 계십니다. 지금 우리가 실력이 있어 사랑하는 정도까지는 아닐지라도 입 다물고 사랑할 수밖에 없는 형편을 살게 하십니다. 사도 바울은 나중에 사도가 된 다음에, 자신이 사도가 된 과정을 디모데전서 1장에서 이렇게 설명합니다.

나를 능하게 하신 그리스도 예수 우리 주께 내가 감사함은 나를 충성되이 여겨 내게 직분을 맡기심이니 내가 전에는 비방자요 박해자요 폭

행자였으나 도리어 긍휼을 입은 것은 내가 믿지 아니할 때에 알지 못하고 행하였음이라 우리 주의 은혜가 그리스도 예수 안에 있는 믿음과 사랑과 함께 넘치도록 풍성하였도다(딤전 1:12~14)

12절부터 14절에 나오는 것은 자기가 사도가 된 것은 하나님이 은혜를 베풀어서 된 것이고 나를 기다려줬다는 것입니다.

미쁘다 모든 사람이 받을 만한 이 말이여 그리스도 예수께서 죄인을 구원하시려고 세상에 임하셨다 하였도다 죄인 중에 내가 괴수니라 그러나 내가 긍휼을 입은 까닭은 예수 그리스도께서 내게 먼저 일체 오래 참으심을 보이사 후에 주를 믿어 영생 얻는 자들에게 본이 되게 하려 하심이라(딤전 1:15~16)

하나님의 기다려주심, 긍휼이 여기심, 그를 구원하신 은혜를 말하고 있습니다. 이사야 42장 말씀같이 '나는 여호와라 내 이름은 여호와라. 나는 하나님이라. 나는 하나님임을 잠시도 중단하지 않는 하나님이니라. 내 통치는 중단되지 않고 내 통치는 가장 큰 능력과 가장 큰 지혜와 가장 큰 신비와 은혜와 자비 속에서 허락되느니라' 그런 이야기입니다.

이사야 42장 8절에서는 "나는 내 영광을 다른 자에게, 내 찬송을 우상에게 주지 아니하리라"고 못을 박습니다. 하나님이 주시는 복, 즉 하나님의 통치는 다른 것과 비교할 수 없습니다. 세상이나 우상, 하나님 외에 갖다 붙일 어떤 힘과도 비교할 수 없는 힘으로 우리를 찾아오는 하나님이십니다. 하나님은 자기의 영광을 다른 것에 내 찬송을 우상에게 주지 아니하겠다는 그 약속이 바울에게 이렇게 나타나 있는 것입니다.

바울은 어떤 사람이었습니까? 박해자였습니다. 그리고 은혜를 입습니다. 하나님이 바울 하나를 종 삼기 위하여 얼마나 많은 능력으로 세상이나 우상이 하지 못하는 방법을 사용했나 보십시오. 기다려 주셨습니다. 긍휼히 여기십니다. 용서하십니다. 그 마음을 항복시키십니다. 강제하지 않으십니다. 하나님의 통치의 무서운 힘입니다. 감사한 힘입니다.

이것이 우리로 하여금 맹세를 필요치 않게 하는 것입니다. 그것이 성경이 우리에게 가르치는 신자 된 인생의 가장 중요한 내용 즉, 순종에 관한 문제입니다. 그것은 우리만이 가질 수 있는 의입니다. 하나님의 통치 아래 사는 자들의 부인할 수 없고 외면할 수 없고 속일 수 없는, 그리스도 예수 안에서 발견한 생명이요 하나님의 사랑입니다. 우리는 이것이 넘치길 바랍니다. 그렇게 되는 데는 시간이 걸릴 것입니다.

우리는 이미 그 길에 들어섰고 그 부름을 받았기 때문에 여기서 도망갈 수 없습니다. 오히려 겉으로 볼 때 자기 의를 위하여 성실하며 고결한 사람만 못해 보일 수 있습니다. 그러나 그것은 다른 것입니다. 우리는 사랑 안에 하나님의 통치아래 예수 안에서 거듭난 자들, 예수 없이 가지는 도덕과 심지어 종교라 할지라도 그것은 생명과 사랑을 가지지 못한 것입니다. 그것은 그의 삶을 해결하지도 이웃을 도울 수도 없습니다. 여러분이 가진 예수 안에서의 하나님의 통치, 그의 의, 생명과 자비와 긍휼과 사랑의 의를 여러분이 소유한 줄 아시는 믿음으로 여러분의 삶과 여러분의 신앙고백을 지켜나가길 바랍니다.

기도

하나님 아버지 은혜를 감사합니다. 하나님을 알고 예수 안에서 찾아오신 하나님을 만나고 예수 안에 보이신 하나님의 사랑을 알게 하신 것은 얼마나 굉장한 것인지요. 그것은 능히 우리의 인생과 세상과 우리의 운명을 담아낼 수 있고 넉넉한 답이 될 수 있습니다. 우리는 아직도 연약한 믿음으로 인하여 비틀거리지만 그러나 예수 안에 있는 하나님을 만난 자이고 그 자녀이고 하나님을 아버지로 부르는 자로서 우리는 우리의 신앙을 놓을 수 없습니다. 힘을 더하시옵소서. 믿음을 더하시옵소서. 순종하게 하옵소서. 더 깊은 하나님의 놀라운 사랑과 허락하신 사랑과 그 통치의 영광을 누리고 순종하고 이웃과 나누는 복 된 인생까지 인도하여 주시옵소서.

예수님 이름으로 기도합니다.

아멘

7. 악한 자를 대적하지 말라

또 눈은 눈으로, 이는 이로 갚으라 하였다는 것을 너희가 들었으나 나는 너희에게 이르노니 악한 자를 대적하지 말라 누구든지 네 오른편 뺨을 치거든 왼편도 돌려 대며 또 너를 고발하여 속옷을 가지고자 하는 자에게 겉옷까지도 가지게 하며 또 누구든지 너로 억지로 오 리를 가게 하거든 그 사람과 십 리를 동행하고 네게 구하는 자에게 주며 네게 꾸고자 하는 자에게 거절하지 말라(마 5:38~42)

오늘 본문 말씀은 서기관과 바리새인의 의보다 나은 예수로 말미암는 하나님의 백성들의 의를 가르치시는 중요한 내용들입니다. 그것은 보복의 원리를 벗어나며 법적 권리나 세상의 힘을 능가하는 하나님 나라의 의라고 가르칩니다. 그것은 오른편 뺨을 맞으면 왼편 뺨을 대는 것이며 속옷을 달라하면 겉옷을 주는 것이며 억지로 오리를 가자고 하면 십리를 가야 하는 하나님 나라의 의입니다.

서기관과 바리새인들이 추구했던 의와 예수 그리스도 안에서 하나님의 백성으로서 가지는 의는 근본적인 면에서 차이가 있습니다. 세상에서 추구하는 윤리나 도덕이나 법적 기준 혹은 내용보다 더 가는 이상이나 완벽을 명분으로 요구하고 있는 것과는 다릅니다.

예수를 믿는 사람은 사랑을 해야 되고 용서를 해야 됩니다. 당연한 이야기지만 무엇을 근거로 어떻게 가능하며 그런 의를 예수님이 우리에게 요구하셨느냐가 성경적으로 이해되어야 합니다. 그런데 우리를 찾아오시는 하나님의 가르쳐주심으로 확인되지 않는다면 이것은 더 지키기 어려운 불가능한 하나의 법이 되고 말 것입니다. 우리는 서기관과 바리새인들이 지키려고 했던 의와 대비되는 예수 안에서 허락되는 진정한 하나님의 의의 차이를 오늘 살펴볼 것입니다. 마태복음 18장입니다.

그 때에 베드로가 나아와 이르되 주여 형제가 내게 죄를 범하면 몇 번이나 용서하여 주리이까 일곱 번까지 하오리이까 예수께서 이르시되 네게 이르노니 일곱 번뿐 아니라 일곱 번을 일흔 번까지라도 할지니라 (마 18:21~22)

오늘 산상설교의 내용인 '눈에는 눈으로 이에는 이로'에서 한 걸음 더 나가는 오른편 뺨을 맞으면 왼편 뺨을 대는 것이나 잘못하면 일곱 번 용서가 일흔 번씩 일곱 번 490번 용서하라는 것으로 확대되고 커지는 것으로 가는 것이라면 지킬 수 없게 됩니다. 일흔 번씩 일곱 번이라고 가르치시는 이 차이, 일곱 번의 용서와 일흔 번씩 일곱 번이라는 그 가르침의 중대한 차이가 뭐냐를 그 이후에 비유로 이렇게 설명합니다.

그러므로 천국은 그 종들과 결산하려 하던 어떤 임금과 같으니 결산할 때에 만 달란트 빚진 자 하나를 데려오매 갚을 것이 없는지라 주인이 명하여 그 몸과 아내와 자식들과 모든 소유를 다 팔아 갚게 하라 하니 그 종이 엎드려 절하며 이르되 내게 참으소서 다 갚으리이다 하거늘 그 종의 주인이 불쌍히 여겨 놓아 보내며 그 빚을 탕감하여 주었더니 그 종이 나가서 자기에게 백 데나리온 빚진 동료 한 사람을 만나 붙들어 목을 잡고 이르되 빚을 갚으라 하매 그 동료가 엎드려 간구하여 이르되 나에게 참아 주소서 갚으리이다 하되 허락하지 아니하고 이에 가서 그가 빚을 갚도록 옥에 가두거늘 그 동료들이 그것을 보고 몹시 딱하게 여겨 주인에게 가서 그 일을 다 알리니 이에 주인이 그를 불러다가 말하되 악한 종아 네가 빌기에 내가 네 빚을 전부 탕감하여 주었거늘 내가 너를 불쌍히 여김과 같이 너도 네 동료를 불쌍히 여김이 마땅하지 아니하냐 하고 주인이 노하여 그 빚을 다 갚도록 그를 옥졸들에게 넘기니라 너희가 각각 마음으로부터 형제를 용서하지 아니하면 나의 하늘 아버지께서도 너희에게 이와 같이 하시리라(마 18:23~35)

이 비유는 어떤 의미에선 분명합니다. 용서를 받았으면 용서해야 되는 것입니다. 남을 용서하지 못하면 용서받지 못한다고 이해할 수도 있습니다.

이런 식의 성경 말씀은 예수님의 가르침 속에도 나옵니다. 주기도문을 가르쳐주시면서 "우리가 우리에게 죄 지은 자를 사하여 준 것 같이 우리 죄를 사하여 주옵소서"라는 구절이 나옵니다. 어렵습니다. 우리가 우리에게 죄 지은 자를 용서하지 않으면 우리도 용서받을 수 없는 것입니다. 마태복음 18장의 비유도 동료를 불쌍히 여기지 않으면 주인이 그 종을 불쌍히 여기지 않겠다고 하는 것과 일치해 보입니다.

그러나 이 비유는 23절 서두에 있는 말씀처럼 천국은 그 종들과 결산하려하던 어떤 임금과 같습니다. 용서의 문제이기보다 통치자인 주인이 어떤 분이냐에 초점이 놓여 있습니다. 초점은 용서에 있는데 주인이 왜 용서하느냐는 것을 여기서 주제로 다루고 있습니다. 주인이 만 달란트 빚진 종을 왜 용서하느냐, 이 달란트는 얼마나 큰돈이냐 하면, 다른 동료 종이 빚진 백 데나리온을 이해하면 됩니다. 한 데나리온은 하루 품삯입니다. 오늘날 금액으로 치면 5만원 안팎일 것입니다. 1달란트는 약 6천 데나리온입니다. 약 20년 치 임금에 해

당합니다. 그래서 만 달란트라는 것은 사실 너무 커서 현실성이 없는 액수입니다. 당시 로마의 속국으로 있던 이스라엘이 해마다 로마에게 바치는 국세, 식민지로서 로마에게 바치는 국세가 800달란트였으니까 만 달란트라는 건 상상할 수 없는 금액입니다.

그런데 주인이 이렇게 큰돈을 불쌍해서 용서합니다. 27절에 보면 "그 종의 주인이 불쌍히 여겨 놓아 보내며 그 빚을 탕감하여 주었더니." 이것이 핵심입니다. 불쌍히 여겼다는 것은 빚보다 종이 더 가치가 크다는 이야기입니다. 빚을 갚기 위하여 목숨을 빼앗기보다 빚을 포기하고 이 사람을 살리는 쪽이 더 큰 가치라는 것에 이 비유가 등장하고 있습니다.

그래서 이 비유의 핵심은 '네 주인이 너를 사람대접 했거늘 너는 왜 너의 동료를 사람대접 하지 않느냐' 그런 이야기입니다. 네가 주인에게 용서 받은 것은 사람으로서 대접을 받은 것인데 너는 왜 네 동료를 사람으로 대접하지 않느냐 하는 것이 이 비유입니다. 그래서 용서라는 문제는 쌍방 간에 채무와 원한의 문제보다 더 크게 인간이라는 존재가 하나님을 주인으로 모실 때 어떤 가치며 어떤 존재인가라는 측면에서 이해할 때에만 용서는 가능하다는 이야기입니다.
우리가 눈은 눈으로 이는 이로 하는 유대 사회에서의 법은 사실은 보복을 제한하기 위하여 허락된 것입니다. 눈을 다쳤는데 눈 이상으로 보복하는 것을 막기 위하여 제정된 것이었지만 악용했습니다. 우리는 법 정신을 적극적으로 사용할 실력이 없습니다. 우리의 억울함을 풀기 위해서라면 얼마든지 법을 악용할 수 있습니다.

마태복음 18장의 비유를 보면 이 종은 만 달란트 탕감을 받았지만 백 데나리온을 용서하지 못합니다. 내 눈은 다른 사람 눈하고 다릅니다. 내 눈 다친 것을 다른 사람 눈 하나 다치게 하는 것으로 해결이 되겠습니까? 보복이라는 것은 그에 상응하는 보복을 행한다고 해서 절대로 해결되지 않습니다. 그래서 이 문제가 예수 그리스도 안에서 말하자면 예수님이 마태복음 5장에서 가르치신 것 같이 오른편 뺨을 맞으면 왼편 뺨을 대라는 식으로 말씀하실 수 있는 것은 네 눈을 다친 것을 상대방 눈을 다치게 해서 회복할 수 없으나 예수 그리스도 안에서 넉넉히 회복되었기 때문에 보복이나 원한이나 살육이나 약탈을 혹은 투기를 혹은 폭력을 중단할 수 있고 더 적극적으로 상대방을 용서할 수 있다고 가르치는 대목입니다. 이 부분을 로마서 3장은 이렇게 가르칩니다.

> 모든 사람이 죄를 범하였으매 하나님의 영광에 이르지 못하더니 그리스도 예수 안에 있는 속량으로 말미암아 하나님의 은혜로 값없이 의롭다 하심을 얻은 자 되었느니라 이 예수를 하나님이 그의 피로써 믿음으로 말미암는 화목제물로 세우셨으니 이는 하나님께서 길이 참으시는 중에 전에 지은 죄를 간과하심으로 자기의 의로우심을 나타내려 하심이니 곧 이 때에 자기의 의로우심을 나타내사 자기도 의로우시며 또한 예수 믿는 자를 의롭다 하려 하심이라(롬 3:23~26)

예수 안에서 허락된 구원은 은혜와 사랑이라고 가르치십니다. 지금 읽은 로마서 3장의 표현에 의하면 그것은 하나님의 의요 우리를 의롭게 한 구원이라고 이야기합니다.

하나님이 예수 안에서 하나님 앞에 죄를 범한 인류에게 은혜를 베풀어 용서하여 구원하심으로 하나님의 의를 나타내셨고 구원을 베풀어 하나님의 자녀 삼은 자들을 의롭다고 공포하시고 의를 증명하셨습니다. 하나님 앞에 죄를 범한 인간들을 용서하시는데 25절 하반절에 보면 길이 참으시고 죄를 넘어가셨다고 합니다. 왜냐하면 하나님은 자비로우신 분이시고 사랑의 하나님이기 때문입니다. 우리를 사랑해서 우리의 잘못을 넘어가기로 하셨습니다.

예수 그리스도를 보내어 인류를 구원하시고 하나님이 당신의 의를 나타냈다는 것은 그의 옳으심은 사랑 안에 있는 의라는 것입니다. 옳고 그른 것이 전부가 아니라 옳게 만드는 의, 사랑이라고 선언하시고 실천하시면서 하나님이 누구신가를 나타내셨습니다.

예수 그리스도 안에 있는 구원으로 나타내신 하나님의 의가 무엇입니까? 사랑입니다. "곧 이 때에 자기의 의로우심을 나타 내사 자기도 의로우시며 또한 예수 믿는 자를 의롭다 하려 하심이라." 우리에게 무슨 의가 나타났느냐 하면 하나님이 사랑하는 자라는 의를 나타내셨습니다.

구원에 나타난 의는 하나님이 누구신가와 함께 하나님이 그 아들을 보내어 구원한 우리가 누구냐로 나타납니다. 우리는 누구입니까? 하나님의 사랑을 받는 자입니다. 하나님의 사랑하시는 자입니다. 그것이 기독교가 말하는 하나님 나라의 의의 본질이요 사랑입니다. 하나님이 우리를 사랑하시기 때문에 나만이 아니라, 나를 포함한 모든 인류를 사랑하여 만 달란트 빚진 종을 용서한 주인 같이 나를 용서하시고 모든 인류를 용서하고 싶어 하시기 때문에 우리는 보복하지 않습니다. 우리는 나의 억울함을 풀기 위하여 누구를 폭력으로 해하지 않습니다. 이것이 천국의 의입니다. 서기관과 바리새인과 다른 의인 것입니다. 같은 맥락에서 에베소서 5장에 가시면 성경은 이렇게 가르칩니다.

그러므로 사랑을 받는 자녀 같이 너희는 하나님을 본받는 자가 되고 그리스도께서 너희를 사랑하신 것 같이 너희도 사랑 가운데서 행하라 그는 우리를 위하여 자신을 버리사 향기로운 제물과 희생제물로 하나님께 드리셨느니라(엡 5:1~2)

"사랑을 받는 자"라는 것이 근거가 되어 우리는 누구를 용서할 수 있는 것입니다. 서두에 말씀드린 것 같이 백 데나리온 빚진 자를 용서해야 되는 것은 우리가 만 달란트 빚진 것을 용서 받았을 때 사람대접을 받았고 우리가 받는 사람대접이 주인이 나에게 허락한 대접이라는 사실에 근거한 것입니다. 그러므로 우리는 내 이웃과 동료에게 동일한 인간 대접을 해야 된다는 측면에서 서기관과 바리새인의 의와 다른 의가 생산되는 것입니다.

"우리가 우리에게 죄 지은 자를 사하여 준 것 같이"라는 말은 하나님을 아버지라 부르는 자들에게 허락된 기도입니다. "하늘에 계신 우리 아버지여"라는 고백이 가능한 하나님의 사랑을 받은 자, 하나님이 누구인지를 아는 자, 하나님이 나를 사랑한다는 사실을 아는 자에게만 가능한 기도입니다. 내가 누구를 사랑해야 하는 것은 하나님이 나를 사랑하여 나를 대접하듯이 내 이웃을 대접하고 하나님 앞에 소중하다고 아는 그 이유, 그 근거아래서만 실천 가능한 천국의 의입니다. 우리는 그가 아무리 결함이 있고 아무리 부족하다 할지라도 그를 공격할 수 없습니다. 하나님의 사랑을 받는 자이기 때문입니다.

이것은 지금 법이나 윤리를 지키는 문제로 따지는 것이 아닙니다. 우리가 가진 기독교인이라는 신분과 그 허락된 통치가 어떤 질서, 어떤 원리, 어떤 내용, 어떤 목적, 통치자의 인격과 성품이 어떤 것이냐에 관한 것입니다.

우리는 이 문제를 보복을 하지 않는다, 폭력을 행하지 않는다는 아주 분명하고 거친 폭력적 행위에만 국한시켜서는 안 됩니다. 이웃을 내 몸 같이 사랑하라는 궁극적인 율법의 가르침입니다. 그런데 우리는 예수 그리스도께서 완성하신 천국의 의를 얼마나 매일 의식하지 못하고 삽니까?

저는 많이 아픈 사람입니다. 그런데 아픈 사람은 아픈 이야기를 해서 위로를 받고 싶습니다. 저도 모르게 그 이야기를 합니다. "많이 아픕니다." "어떻게 아프십니까?" "아침에 일어나도 한 번도 상쾌하지가 않고 오는 감기 가는 감기 다 걸리고 아직도 내복을 입고 있습니다." 그러면 꼭 이런 이야기를 합니다. "면역력이 떨어져서 그래요" 그것은 저도 압니다. 의사 선생님이 그렇게 하는 것은 괜찮습니다. 그러나 여러분들은 "목사님 그렇게 아프신 데도 어쩜 그렇게 훌륭하게 목사 일을 하세요?" 그래야 합니다. 여러분은 아픈 사람을 만나면 꼭 그렇게 하십시오. "얼마나 편찮으세요? 참, 그래도 용하세요. 그래도 꿋꿋이 견디시니 언제 제가 한 번 맛있는 거 사드릴게요." 그렇게 하십시오.

그것을 하셔야 하는데 우리는 그것을 못합니다. 상대방의 처지를 내가 이해해서 빨리 입을 닫습니다. 우리가 제일 못하는 것은 상대방 이야기를 끝까지 못 듣는 것입니다. 왜냐하면, 여유가 없습니다. 우리 영혼의 만족이 없기 때문에 누구의 불평과 원한을 들어줄 여유가 없습니다. 물론 위로할 힘도 없습니다.

아직까지 그것이 사건으로 나타나지 않았을지라도 우리는 무슨 사건이 터지든 내가 해결할 능력이 없다는 것을 압니다. 억울함이나 분노와 자폭이 근본적으로 우리의 한계 속에 가장 중요한 본질로 자리하고 있다는 것을 알기 때문에 우리는 싫은 소리도 듣기 싫고 누구의 넋두리를 들어줄 힘도 없습니다. 그것에 대한 이야기입니다.

여러분은 하나님이 사랑하시는 자입니다. 하나님의 사랑이 현실적으로 여러분이 요구하시는 식으로 나타나지 않아서 만족하시지 않고 확인되지 않을 수는 있지만 여러분이 하나님을 아버지로 부르고 예수를 믿는다고 고백하신다면 여러분은 하나님의 사랑을 받고 있기 때문에 그의 아들을 주신 하나님의 자녀입니다. 이것을 놓치면 우리는 아무런 힘을 가질 수 없고 신앙인으로 살아갈 수 없습니다. 우리에게 요구된 천국의 의라는 것을 명분으로는 절대 지키지 못합니다. 자기 확인을 위해서는 쓸 수 없습니다. 늘 갈증을 느끼고 늘 부족한 것을 본인이 알고 있을 것입니다.

그래서 성경이 말하는 이 문제는 지금 에베소서 5장 1절에서 보는 바와 같은 "그러므로 사랑을 받는 자녀 같이"라는 말을 제대로 이해하지 못하는 한 여러분은 여러분 자신에 대한 자존감이나 만족이나 감사를 가질 수가 없습니다. 이 문제는 골로새서 3장에 좀 더 자세히 나옵니다. 이 표현 속에 있는 여러분의 신자 된 특권들을, 여러분에게 허락된 하나님의 은혜들을 분명히 하는 말씀이길 바랍니다.

그러므로 너희는 하나님이 택하사 거룩하고 사랑 받는 자처럼 긍휼과 자비와 겸손과 온유와 오래 참음을 옷 입고(골 3:12)

하나님이 택하여 거룩하고 사랑받는 자로서 "긍휼과 자비와 겸손과 온유와 오래 참음을 옷 입으라"고 합니다. 이것들은 고급한 윤리가 아닙니다. 하나님의 고급하심의 부름이며 하나님의 영광됨으로의 부름입니다. 인간이 고급한 인격으로 신의 성품으로 부름 받고 있는 내용입니다. 왜냐하면 우리는 예수 안에서 하나님의 통치, 그의 베푸시는 은혜, 능력 속에 있기 때문입니다. 그래서 13절은 어떻게 갑니까?

> 누가 누구에게 불만이 있거든 서로 용납하여 피차 용서하되 주께서 너희를 용서하신 것 같이 너희도 그리하고(골 3:13)

어떻게 용서하셨습니까? 십자가를 지신 희생과 사랑으로 용서하셨습니다. 우리를 위하여 죽으신 것이 성부 하나님 앞에 성자 하나님의 기쁘신 순종의 길이었다는 것을 기억하십시오. 아버지의 기뻐하심에 참여하신 길이었다는 걸 기억하십시오. 그것은 결단코 희생정도가 아닙니다. 그 희생은 사랑입니다. 사랑이라는 것은 상대방의 기쁨이 나의 기쁨이 되는 것입니다. 우리가 누구를 존중할 수 있는 것은 자신이 존귀하지 않고는 불가능합니다. 자신의 실력 없이 상대방을 예의로 대하고 상대방을 존중하고 사랑할 수 없습니다. 성경이 이야기하는 예수 안에서의 천국의 의라는 것은 이런 은혜와 사랑과 능력 속에서 요구되는 것입니다. 그것이 예수 안에 있는 구원입니다. 계속 봅시다.

> 이 모든 것 위에 사랑을 더하라 이는 온전하게 매는 띠니라(골 3:14)

의든 무엇이든 좋습니다. 진실함이나 정결함이나 무엇이든 사랑을 떠난 요구는 없습니다. 사랑 속에 들어가 있는 것입니다. 사랑이 가장 큰 것입니다. 15절입니다.

그리스도의 평강이 너희 마음을 주장하게 하라 너희는 평강을 위하여 한 몸으로 부르심을 받았나니 너희는 또한 감사하는 자가 되라(골 3:15)

평강과 감사라는 것은 자기 문제가 해결되지 않고 넉넉하지 않고는 가지지 못합니다. 성경적인 설명에 귀 기울이십시오. 여러분이 가진 신앙을 확인하고 싶으신 것들을 세상적인 피상적인 것으로 대체하지 마십시오. 참다운 인간의 복과 자랑들은 예수 안에 있는 하나님의 통치와 그의 허락하시는 넉넉한 신의 성품과 거룩과 영광으로 부르신 그 부름과 허락하신 축복 속에 있습니다.

그것이 여러분 자신을 위하여 여러분의 살아가는 인생과 여러분이 만나야 할 이웃과 사회 앞에 우리가 가진 힘이요 세상의 힘과는 다른 힘입니다. 이 힘이 성경이 말하는 빛이고 소금입니다. 승리하시는 여러분들의 인격이요 인생이 되기를 바랍니다.

기도

하나님 아버지 은혜를 감사합니다. 하나님을 아버지로 부른다는 것이 가지는 놀라운 예수 안에서의 구원의 충만함과 넉넉함과 영광됨을 확인합니다. 우리가 우리의 필요를 이웃에게서 뺏을 필요가 없습니다. 이웃에게 우리의 억울함을 풀 필요도 없습니다. 예수 안에서 우리의 모든 문제를 하나님의 은혜 가운에 해결한 자로하나님의 은혜와 능력을 힘입은 자로 거룩하게 살게 하옵소서. 넉넉히 살게 하옵소서. 사랑하며 살게 하옵소서. 하나님의 자녀로 사랑받는 자로 감사하며 살게 하시옵소서.

예수님의 이름으로 기도합니다.

아멘

8. 세상의 것과 다른 하나님의 의

또 누구든지 너로 억지로 오 리를 가게 하거든 그 사람과 십
리를 동행하고 네게 구하는 자에게 주며 네게 꾸고자 하는
자에게 거절하지 말라(마 5:41~42)

오늘 본문 말씀에서 억지로 오 리를 가게 한다는 말은 예수님 당시에 유대인이 로마의 통치 아래 처해 있다는 상황에서 이해될 수 있습니다. 로마법에 의하면 정치적 군사적 이유로 현지인들에게 부역을 시킬 때는 부역시키는 장소에서 부역자들을 오 리 이상 데리고 갈 수는 없다는 법에 근거한 말씀입니다. 정치적 권력에 의하여 억지로 가게 된 법에 피해를 보는 문제에 대해서 예수님은 기꺼이 십 리를 가라고 답하십니다.

지금 우리는 서기관과 바리새인의 의보다 나은 예수 그리스도 안에서 허락하는 하나님의 의를 비교하고 있습니다. 지금 본문의 내용대로 정부의 권세에 대하여 기독교 신앙은 권력 투쟁을 하지 않는다고 이야기할 수 있습니다. 세상 권세와 힘을 다투는 것이 아니라 세상 통치와 하나님의 통치는 전혀 다르다고 말씀하시는 것입니다. 실제로 로마서 13장에는 세상 정권에 대하여 긍정적인 이해를 촉구하고 있습니다.

각 사람은 위에 있는 권세들에게 복종하라 권세는 하나님으로부터 나지 않음이 없나니 모든 권세는 다 하나님께서 정하신 바라 그러므로 권세를 거스르는 자는 하나님의 명을 거스름이니 거스르는 자들은 심판을 자취하리라 다스리는 자들은 선한 일에 대하여 두려움이 되지 않고 악한 일에 대하여 되나니 네가 권세를 두려워하지 아니 하려느냐 선을 행하라 그리하면 그에게 칭찬을 받으리라 그는 하나님의 사역자가 되어 네게 선을 베푸는 자니라 그러나 네가 악을 행하거든 두려워하라 그가 공연히 칼을 가지지 아니하였으니 곧 하나님의 사역자가 되어 악을 행하는 자에게 진노하심을 따라 보응하는 자니라(롬 13:1~4)

4절까지 본 대로 세상 정권을 하나님의 허락하신 통치로 묘사하고 있습니다. 그것은 어떤 의미냐 하면, 모든 정부 권세는 국가와 사회의 최소한의 질서를 지키기 위한 권세로서 하나님에 의하여 허락된 권세라고 성경은 설명합니다.

실제로 모든 정권들이 만족할 만한 정권이 아니었다는 것은 역사가 증명하고 있지만 마음에 들지 않는 잘못된 정권이라 할지라도 없는 것보다 나은 것이 사실입니다. 무정부상태보다 무서운 것은 없습니다. 그래서 정부의 권세라는 것이 소극적이지만 하나님의 자비로 우심 아래 이 세상과 인류를 지키시는 하나님의 자비와 하나님의 넓고 크신 통치의 한 은혜로 주어졌다고 우리는 그렇게 알고 있습니다.

그러나 우리가 오늘 본문에서 살펴본 바와 같이 억지로 오 리를 가게 하는 정치권력과 하나님의 통치의 본질은 매우 다릅니다. 로마서 13장에서 본 바와 같은 이런 정부, 정치권력이라는 것은 일종의 통제력입니다. 법으로 규제하여 최소한의 질서를 지키기 위하여 강제 집행하는 힘입니다. 악을 행하고 죄를 범하는 자를 처단하여 사회를 지킵니다.

그러나 그런 권세 속에 적극적인 힘은 없습니다. 쉽게 통제력으로 도덕을 만들 수도 없습니다. 기독교 신앙이 추구하는 하나님의 통치의 의로움과 자비로우심을 정부 권세가 만들 수는 더더욱 없습니다. 그러므로 성경이 가르치는 것은 예수를 믿어 하나님의 백성이 된 자들이 가지는 하나님의 통치의 다름은 세상 권세가 가지는 통제력과 다른 것이고, 너희는 그것에 순종하고 그 통치의 의를 드러내어야 한다고 지적받고 있는 것입니다. 마태복음 4장에 가시면 예수님이 공생애를 시작하시기 전에 광야에서 준비하시며 사탄에게 시험을 받는 장면이 나옵니다.

> 마귀가 또 그를 데리고 지극히 높은 산으로 가서 천하 만국과 그 영광을 보여 이르되 만일 내게 엎드려 경배하면 이 모든 것을 네게 주리라 이에 예수께서 말씀하시되 사탄아 물러가라 기록되었으되 주 너의 하나님께 경배하고 다만 그를 섬기라 하였느니라(마 4:8~10)

예수님이 오신 것은 하나님의 통치를 허락하며 실현하기 위한 것입니다. 그것은 세상 권세와 다릅니다. 사탄이 예수님을 시험한 것은 자기에게 경배하면 세상 권력을 주겠다는 것입니다. 그러나 예수님은 거절하셨습니다. 그리고 "하나님이 나를 이 땅에 보낸 것은 힘으로 인격들을, 존재들을 통제하러 온 것이 아니라, 조작하고 압제하러 온 것이 아니라 하나님께서 예수 그리스도로 말미암아 허락하는 통치에 우리를 불러 하나님 앞에 항복하며 하나님을 경배하게 하려고 왔다"고 이야기하는 것입니다.

기독교 신앙이 가지는 하나님의 통치의 본질인 '하나님의 의'는 지금 보시는 바와 같이 세상이 가지는 통제력과 전혀 달리 하나님의 의에 대한 은혜로우신 허락입니다.

하나님의 백성으로 부름을 받는 모든 기독교 신앙인들이 즐겨 표현하는 예수로 말미암는 구원은 하나님의 통치아래 초청받는 복입니다. 그 하나님의 통치의 의, 통치의 본질은 세상의 권력과 달리 사랑입니다. 이 사랑은 너무 자주 쓰이고 또 기독교 신앙을 대표하는 것이고 모든 경우에 정답으로 제시되기 때문에 신앙인들에게 있어서 진부한 말이 됩니다. 현실적인 신앙의 갈급함 앞에 믿음이나 사랑이라는 정답들은 자주 우리를 불만스럽게 합니다.

그러나 지금 억지로 오 리를 가는 문제를 놓고 기꺼이 십 리를 가라는 예수님의 가르침은 하나님의 통치가 가지는 사랑을 본질로 하는 하나님의 의의 내용이 얼마나 세상 것과 다르며 큰 것인지를 제시합니다.

고린도전서 13장에 나오는 사랑에 대한 성경의 정의를 생각해보십시오. 맨 처음에 나오는 사랑의 정의는 "사랑은 오래 참는다"고 되어 있습니다. 오래 참는다는 것은 상대방을 사랑이라는 이름으로 조작하지 않고 강요하지 않는다는 뜻입니다. 영어 표현이 좀 더 본문에 가까운데 "love is long suffering"으로서 고통스럽다는 말입니다. 여기서 고통스럽다는 것은 무엇을 의미하느냐 하면 상대방을 내 마음에 들게 강제하지 않는다는 뜻입니다. 하나님의 통치에 중요한 본질입니다. 하나님은 우리를 사랑하십니다. 우리를 존중하시고 맘에 들지 않는 것을 통제하시지 않습니다. 이것이 억지로 오 리를 가게 하는 세상의 권력과 다른 것입니다. 이것이 하나님의 통치, 하나님의 권세, 하나님이 허락하시는 구원의 놀라움입니다.

우리는 현실 속에서 매일 사랑을 말하고 사용하고 있으면서도 그 사랑이 얼마나 힘든지 경험합니다. 부부 사이에, 또는 부모와 자식 사이에 사랑이라는 이름으로 우리는 통제합니다. 부부 싸움은 늘 "나는 당신을 아직도 사랑하는데 당신은 왜 내 마음에 들지 않냐" 이것입니다. 자식한테도 똑같습니다. 물론 사랑해서 그렇습니다. 그러나 우리의 사랑은 하나님의 사랑과 비교하면 너무 모자랍니다.

우리가 지금 신자로서 하나님을 아버지라 부르며 예수를 믿는다고 고백하는 것은 하나님이 이 사랑으로 우리를 대접하시고 우리를 구원하사 당신의 통치아래 두셨기 때문에 가지는 현실입니다. 그러나 대부분의 신자들이 불만스러워하는 현실입니다. 우리는 하나님이 통제력을 행사했으면 합니다. 하나님이 내 환경을 바꾸고 지금의 갈급한 문제들을 즉시 해결해주었으면 하는 것이 우리들의 소원인데 하나님은 그렇게 하시지 않습니다.

하나님은 우리의 당면한 문제를 해결해주는 것 정도로 우리와 관계 맺기를 거부하십니다. 그래서 신자의 인생은 고달픕니다. 하나님은 우리에게 이 세상에서 겪는 모든 실존 속에서 하나님의 사랑이 얼마나 큰 것이고 그의 통치가 얼마나 놀라운 것인가를 배우게 하시며 깨닫게 하시며 우리로 승복하기를 바라십니다. 그것은 하나님으로서는 대단히 고통스러운 일이십니다.

사랑은 오래 참는 것입니다. 그래서 사랑을 정의하는 말들을 보시면 사랑은 성내지 않는다고 했습니다. 이것은 무슨 감정적인 문제가 아닙니다. 화를 낸다는 것은 통제력의 한 방법입니다. 우리는 화를 내면서 입을 막아버리고 내 고집과 주장을 관철시키는, 그런 일은 하지 않아야 합니다. 성내지 않고 무례히 행치 않고 온유하며 모든 것을 참고 모든 것을 믿고 바라고 견뎌야 합니다.

이것이 지금 예수 그리스도께서 서기관과 바리새인의 의로 묘사되는 세상의 어떤 힘, 통치권의 본질과 하나님의 통치를 대조시켜 우리를 가르치는 "너희는 서기관과 바리새인보다 더 나은 의를 누리고 있고 허락받고 있고 그리고 그 의를 행사해야 된다"고 가르치는 부분입니다. 마태복음 20장에 가시면 바로 이 문제로 예수님의 공생애 마지막 순간에 제자들이 서로 다툽니다.

> 예수께서 제자들을 불러다가 이르시되 이방인의 집권자들이 그들을 임의로 주관하고 그 고관들이 그들에게 권세를 부리는 줄을 너희가 알 거니와 너희 중에는 그렇지 않아야 하나니 너희 중에 누구든지 크고자 하는 자는 너희를 섬기는 자가 되고 너희 중에 누구든지 으뜸이 되고자 하는 자는 너희의 종이 되어야 하리라 인자가 온 것은 섬김을 받으려 함이 아니라 도리어 섬기려 하고 자기 목숨을 많은 사람의 대속물로 주려 함이니라(마 20:25~28)

제자들은 끝까지 예수님이 죽어야 하는 이유를 몰랐었습니다. 예수님이 보여주셨던 많은 초월적인 기적들, 오병이어의 기적이나 바다를 잠잠케 하거나 중풍병자를 고치거나 죽은 자를 살리는, 능력으로 말하자면 정치적 군사적 우위에 있는 로마의 정권을 무너뜨리고 이스라엘에 해방을 가져다주리라 기대했습니다. 신앙이라는 이름으로 종교라는 이름으로 세상 권세보다 커야 한다고 기대를 했습니다. 그러나 예수님은 저들의 기대와 달리 기꺼이 십자가를 지고 억울하고 오해받고 부끄럽고 고통스러운 죽음을 택하셨습니다.

오늘날에도 우리가 신앙생활을 하면서 가장 당황해하는 것은 우리의 신자 된 현실이 고통스럽다는 사실입니다. 우리가 기대하는 하나님의 응답은 찾아보기 힘듭니다. 그것을 세상의 거짓된 것과 비교할 때 상대적으로 나은데도 하나님은 보상해주시지 않습니다.

이런 일들이 우리도 모르게 본성적인 종교성과 결부되어 기독교 신앙을 정치적 권력으로 추구하게 만듭니다. 말하자면 우리가 사는 이 시대와 사회 속에서도 기독교가 사회에 영향력을 갖기를 원하고 진실한 의미에서도 정치적 권력이 되기를 소망합니다. 성경은 그렇게 가르치지 않는데 기독교가 정치적인 힘이었으면 더 큰 영향력을 발휘할 것이라 생각합니다. 그것은 개인 모두의 신자 된 현실에서도 동일한 기대로 나타나기 때문에 각 개인의 신앙의 현실 속에서도 실망하고 실제로 국가와 사회의 일원으로서도 신자로서의 생활은 사실 틀립니다.

기독교 신앙은 정치적인 힘으로서 영향력을 행사하지 않습니다. 지금 예수님이 걸어가셨던 길, 가르치신 길 그대로 우리는 사랑합니다. 사랑한다는 것은 고통을 견뎌야 하며 기다려야 하며 믿어야 하며 섬겨야 하는 일입니다. 그렇게 함으로써 예수님이 하셨듯이 우리로 하여금 세상의 통치와 다른 하나님의 통치를 증거하게 하십니다. 그리고 그 통치 속에서 우리는 큽니다. 세상의 통치와 권세가 가지는 억지로 오 리를 가게 하는 현실 속에서 억지로 당하는 일 속에서 하나님 통치의 백성으로서의 온유함과 사랑과 섬김이 드러나며 그 때에 우리 자신에게도 하나님의 통치의 위대함이 더욱 분명해지고 우리를 통하여 세상은 세상의 통치와 하나님의 통치의 다름을 분명하게 보는 빛과 소금의 역할이 제대로 시행된다는 것입니다.

우리는 정치적인 권력이라는 문제 때문에 우리 신앙의 책임을 떠넘기는 실수를 범할 수 있습니다. 즉, 국가와 민족을 위한 기도를 할 때 나라와 민족이 기독교 신앙을 가짐으로써 모든 문제가 해결되기를 바라는 기도를 할 수 있습니다. 그러나 그 기도는 성경이 요구하는 기도와 다릅니다. 물론 우리는 이 나라의 국민으로서 이 시대를 사는 사람으로서 우리가 속한 사회와 국가에 대하여 책임 있는 기도를 해야 됩니다. 하나님 앞에 이 나라와 시대를 위하여 기도해야 되는 사람입니다. 그러나 그것이 국가 권력이 요구하는 억지로 오 리를 가게 하는 것을 면하려는 기도가 된다면 잘못입니다. 그러나 그렇게 될 가능성은 매우 높습니다.

이 나라 이 민족이 다 예수를 믿고 하나님의 백성이 되어 아무 근심 걱정이 없는 나라가 되고 내가 져야할 십자가가 없게 되기를 바라는 기도로서 민족과 국가를 위하여 기도하신다면 안 됩니다. 여러분은 이미 하나님의 통치 속에 있기 때문에 이 세상이 하나님을 알지 못하고 해답이 없는 고통과 문제 속에 직면해 있는 것을 불쌍히 여기고 은혜를 베풀어 달라고 기도해야 됩니다. 그러나 여러분의 책임을 면하기 위하여 국가와 민족을 들먹여서는 안 됩니다. 그것은 여러분 개개인에게도 동일하게도 마찬가지입니다.

여러분 개인이 겪으시는 신앙상의 모든 불만은 하나님이 여러분을 사랑으로 통치하시고 하나님의 목적으로 인도하신다는 사실에 대한 무지 때문에 나온 것입니다. 골로새서 2장에 가보십시다.

누가 철학과 헛된 속임수로 너희를 사로잡을까 주의하라 이것은 사람의 전통과 세상의 초등학문을 따름이요 그리스도를 따름이 아니니라 그 안에는 신성의 모든 충만이 육체로 거하시고 너희도 그 안에서 충만하여졌으니 그는 모든 통치자와 권세의 머리시라(골 2:8~10)

예수를 믿는다는 것은 세상이 가지고 있는 어떤 힘보다 더 큰 힘,

의에 있어서, 진리에 있어서, 생명에 있어서, 가치에 있어서, 아니 모든 어떤 부분 어떤 내용으로든 세상이 만들어내지 못하는 신성의 충만함으로 가는 부름입니다.

우리가 예수를 믿는다고 고백하며 하나님을 아버지로 부르면 바로 이리로 부름 받은 줄 알아야 됩니다. 하나님의 통치와 하나님의 목적하심에 대하여 우리가 그 아들 예수를 보내어 그를 십자가에 못 박으신 하나님의 사랑, 하나님의 통치의 실현이라는 것을 사랑과 의와 진리와 거룩함으로 이해하지 못한다면 기독교 신앙인으로 산다는 것은 현실 속에서 매우 곤혹스러운 문제가 될 것입니다.

우리는 이 문제를 나중에 더 자세히 살펴보겠지만 기본적으로 우리가 갖고 있는 "예수를 믿습니다"라는 신앙고백이 하나님은 누구시냐와 가장 중요하게 연결되어 있다는 것을 거듭 확인해야 됩니다. 이 문제를 놓치면 우리의 신앙생활은 정말 힘들 것입니다. 그러나 이 문제를 이해한다면 하나님이 누구시냐, 그가 나를 위하여 예수를 보냈다는 것이 무슨 말이냐, 예수를 믿어야 구원받는다는 것이 무슨 말이냐는 것을 세상적인 가치와 세상적인 효용성을 떠나서 성경이 가르치는 대로 이해하려고 노력하셔야 됩니다. 골로새서 2장 12절을 봅시다.

> 너희가 세례로 그리스도와 함께 장사되고 또 죽은 자들 가운데서 그를 일으키신 하나님의 역사를 믿음으로 말미암아 그 안에서 함께 일으키심을 받았느니라 또 범죄와 육체의 무할례로 죽었던 너희를 하나님이 그와 함께 살리시고 우리의 모든 죄를 사하시고 우리를 거스르고 불리하게 하는 법조문으로 쓴 증서를 지우시고 제하여 버리사 십자가에 못 박으시고 통치자들과 권세들을 무력화하여 드러내어 구경거리로 삼으

시고 십자가로 그들을 이기셨느니라(골 2:12~15)

십자가가 얼마나 중요한 사건이냐 하면 본문에 의하면 십자가는 이 세상이 의인 된 예수를 죽이는 세상이라는 것을 명명백백하게 드러낸 사건입니다. 이 세상 권세의 거짓된 것과 허망한 것을 드러낸 사건이며 또한 죽음으로 끝나지만 죄인들을 구원해내는 하나님의 자기 희생이라는 하나님 통치의 자비와 능력과 그 복을 증언한 사건이라는 것입니다. 죽음으로 끝나는 자리, 절망과 수치밖에 없는 곳에서도 생명과 영광을 만들어내시는 하나님의 사랑의 통치와 모든 것을 죽이고 더럽히고 파멸시키는 것밖에는 할 수 없는 세상의 힘과의 대조, 이것이 십자가입니다.

여러분이 예수를 믿는다는 말을 이런 하나님의 통치와 그것의 본질로서 이해하지 못하면 사랑하는 말, 용서하라는 말, 섬기라는 말들이 얼마나 큰 힘인지 모르게 됩니다. 여러분 살면서 느끼셨다시피 나이가 들고 인생의 경험이 쌓이면 인간에게 가장 중요한 것은 인간다움이라는 것을 배우게 됩니다. 인간답기 위해서는 영혼의 깊은 필요가 채워져야지 다른 무엇으로도 그것을 대신할 수 없습니다. 인생은 짧습니다. 그리고 우리는 다 죽음으로 우리 인생을 끝냅니다. 오래 살 것 같고 세상이 제시하는 힘들이 유일한 해결책 같은데 살아보면 그렇지 않습니다.

우리가 우리 인생 모든 경험 속에서 하나님 말씀에 진실 된 것을 확인하고 세상의 거짓 된 것을 확인합니다. 산상설교를 하면서 골로새서를 자주 인용하는데 3장 12절 이하의 말씀을 보겠습니다.

그러므로 너희는 하나님이 택하사 거룩하고 사랑 받는 자처럼 긍휼
과 자비와 겸손과 온유와 오래 참음을 옷 입고(골 3:12)

하나님의 자녀이고 그의 통치아래 있다면 그 통치의 본질을 누리
고 있고 책임져야 할 사람에게 무엇을 요구합니까? 긍휼과 자비와
겸손과 온유와 오래 참음을 옷 입으라고 합니다.

이 속에는 능력이 요구되지 않습니다. 세상적인 힘이 요구되지
않습니다. 12절에서 말하는 것들은 세상에서 말하는 힘이 아닙니
다. 여러분이 해보셨겠지만 겸손하고 희생하고 용서하고 또 누구를
섬기면 진 것 같은 느낌이 듭니다. 이긴 것 같지 않습니다. 성질부린
사람이 이긴 것 같고 참는 사람이 진 것 같아서 지기가 어렵지만 그
사건이 지나고 집에 가면 성질부린 것은 본인 마음에 끝까지 남아 있
습니다. 그 자리에서는 성질부리고 고함을 지른 것이 득의양양한데
두고두고 그것은 본인에게 상처로 남고 미결의 문제로 남습니다. 그
러나 용서하고 사랑하고 지면 본인에게 상처로 남지 않습니다. 그것
은 실패로 남지 않고 좌절로 남지 않습니다.

예수 믿는 사람들이 세상 사람들에게 제일 크게 지는 게 무엇이
냐 하면 우리는 더 큰 무기를 가졌는데 그 무기를 사용하지 못한다고
생각하는 것입니다. 세상 사람들은 술 한 잔 먹으면서 서로 치료를
합니다. 술 한 잔 먹고 털어지는데 우리는 성경 들고 손잡고 기도하
는데도 털어지지 않습니다. 사랑이란 힘이 없는 것이라고 느껴서 그
렇습니다. 용서하고 지는 것이 힘이라고 승복하지 못하는 까닭에 그
렇습니다.

사랑이나 용서나 섬기는 것들이 여러분 마음에서 진심으로 우러
나오기를 기다리셔서는 안 됩니다. 노력하고 연습하셔야 됩니다. 사

랑의 통치 속에 있다는 것을 기억하십시오. 섬기시고 용서하시고 사랑하십시오. 이것은 하나님의 통치아래 있는 자들이 가지는 특권이며 책임이며 세상 권세가 해낼 수 없는 하나님의 위대하심과 영광을 드러내는 우리의 자랑입니다. 그것 때문에 우리가 살아있습니다.

우리는 억지로 오 리를 가자고 하는 세상 속에 있습니다. 왜냐하면 그 속에 있는 영혼들을 불러내도록 보냄을 받았기 때문입니다. 그 속에서 우리가 하는 것은 또 다른 힘을 가지는 것이 아닙니다. 더 큰 힘을 가지는 데 그것은 물리적이지 않습니다. 정치적이지 않습니다. 그것은 하나님의 의입니다. 하나님이 누구이냐에 관한 문제입니다.

여러분의 인생과 존재를 하나님의 사람으로 살아내기 시작하면 겉으로만 몰리던 사람들이 은밀히 찾아오는 결과를 금방 보게 될 것입니다. 속 이야기를 털어놓기 위해 찾아올 것입니다. 그리고 세상이 여러분을 다르게 보기 시작할 것입니다. 우리를 다스리는 하나님을 보기 시작합니다. 그것이 성경이 요구하는 것입니다. 13절 이하에서 확인을 해봅시다.

누가 누구에게 불만이 있거든 서로 용납하여 피차 용서하되 주께서 너희를 용서하신 것 같이 너희도 그리하고 이 모든 것 위에 사랑을 더하라 이는 온전하게 매는 띠니라 그리스도의 평강이 너희 마음을 주장하게 하라 너희는 평강을 위하여 한 몸으로 부르심을 받았나니 너희는 또한 감사하는 자가 되라 그리스도의 말씀이 너희 속에 풍성히 거하여 모든 지혜로 피차 가르치며 권면하고 시와 찬송과 신령한 노래를 부르며 감사하는 마음으로 하나님을 찬양하고 또 무엇을 하든지 말에나 일에나 다 주 예수의 이름으로 하고 그를 힘입어 하나님 아버지께 감사

하라(골 3:13~17)

　"주를 힘입어"라는 표현이 무슨 뜻인지 알아야 힘입을 수 있습니다. 여러분을 부르시고 여러분을 허락한 하나님의 통치와 하나님의 의에 놀라움을 누리시고 실천하시고 열매 맺으시기 바랍니다.

기도

하나님 아버지 은혜를 감사합니다. 하나님을 아버지로 모시고 하나님 나라의 백성으로서 이 세상을 삽니다. 하나님과 동시에 무한함과 영광되고 능력과 그 자랑을 품고 살며 나누며 살며 책임지고 살며 그리고 우리 자신에게 채우며 사는 인생 되었습니다. 충성되게 하옵소서. 믿음을 지키게 하옵소서. 세상으로 우리가 하나님의 자녀인줄 알게 하옵소서.
예수님 이름으로 기도합니다.
아멘

9. 신자들의 놀라운 특권

또 네 이웃을 사랑하고 네 원수를 미워하라 하였다는 것을
너희가 들었으나 나는 너희에게 이르노니 너희 원수를 사랑
하며 너희를 박해하는 자를 위하여 기도하라 이같이 한즉 하
늘에 계신 너희 아버지의 아들이 되리니 이는 하나님이 그
해를 악인과 선인에게 비추시며 비를 의로운 자와 불의한 자
에게 내려주심이라 너희가 너희를 사랑하는 자를 사랑하면
무슨 상이 있으리요 세리도 이같이 아니하느냐 또 너희가 너
희 형제에게만 문안하면 남보다 더하는 것이 무엇이냐 이방
인들도 이같이 아니하느냐 그러므로 하늘에 계신 너희 아버
지의 온전하심과 같이 너희도 온전하라(마 5:43~48)

오늘 본문은 하나님을 아버지로 닮은 자로 부름을 받는 신자들의 놀라운 특권에 대하여 말하고 있습니다. 우리가 결론에서 확인해보겠지만 기독교 신앙이 추구하고 요구하는 것들은 무거운 짐이거나 책임에 관한 것이 아니고 하나님을 아버지로 모시게 되는 영광된 특권에 대한 내용입니다.

기독교 신앙을 대표하는 것이 사랑이라는 것은 세상 사람들도 알고 있습니다. 그리고 그것이 원수를 사랑하는 내용까지 확대되는 것임을 모든 신자들이 알고 있습니다. 이것은 지금 예수님이 서기관과 바리새인의 의와 대조시키고 구별하는 하나님의 자녀로서 가져야 하는 사랑의 크기이며 그것은 그냥 요구되는 어떤 법칙이거나 이상이 아니라 하나님 아버지가 그런 분이기 때문에 말하는 신앙적 요구 사항입니다.

우리가 원수를 사랑해야 되는 것은 우리를 부르신 하나님이 그 해를 악인과 선인에게 비취시고 비를 의로운 자와 불의한 자에게 주시는 관용의 하나님이기 때문입니다.

하나님이 요구하시는 의는 아니, 하나님의 어떠하심은 본문에서 보는 바와 같은 관용의 하나님이라는 데에 근거하고 있습니다. 이것이 하나님의 의와 세상의 의를 구별하고 있습니다. 세상의 의는 최고의 경지를 갈지라도 도덕성을 넘어가지 못합니다. 도덕성이란 지식에서 진위를 따지는 것과 같은 옳고 그름의 문제는 아니지만, 도덕적 품성이 선하냐 악하냐 하는 것을 따지는 것과 관련이 있습니다. 그러나 성경이 예수 안에서 하나님이 우리에게 요구하시고 베푸시고 확인시키는 의는 용서하는 의입니다. 감수하고 넘어가고 고쳐주는 그런 의입니다. 마태복음 12장에는 이 문제를 가장 대조시키는 대표적인 사건이 등장합니다.

> 그 때에 예수께서 안식일에 밀밭 사이로 가실 새 제자들이 시장하여 이삭을 잘라 먹으니 바리새인들이 보고 예수께 말하되 보시오 당신의 제자들이 안식일에 하지 못할 일을 하나이다 예수께서 이르시되 다윗이 자기와 그 함께 한 자들이 시장할 때에 한 일을 읽지 못하였느냐 그가 하나님의 전에 들어가서 제사장 외에는 자기나 그 함께 한 자들이 먹어서는 안 되는 진설병을 먹지 아니하였느냐 또 안식일에 제사장들이 성전 안에서 안식을 범하여도 죄가 없음을 너희가 율법에서 읽지 못하였느냐 내가 너희에게 이르노니 성전보다 더 큰 이가 여기 있느니라 나는 자비를 원하고 제사를 원하지 아니하노라 하신 뜻을 너희가 알았더라면 무죄한 자를 정죄하지 아니하였으리라 인자는 안식일의 주인이니라 하시니라(마 12:1~8)

예수님이 안식일에 제자들과 밀밭 사이를 걷다가 제자들이 시장하여 이삭을 잘라먹자 유대인들이 당장 시비를 겁니다. 안식일에 아무 일도 하지 못하게 되어 있는데 이삭을 잘라먹는 것은 하나의 일을 행한 것이 되고 안식을 범한 것이라고 지적했습니다. 그러나 예수님의 대답은 저들의 생각과는 전혀 달랐습니다. "나는 자비를 원하고 제사를 원하지 아니하노라 하신 뜻을 너희가 알기를 원한다"는 호세아 6장의 말씀을 인용하시면서 "인자는 안식일의 주인이니라"고 이야기하십니다.

하나님이 어떤 규칙보다 자비를 우선하시는 하나님이라는 것이 오늘 본문 5장 43절 이하의 말씀입니다. 해를 악인과 의인에게 비를 의로운 자와 불의한 자에게 차별 없이 주시는 하나님입니다.

그러나 우리는 그렇게 하면 질서가 없어지지 않느냐는 생각을 제일 먼저 떠올리게 됩니다. 혼란만 생기고 옳고 그름이 없다면 혼동 그 자체 아니냐고 생각합니다. 문제는 옳고 그름이 무효하다는 것이 아니라 옳고 그름이 최고의 덕목이 아니며 최고의 법칙이 아니라는 것입니다. 그것보다 더한 법칙이 있는데 관용의 법칙이라는 것입니다. 도덕법과 옳고 그름을 무시하자는 것이 아니라 그것 위에 또 있다는 것입니다.

그것은 사실 우리에게는 너무나 다행한 일입니다. 피조물인 인간에게 용서라는 것이 없다면 우리는 문제를 해결할 방법이 없는 사람들입니다. 여러분도 미처 생각지 못해서 실수를 하곤 합니다. 조심조심했어도 실수는 벌어집니다.

우리는 모든 것을 대비할 수 없을 뿐만 아니라 대비하고 있을 때도 실수는 일어납니다. 우리는 신이 아닙니다. 우리는 완전하지 않습니다. 우리에게 가장 필요한 것은 용서입니다. 우리가 한 번 넘어가고 기다려주고 고쳐주는 것보다 우리에게 시급한 것은 없을 것입니다. 그것이 성경이 하는 이야기입니다.

그래서 예수님은 안식일의 주인이라고 합니다. 안식일의 주인이라는 말을 이해하기 위해서 마가복음 2장으로 가보십시다. 같은 문제를 예수님은 이렇게도 설명하셨기 때문입니다.

> 안식일에 예수께서 밀밭 사이로 지나가실 새 그의 제자들이 길을 열며 이삭을 자르니 바리새인들이 예수께 말하되 보시오 저들이 어찌하여 안식일에 하지 못할 일을 하나이까 예수께서 이르시되 다윗이 자기와 및 함께 한 자들이 먹을 것이 없어 시장할 때에 한 일을 읽지 못하였느냐 그가 아비아달 대제사장 때에 하나님의 전에 들어가서 제사장 외에는 먹어서는 안 되는 진설병을 먹고 함께 한 자들에게도 주지 아니하였느냐 또 이르시되 안식일이 사람을 위하여 있는 것이요 사람이 안식일을 위하여 있는 것이 아니니 이러므로 인자는 안식일에도 주인이니라(막 2:23~28)

27절에서 보는 바와 같이 이 문제에 대해서 우리가 이해할 수 있게 어떻게 직접적으로 설명하시느냐 하면 "안식일이 사람을 위하여 있는 것이지 사람이 안식일을 위하여 있지 않다"는 것입니다. 하나님의 요구들은 우리가 그 요구들을 지켜 성립시키기 위하여 있는 것이 아니라 우리를 복되게 하기 위하여 주시는 요구들입니다. 법을 지키기 위하여 우리가 존재하지 않고 신앙을 지키기 위하여 존재하지 않고 우리를 위하여 신앙이 주어집니다.

'그런 일이 있을 수 있겠는가' 하겠지만 있을 수 있습니다. 여러분, 부모의 심정이 꼭 그렇습니다. 부모가 자녀에게 하는 요구들은 그 원칙을 지키고 그것을 세우자고 자녀를 강요하지 않습니다. 자녀를 위하여 세우는 것입니다. 요즘은 세대가 변하여 어떻게 됐는지 잘 모르지만 우리 때는 해 떨어지기 전에 집에 오는 것이 아주 중요한 십계명 중에 하나였습니다. 밥은 어디 가서 먹을지라도 잠은 집에서 자는 것이 중요한 십계명이었습니다. 그것은 그 법칙과 원칙을 보호하자는 것이 아니고 그 규칙이 가지고 있는 뜻이 자녀들에게 유익한 것이기 때문에 세워진 것입니다. 그래서 그 법칙을 어긴다고 죽이진 않습니다. 혼은 내지만 원칙 때문이 아니라 자녀를 위하기 때문에 혼을 내는 것입니다. 잘못에 벌을 가하기 위해 하지 않습니다.

이런 차원에서 우리가 기독교 신앙을 요구하는 그 신앙의 대상이요 그 요구의 주인인 우리 하나님이 어떤 분인가 하는 것을 아는 것은 기독교에서 매우 중요한 것이 아닐 수 없습니다. 시편 103편으로 가보십시다.

> 여호와께서 공의로운 일을 행하시며 억압당하는 모든 자를 위하여 심판하시는도다 그의 행위를 모세에게, 그의 행사를 이스라엘 자손에게 알리셨도다 여호와는 긍휼이 많으시고 은혜로우시며 노하기를 더디 하시고 인자하심이 풍부하시도다(시 103:6~8)

8절에 나오는 하나님에 대한 설명은 굉장히 중요합니다. 하나님이 어떤 분이냐 할 때 하나님은 공의보다 자비로움이 우선해서 그 속성과 당신을 대표하는 내용으로 성경이 선언하고 있습니다. 하나님이 어떤 분이시냐 하면 용서하시는 자비로운 분이십니다. 이것이 최우선입니다. 능력과 도덕은 이것 다음에 나오지, 그것들이 먼저 나오지 않습니다.

구약에서 하나님이 누구시냐 할 때 그는 물론 '창조주' 입니다. 그러나 신약에서 하나님이 누구시냐 할 때 그는 '예수를 보내신 하나님이시다' 고 합니다. 그 모든 것을 다 묶어서 보다 본질적으로 이야기하면 하나님은 자비롭고 은혜롭고 노하기를 더디 하고 인자와 진실이 풍성한 하나님입니다. 그리고 그것은 이스라엘 역사 속에서 증명된 사실이라고 이야기하는 것입니다.

7절에 있는 "그의 행위를 모세에게, 그의 행사를 이스라엘 자손에게 알리셨도다"라는 표현은 출애굽기 설교할 때 설명했던 내용입니다. 하나님은 출애굽기 34장에서 종 되었던 이스라엘 백성을 애굽에서 구원하시고 시내산으로 불러 하나님의 거룩한 백성인 그들에게 율법을 주십니다. 모세가 율법을 받으러 올라가서 40일이나 내려오지 않자 기다리던 백성들이 금송아지 우상을 만들어 하나님을 진노케 합니다. 하나님이 이스라엘 백성을 꾸짖으시고 진멸하시겠다고 모세에게 말합니다. 그러자 모세가 "하나님, 그 능력으로 신실하심으로 선조들에게 하신 약속으로 이 백성을 구원하셨는데 하나님의 신실하심과 하나님의 자비하심을 근거로 해서 이 백성을 용서해주십시오"라고 빕니다. 그러자 하나님이 그 기도에 응답하셔서 이스라엘 백성을 사하십니다. 그 사하실 때 모세 앞에 나타나신 하나님이 당신을 이렇게 선포합니다.

> 여호와로라 여호와로라 자비롭고 은혜롭고 노하기를 더디 하고 인자와 진실이 많은 하나님이로라(출 34:6)

이렇게 모세 앞에 당신을 나타내십니다. 하나님 스스로 선포하신 자신에 대한 내용입니다. 하나님이 누구냐 하면 자비롭고 은혜롭고 노하기를 더디 하고 인자와 진실이 많은 하나님이십니다. 이것이 하나님이 누구냐 하는 것에 대한 첫째가는 본질입니다. 우리는 이 사실

을 잊지 않아야 됩니다. 그 위에 나머지가 서 있습니다. 이어지는 9
절 이하를 봅시다.

자주 경책하지 아니하시며 노를 영원히 품지 아니하시리로다 우리
의 죄를 따라 우리를 처벌하지는 아니하시며 우리의 죄악을 따라 우
리에게 그대로 갚지는 아니하셨으니 이는 하늘이 땅에서 높음 같이
그를 경외하는 자에게 그의 인자하심이 크심이로다 동이 서에서 먼
것 같이 우리의 죄과를 우리에게서 멀리 옮기셨으며 아버지가 자식
을 긍휼히 여김 같이 여호와께서는 자기를 경외하는 자를 긍휼히 여
기시나니 이는 그가 우리의 체질을 아시며 우리가 단지 먼지뿐임을
기억하심이로다(시 103:9~14)

우리는 단지 피조물임을 기억해야 합니다. 하나님의 도움과 보호
와 인도가 필요한 자임을 기억해야 합니다. 부모가 자녀의 철없음을
이해하는 것과 같습니다. 이것이 성경이 이야기하는 하나님입니다.
그리고 기독교 신앙은 바로 당신의 자비로우심과 의로우심을 근거로
하여 그 아들을 보내셨으며 그 아들 안에서 우리를 당신의 자녀로 부
르시기에 하나님이 우리에게 허락한 구원의 복된 것처럼 부른 자녀
들에게 하나님을 닮으라고 요구합니다. 우리는 이 문제를 누가복음
15장의 예수님의 비유 속에서 아주 적절하게 예를 찾을 수 있습니
다.

또 이르시되 어떤 사람에게 두 아들이 있는데 그 둘째가 아버지에게
말하되 아버지여 재산 중에서 내게 돌아올 분깃을 내게 주소서 하는

지라 아버지가 그 살림을 각각 나눠 주었더니 그 후 며칠이 안 되어 둘째 아들이 재물을 다 모아 가지고 먼 나라에 가 거기서 허랑방탕하여 그 재산을 낭비하더니 다 없앤 후 그 나라에 크게 흉년이 들어 그가 비로소 궁핍한지라 가서 그 나라 백성 중 한 사람에게 붙여 사니 그가 그를 들로 보내어 돼지를 치게 하였는데 그가 돼지 먹는 쥐엄 열매로 배를 채우고자 하되 주는 자가 없는지라 이에 스스로 돌이켜 이르되 내 아버지에게는 양식이 풍족한 품꾼이 얼마나 많은가 나는 여기서 주려 죽는구나 그가 일어나 아버지께 가서 이르기를 아버지 내가 하늘과 아버지께 죄를 지었사오니 지금부터는 아버지의 아들이라 일컬음을 감당하지 못하겠나이다 나를 품꾼의 하나로 보소서 하리라 하고 이에 일어나서 아버지께로 돌아가니라 아직도 거리가 먼데 아버지가 그를 보고 측은히 여겨 달려가 목을 안고 입을 맞추니 아들이 이르되 아버지 내가 하늘과 아버지께 죄를 지었사오니 지금부터는 아버지의 아들이라 일컬음을 감당하지 못하겠나이다 하나 아버지는 종들에게 이르되 제일 좋은 옷을 내어다가 입히고 손에 가락지를 끼우고 발에 신을 신기라 그리고 살진 송아지를 끌어다가 잡으라 우리가 먹고 즐기자 이 내 아들은 죽었다가 다시 살아났으며 내가 잃었다가 다시 얻었노라 하니 그들이 즐거워하더라 맏아들은 밭에 있다가 돌아와 집에 가까이 왔을 때에 풍악과 춤추는 소리를 듣고 한 종을 불러 이 무슨 일인가 물은대 대답하되 당신의 동생이 돌아왔으매 당신의 아버지가 건강한 그를 다시 맞아들이게 됨으로 인하여 살진 송아지를 잡았나이다 하니 그가 노하여 들어가고자 하지 아니하거늘 아버지가 나와서 권한대 아버지께 대답하여 이르되 내가 여러 해 아버지를 섬겨 명을 어김이 없거늘 내게는 염소 새끼라도 주어 나와 내 벗으로 즐기게 하신 일이 없더니 아버지의 살림을 창녀들과 함께 삼켜 버린 이 아들이 돌아오매 이를 위하여 살진 송아지를 잡으셨나이다 아버지가 이르되 얘 너는 항상 나와 함께 있으니 내 것이 다 네 것이로되 이 네 동생은 죽었다가 살아났으며 내가 잃었다가 얻었기로 우리가 즐거워하고 기뻐하는 것이 마땅하다 하니라(눅 15:11~32)

우리는 보통 이 비유를 탕자의 비유로 알고 있습니다. 자기의 유산 상속분을 달라고 해서 외국에 나가서 허랑방탕하고 주려죽게 되자 할 수 없이 돌아온 아들에 대한 비유로 알고 있습니다. 그러나 이 비유의 주인공은 아버지입니다. 이 아버지를 보십시오. 둘째 아들이 자기 분깃을 달라고 하는데 오늘날 우리도 거의 비슷하지만 유대 사회에서도 유산은 죽은 다음에 받는 것입니다. 살아생전에 달라고 하는 것은 상당한 불효입니다. 그러나 아버지는 기꺼이 줍니다. 그리고 나가서 다 탕진하고 돌아옵니다. 아들도 면목이 없어서 돌아올 때 ‘우리 아버지 집에는 그 하인들 중에도 굶주린 자가 없다 우리 아버지는 넉넉한 분이다’ 라고 생각을 합니다. 이것은 다 아버지가 지금 주인공이라는 뜻입니다.

그래서 돌아오면서 속으로 생각한 바는 아버지를 만나 하인으로 살 생각이었습니다. 그러나 아버지는 아들로서 반깁니다. 20절에 있는 바와 같이 아직도 거리가 먼 데 아버지가 그를 보고 측은히 여겨 달려가 목을 안고 입을 맞춥니다. 그리고 잔치를 열고 기뻐합니다. 그러나 "내가 너보고 뭐라 그랬니…… 너 삼 년 가면 잘 간다고 내가 그랬지" 이렇게 안하시는 하나님입니다.

여러분 신앙생활 해보면 젊어서 신앙생활 잘 하기는 어렵습니다.

젊었을 때는 하나님 아버지가 어떤 분인가, 기독교 신앙이 어떤 것인 가를 충분히 알 수가 없습니다. 그 때는 의욕이 앞서기 때문에 신앙 생활도 멋진 이상으로서 가집니다. 그리고 유효한 신앙을 갖고 싶어 합니다. 신앙이 반듯할 뿐 아니라 결과를 갖는 신앙을 갖고 싶어 합 니다. 그러나 결국 성경이 요구하고 여러분들이 여러분의 신앙 인생 을 세월을 지나며 경험으로 배우는 것은 관용입니다. 넉넉함입니다.

5월에는 가정의 달이 있습니다. 처음에는 '어머니 달'로 시작했 는데 가정의 달로 확장이 되었습니다. 이때 쯤 되면 가장 대표적으로 어머니에 대한 옛 기억을 회상하는 글들이 신문지상에 자주 나오는 데 어느 해인가 이런 기사를 읽었습니다. 딸이 쓴 글인데 어릴 때 어 렵게 살아서 어머니가 광주리 장수를 해서 생활했다고 합니다. 어머 니가 광주리 장수를 했다는 것은 광주리를 팔았다는 것이 아니고 광 주리를 이고 다니며 보부상을 했다는 뜻 입니다. 건어물을 팔기도 하고 야채를 팔기도 했을 것입니다. 그런데 어느 날 하굣길에 친구 들하고 오다가 어머니를 만난 것입니다. 광주리를 이고 간 어머니가 "애~ 누구야~"하고 반가워서 부른 것입니다. 그런데 이 딸은 순간 당황해서 자기 어머니가 광주리 장수라는 것을 친구들에게 밝힐 수 없었습니다. "아주머니 왠일이세요?" 이렇게 됐습니다. 그러자 어머 니가 "어~ 지나가는 길이었어"라고 하시고 도망가셨답니다.

두고두고 후회스러운 것입니다. 그때는 그것을 못합니다. 그때 는 어떤 이념과 이상을 위해 죽을 수 있고 혈서를 쓸 수는 있어도 그 것은 못합니다. 그러나 어머니가 되면 지금 그 기억 속에 나오는 어 머니같이 "아주머니 왠일이세요?" "어 지나가는 길이었어~"라고 할 수 있게 됩니다. 하나님은 우리를 이리로 부르시는 것입니다.

이 아버지를 보십시오. 큰 아들까지 대듭니다. "아니 재산 다 팔아먹고 허랑방탕하다가 돌아온 아들에게 소를 잡습니까? 저에겐 염소새끼도 안줬잖아요. "얘~ 내 것이 다 네 것 아니냐." 기가 막힌 하나님입니다. 예수님이 이 비유를 하셨습니다.

기독교 신앙이라는 것은 도대체 무엇에 근거하고 무엇을 목표로 합니까? 하나님이 누구신가에 근거하고 하나님의 하나님 되심을 목적으로 삼을 수 있는 복으로 부름을 받게 합니다. 하나님은 심사위원이거나 심판관이 아니십니다. 어떤 도덕이나 임무를 부여하고 어떻게 하나 보자 하는 분이 아니라 당신을 닮으라고 합니다. 그래서 그 아들을 보내신 하나님이 누구신가를 근거로 하여 기독교 신앙은 성립하는 것입니다.

예수를 믿는다는 말은, 예수께서 나의 죄를 위하여 십자가에서 죽었다는 말은 지옥 가지 않고 천국 가는 것으로부터 시작해서 그보다 훨씬 깊은 의미를 가지는 것입니다.

우리가 우리를 책임져야 하는, 혹은 하나님이 명령한 어떤 기준을 만족시켜야 하는 어떤 임무를 완성시켜야 하는 것보다 더 큰 것입니다. 하나님이 누구냐에 관한 것입니다. 그래서 하나님이 누구인가를 아는 것이 기독교 신앙에선 가장 시급하고 중요한 문제이며 그것을 이해해야 우리는 우리의 신자 된 삶을 이해할 수 있습니다. 하나님이 여러분들의 현실과 실존 삶의 모든 정황과 형편 속에서 하나님을 아는 것 사이의 갈등 혹은 요구, 불만, 반발 이런 모든 것을 싸안고 여러분을 만들어 가신다는 것을 세월이 흘러야 깨닫게 됩니다. 그 속에서 하나님은 이 기이한 약속을 이루십니다.

우리는 우리의 삶이 어떤 의미를 가지느냐에 대해서는 다음에 더 깊이 다루겠습니다. 그러나 그 모든 것의 근거는 하나님이 누구시냐입니다. 너희 원수를 사랑하고 너희를 핍박하는 자를 위하여 기도하라, 그렇게 한 즉 하늘에 계신 너희 아버지의 아들이 되리라는 것입니다. 이것보다 더 중요한 요구는 없습니다. 그래서 에베소서 5장에 지금 말씀한 이 요구가 등장합니다.

> 그러므로 사랑을 받는 자녀 같이 너희는 하나님을 본받는 자가 되고 그리스도께서 너희를 사랑하신 것 같이 너희도 사랑 가운데서 행하라 그는 우리를 위하여 자신을 버리사 향기로운 제물과 희생제물로 하나님께 드리셨느니라(엡 5:1~2)

하나님을 본받으라는 것은 하나의 강요일까요, 책임일까요, 임무일까요, 짐일까요? 할 수 없이 지켜야 하는 억지스러운 규칙일까요? 지금 우리가 살펴본 바와 같이 이것은 다른 무엇으로도 비교할 수 없는 영광된 특권입니다. 하나님을 닮는 것입니다. 하나님이 당신의 만족을 위하여, 우리 보통 쓰는 당신의 만족을 위하여 우리를 소모품으로 쓰는 것이 아니라, 우리를 수단으로 쓰는 것이 아니라 우리를 당신을 닮게 하는 일에 부르고 있습니다. 당신의 영광과 거룩함으로 부르고 있습니다. 그것은 지금 보는 바와 같이 넉넉함으로의 부름입니다. 관용으로의 부름입니다. 물론 그 관용 속에 도덕성도 있고 능력도 있지만 그것보다 더 큽니다.

성령의 열매에 나오는 것과 같은 "사랑과 희락과 화평과 오래 참음과 자비와 양선과 충성과 온유와 절제" 같은 것은 얼마나 귀합니까? 어떤 효능과 기술보다도 규칙을 지켜내는 무슨 책임, 정직보다도 크지 않습니까? 그것보다 더 큰 것으로 우리를 부르고 있습니다. 그것이 기독교 신앙입니다.

그러므로 사랑을 받는 자녀 같이 너희는 하나님을 본받는 자가 되고 그리스도께서 너희를 사랑하신 것 같이 너희도 사랑 가운데서 행하라 그는 우리를 위하여 자신을 버리사 향기로운 제물과 희생제물로 하나님께 드리셨느니라(엡5:1~2)

예수의 희생, 예수의 성육신과 수난과 모욕과 고통 가운데 죽으심이라는 것의 내용을 이해하지 못하고 본다면 그것은 참으로 고통과 희생에 불과합니다. 그러나 고귀한 것입니다.

여러분의 삶에 자기 성취와 자기 증명보다 더 큰 것이 뭐냐 하면 이웃을 위하여 힘이 되고 그들을 고쳐내고 그들과 함께 갈 수 있는 힘일 것입니다. 함께 갈 수 있는 힘, 혼자 상대를 이기고 저들을 희생하여 그 위에 승리를 가지는 것보다 내가 희생하여 저들을 승리케 하고 함께 가는 것, 이것이 성경이 말하는 사랑입니다. 하나님이 예수 안에서 부르시는 기독교 신앙의 핵심 되는 진리들입니다.

그래서 우리의 오늘의 본문은 "그러므로 하늘에 계신 너희 아버지의 온전하심과 같이 너희도 온전하라"로 끝납니다. 이것 말고 다른 것으로 대체하시면 안 됩니다. 중간에 이야기한 것 같이 도덕성이나 임무나 능력이나 업적으로 이것을 대신할 수 없습니다. 여러분은 하나님을 아버지라 부르는 그의 자녀이기 때문입니다.

기도

하나님 아버지 은혜를 감사합니다.

하나님이 우리의 아버지 되시고 우리를 그 자녀로 부르사 우리로 하나님을 닮게 하시고 하나님의 요구하심과 붙드심과 인도하심이 하나님의 자녀라는 신분에 합당한 그 약속이라는 사실로 인하여 하나님 앞에 감사드립니다. 그리고 항복합니다. 우리 삶과 우리 신앙을 하나님께 맡기고 순종하기로 약속합니다. 하나님의 어떠하심을 나의 인격과 나의 삶에 순종하기로 약속합니다. 지켜주시옵소서.

예수님의 이름으로 기도합니다.

아멘

10. 현실적 고통을 지고 가는 믿음의 삶

그러므로 우리가 믿음으로 의롭다 하심을 받았으니 우리 주 예수 그리스도로 말미암아 하나님과 화평을 누리자 또한 그로 말미암아 우리가 믿음으로 서 있는 이 은혜에 들어감을 얻었으며 하나님의 영광을 바라고 즐거워하느니라 다만 이 뿐 아니라 우리가 환난 중에도 즐거워하나니 이는 환난은 인내를, 인내는 연단을, 연단은 소망을 이루는 줄 앎이로다(롬 5:1~4)

우리는 지금 산상설교를 생각하고 있는 중입니다. 마태복음 5장 43
절 이하에서 원수를 사랑하는 지경까지 요구하고 선언하시는 하나님
의 의를 예수님의 입으로 전해 듣고 있습니다. 서기관과 바리새인의
의와 다른 예수 안에서 허락된 하나님의 통치와 하나님의 의를 우리
에게 요구하고 있습니다. 그리고 우리는 그 결론 부분인 48절의 "그
러므로 하늘 아버지의 온전하심같이 너희도 온전하라" 하는 명령 앞
에 서 있습니다.

　우리는 기꺼이 이 명령을 받으며 그 명령의 귀함을 인정합니다.
그리고 소원합니다. 그러나 실제로 신앙생활을 해보면 우리의 소원
과 믿음들은 현실 속에서 맥을 못 추는 경우가 대부분입니다. 하나님
앞에 기도도 하고 노력도 하고 여러 가지 애를 써보지만 참으로 우리
의 믿음은 연약하고 의지는 무력합니다.

　'하나님은 뭐하고 계실까, 하나님은 내 소원과 발버둥에 왜 대답
하지 않으실까, 우리에게 허락된 신앙적인 요구들은 도대체 어떻게
해야 성취되는 것일까?'에 대해서 현실적인 답을 오늘 로마서 5장 1
절로부터 4절의 말씀을 통하여 확인하려고 합니다.

　1절과 2절에서 보여주는 것은 우리가 그리스도 예수로 말미암아
영원한 약속과 승리 속에 있다는 것과 그 약속과 승리는 하나님의 영

광이라는 목적에 이르기까지 실패할 수 없고 포기될 수도 없는 하나님이 예수 안에서 허락한 신자들의 운명이라고 가르칩니다. 그리고 3절 이하에서 "다만 이뿐 아니라 우리가 환난 중에도 즐거워하나니 이는 환난은 인내를 인내는 연단을, 연단은 소망을 이루는 줄 앎이로다" 라고 말씀합니다.

환난은 예수로 말미암는 구원에서 시작하여 그 구원의 영광된 승리 사이의 현재일 것입니다. 허락된 구원이 약속의 영광의 승리를 위하여 가는 과정으로서 성경은 환난을 이야기하고 있습니다. 환난이란 말 그대로 곤고한 현실입니다. 이것이 우리를 인내로 이끈다고 합니다. 그리고 인내라는 말을 제대로 이해하면 환난이 하는 일을 이해할 수 있게 됩니다.

인내는 고통과 슬픔을 경험한다는 뜻입니다. 고난을 겪는 것이 인내입니다. 여기서 인내는 넉넉함을 이야기하는 것이 아니라 감수하는 것을 의미합니다. 원치 않지만 감내해야 하는 것, 당하는 것입니다. 그것이 우리를 연단으로 이끕니다. 연단은 아시는 대로 심신을 단련하여 굳세게 하는 것을 말합니다.

무엇을 단련할까요? 단련한다고 할 때 우리는 노력하고 연습하고 하는 것도 단련이라는 말 속에 또는 연단이라는 말 속에 들어있습니다. 이 연단이라는 말은 금을 재련하려고 불순물을 제거하는 일이나 또는 쇠붙이나 금속을 강하게 만드는 일과 관련이 있는데 이것을 신자의 인내와 연결시켜 말씀합니다. 그것이 환난이라는 것입니다. 그것이 현실이란 말입니다.

우리 신자들의 신앙 현실은 환난 속에 있습니다. 우리의 소원과 우리의 믿음과 직접적으로 연결되어 보이지 않은, 우리의 소원과 믿음에 보상과 거리가 먼 실패와 좌절, 고통과 고민과 갈등과 슬픔들이 현실이요 신자가 걸어가는 환난이라고 성경은 선언하고 있습니다. 이런 일들은 신자들 모두의 공통된 현실이기 때문에 우리는 이 문제를 외면할 수 없습니다.

이것은 우리만의 비명이 아니라 욥의 반응에서도 아주 중요하게 나타납니다. 욥은 성실한 사람이며 정직한 신앙인입니다. 그러나 욥은 원치 않는 고난에 휩싸이게 됩니다. 고통 속에 있고 자녀를 다 잃고 부인은 떠나고 그 자신은 몸에 병까지 들어 최악의 국면으로 인도됩니다.

그가 하나님 앞에 울부짖는 비명은 현실 속에서의 우리 비명과 같습니다. '하나님은 공의로우십니까? 하나님은 창조한 창조물들을 제대로 돌보시는 분입니까?' 이것이 욥의 울부짖음이고 비명이고 질문입니다. 우리는 모두 이 문제가 해결되지 않는다면 마음에 하나님의 약속들과 명령들이 아무리 고결하고 진실하다고 인정하고 소원한다 할지라도 현실을 해결할 방법이 없게 됩니다. 이 문제에 대하여 성경이 말하는 아주 좋은 예가 요셉의 생애입니다. 창세기 39장을 보겠습니다.

요셉이 이끌려 애굽에 내려가매 바로의 신하 친위대장 애굽 사람 보디발이 그를 그리로 데려간 이스마엘 사람의 손에서 요셉을 사니라 여호와께서 요셉과 함께 하시므로 그가 형통한 자가 되어 그의 주인 애굽 사람의 집에 있으니 그의 주인이 여호와께서 그와 함께 하심을 보며 또 여호와께서 그의 범사에 형통하게 하심을 보았더라 요셉이 그의 주인에게 은혜를 입어 섬기매 그가 요셉을 가정 총무로 삼고 자기의 소유를 다 그의 손에 위탁하니 그가 요셉에게 자기의 집과 그의 모든 소유물을 주관하게 한 때부터 여호와께서 요셉을 위하여 그 애굽 사람의 집에 복을 내리시므로 여호와의 복이 그의 집과 밭에 있는 모든 소유에 미친지라(창 39:1~5)

요셉의 종 생활입니다. 하나님이 그와 함께 하셔서 형통케 하심을 주인이 알아봅니다. 그 주인집을 복 되게 하십니다. 그러나 이 문제는 사실 많은 질문거리를 던지게 합니다. 요셉은 아버지 야곱으로부터 특별히 사랑을 받은 아들이고 그래서 형들에게 미움을 받아 그들이 그를 죽이기로 합니다. 맏형인 르우벤이 아우들을 말려서 간신히 살아지만 죽이는 대신 먼 나라를 왕래하며 상업을 하는 대상에게 그를 팝니다. 요셉은 팔려서 목숨은 건지지만 애굽 땅에서 종이 됩니다.

여러분 사실 우리의 신앙 현실보다 더 근본적으로 인생이라는 현실 속에서 기가 막힌다 해도 요셉만큼 기가 막히기도 어렵습니다. 형들이 죽이려고 했는데 간신히 살아나서 종이 되어 목숨은 구했지만 생전 처음 보는 땅에서 처음 보는 사람들에게 종노릇을 해야 되니 얼마나 자기 신세가 고통스럽고 당황스러웠겠습니까? 돌아보면 이 때 요셉은 십대입니다. 정신이 없었을 것입니다.

그런데 하나님은 요셉과 함께 하셔서 그를 형통케 하십니다. 그러면 여러분은 금방 이 질문이 나옵니다. '하나님은 뭐하고 계시다가 형들이 죽이려고 할 때, 팔아먹으려고 할 때는 가만히 계시다가 종 된 다음에 오셔서 복은 주고 그러십니까?' 이것은 마땅히 생각해볼 문제입니다. 요셉 생애의 중요성은 하나님의 일하심이 우리가 생각하는 것과 다르다는 것을 분명하게 보여주기 때문에 중요합니다.

우리의 모든 현실적인 문제들은 따지고 보면 하나님이 우리가 원하는 때에 찾아오시지 않는다는 데에 있습니다. 내가 원하는 때 내가 원하는 방식으로 내가 원하는 목표를 이루어 주시지 않습니다. 다른 것으로 도우십니다. 고통을 견디게 하시거나 억울함을 참게 하시는 데 오십니다. 억울함이나 고통을 면하게 하거나 해결시켜주는 일에는 하나님이 여간해서 개입하시지 않습니다. 이 문제는 19절 보면 나옵니다.

> 그의 주인이 자기 아내가 자기에게 이르기를 당신의 종이 내게 이같이 행하였다 하는 말을 듣고 심히 노한지라 이에 요셉의 주인이 그를 잡아 옥에 가두니 그 옥은 왕의 죄수를 가두는 곳이었더라 요셉이 옥에 갇혔으나 여호와께서 요셉과 함께 하시고 그에게 인자를 더하사 간수장에게 은혜를 받게 하시매 간수장이 옥중 죄수를 다 요셉의 손에 맡기므로 그 제반 사무를 요셉이 처리하고 간수장은 그의 손에 맡긴 것을 무엇이든지 살펴보지 아니하였으니 이는 여호와께서 요셉과 함께 하심이라 여호와께서 그를 범사에 형통하게 하셨더라(창 39:19~23)

그는 유혹을 받습니다. 주인의 아내가 그를 유혹하지만 요셉은 거절합니다. 9절 보시면 "이 집에는 나보다 큰 이가 없으며 주인이 아무것도 내게 금하지 아니하였어도 금한 것은 당신뿐이니 당신은 그의 아내임이라 그런즉 내가 어찌 이 큰 악을 행하여 하나님께 죄를 지으리이까." 그는 아직도 아주 깊은 신앙인입니다. 그러나 이 신앙에도 불구하고 하나님은 이 문제에 진실을 가려주시지 않습니다. 그는 누명을 쓰고 옥에 갇힙니다. 옥에 갇혔더니 간수장을 통하여 은혜를 베푸십니다. 그렇게 하실 것이면 사실 그 전에 베푸셔야 했습니다. 이것이 현실 속에서 우리의 답답함입니다. 진실을 밝혀서 요셉을 살려 주셔야 했습니다. 그 때는 침묵하시다가 옥에 가니까 그 때야 간수장을 통하여 형통하게 하셔서 죄수 생활을 감당하게 하십니다. 시편 105편에 가면 요셉의 그때 상황을 이렇게 설명합니다.

그는 처음 죄수로 들어갔을 때 죄수들이 받는 고통의 형편에 처하게 됩니다. 족쇄를 채우고 쇠사슬로 묶어 놨다고 합니다. 성경에 보시면 "몸은 쇠사슬에 매였으니"에서 몸에 2번이라고 번호가 붙어 있고 맨 밑에 보시면 '혼' 이라고 되어 있습니다. 히브리 원어로 '혼이 쇠사슬에 매였다' 는 뜻입니다. 직역하면 혼을 쇠사슬이 꿰뚫었다고 제가 여러 번 말씀 드렸습니다. 혼을 쇠사슬이 꿰뚫었다는 것은 우리말 표현으로 혼비백산했다는 것입니다. 넋이 나갔습니다. 그는 아직도 신앙을 지키고 있지만 그것에 대한 보상을 받지 못하고 있습니다. '하나님 어찌하여 내게 이런 일이 생기는 것입니까' 라고 하소연도 했을 것이고 '인생이 무엇이고, 믿음이 무엇인가' 라는 질문 앞에 붙잡혔을 것입니다.

여러분 인생에 환난을 당하고 잘 풀리지 않고 곤고하면 근본적인 질문을 할 수밖에 없습니다. 가장 중요한 것이 이렇게 고통스러운데 계속 살 것이냐, 인생과 인간은 뭐냐는 질문을 합니다. 또 신앙과 이상에 대해서도 물을 수밖에 없습니다. 사람이 산다는 것이 무슨 가치가 있는가, 무슨 이유 때문에 살아야 하는가, 무슨 목적이 있는가, 아니 우리에게 허락된 구원과 영생의 약속이 대체 어떤 가치가 있는가 라고 물을 수밖에 없습니다. 우리는 우리가 알고 있다고 생각했던 모든 것을 벌거벗겨져 그 진실한 현실의 수준으로서 직면을 하고 대면을 하게 됩니다. '나' 라는 사람의 실력, '나' 라는 사람의 내용을 직면할 수밖에 없게 됩니다. 그렇다고 해서 답이 쉽게 오지 않습니다. 아무리 인생이 뭐냐 신앙이 뭐냐 내 삶에 가치가 있느냐고 묻고 두드려도 하나님은 쉽게 답을 주시지 않습니다. 우리는 도망하고 싶습니다. 도망가는 방법은 많습니다. 제일 많이 도망가는 것은 술 먹는 것입니다. 심하면 자살을 합니다. 자폭을 할 수 있습니다. 우리가 이 현실을 감내할 수 없고 자기라는 존재와 인생이 역전될 가능성도 없고 이대로 평생을 고난 속에서 살아야 된다는 것은 참으로 끔찍합니다. 몸부림을 칠 수밖에 없습니다.

이제 하나 더 확인해야 할 실제적인 질문은 이것입니다. 현실이 곤고하다는 것과 함께 우리가 실력이 없고 우리가 참으로 작고 보잘것 없고 무력하다는 사실과 함께 도망갈 수 없다는 사실입니다. 현실의 무서움 중에 하나입니다. 왜 도망가지 못합니까? 우리는 관계에 묶여 있습니다. 가장 중요한 관계는 혈연입니다. 부부, 자식, 친구, 이웃, 사회에 묶여 있습니다. 나 하나 좋기 위해 도망 갈 그런 곳이 없습니다. 내가 도망가면 아내나 남편이나 자식이나 부모나 이웃과 친구가 걸립니다. 우리가 죽고 싶어도 내가 스스로 목숨을 끊는 것이 아니라 살아있는 한 책임져야 할 존재들이 있기 때문에 도망을 갈 수가 없습니다.

우리 행복과 평안은 내가 내 문제를 해결하는 데만 있지 않고 내가 관계된 모든 사람의 인생의 현실과 직결되어 있습니다. 우리 혈연 중에 누가 하나 아프면 재난이 옵니다. 누가 하나 문제가 생기면 모두에게 재앙이 옵니다.

이어령 선생님께서 근래에 회심하시고 기독교 신자가 되어 글을 내셨습니다. 한 번 읽어볼 만한 책입니다. 인간과 인생이 얼마나 무력하고 인간이 어떻게 자신의 행복을 다 책임질 수 없느냐 하는 이야기를 이런 식으로 표현했습니다. 정확한 문장은 외워낼 수 없지만 내용상 이겁니다. 말하자면 재앙이란, 재난이란 이 표현을 쓰진 않으셨지만 느닷없이 찾아오는 것이다. 한밤중에 걸려온 전화 한 통으로 그만 모든 평화가 깨어지고 행복이 조각이 났다는 것입니다. 딸에게서 전화가 온 겁니다. "손자가 아픕니다." 이 한마디에 지금까지 가장 튼튼하고 영원히 갈 것 같은 행복이 무너지는 것입니다.

우리가 가지고 있는 현실이라는 것은 여러 사람과의 관계 속에 묶여있어 그것이 족쇄 같이 나를 현실에서 도망가지 못하게 합니다. '하나님, 현실을 해결해 주거나 아니면 도망가게 해 주십시오.' 이것이 우리들의 소원일 것입니다. 그러나 하나님은 그렇게 하시지 않습니다.

지금 보는 대로 요셉을 판 것은 그의 형들입니다. 옛말에 원수는 집 안에 있다는 말이 있습니다. 우리의 인생 속에서 자기를 위하여 고민하고 자기 자신을 위하여 걱정하는 것은 근심 걱정 중에 아마 가장 작은 것일 겁니다. 내 문제는 내가 감수하고 가면 되는데 내 아이들에게 일어나고 내 아내나 남편에게 일어나고 내가 사랑하고 책임져야 할 누군가에게 일어날 일이 우리를 더욱 슬프고 곤란하게 합니다. 우리는 너무나 무력합니다.

아프거나 사고를 당했거나 책임질 일이 생겼을 때 우리가 할 수 있는 것은 성질내는 것밖에 없습니다. "거봐 내가 그러지 말랬지." 이거밖에 할 말이 없습니다.

우리의 현실을 가장 괴롭히는 것은 요셉처럼 우리에게 묶어준 사람들입니다. 오죽하면 "이 사람 말고 누구랑 결혼했어도 이것보다는 나았을 걸." 이런 생각을 하겠습니까? 이 생각은 누구나 하는 것입니다. 그러나 성경이 이 이야기를 하는 것은 "그 사람이 네 원수가 아니다"라는 것입니다. 형들은 요셉을 팔았습니다. 저들은 선한 이유로 하지 않았습니다. 그러나 창세기 45장에 가시면 성경은 이렇게 이야기합니다.

하나님이 큰 구원으로 당신들의 생명을 보존하고 당신들의 후손을 세상에 두시려고 나를 당신들보다 먼저 보내셨나니 그런즉 나를 이리로 보낸 이는 당신들이 아니요 하나님이시라(창 45:7~9)

나중에야 깨닫습니다. 우리가 고통스럽고 책임을 져야 하고 도망갈 수 없게 나를 붙들고 있다고 생각하는 현실 삶의 실제, 환난을 이루는 모든 구성 요소들, 시대, 국가, 사회, 혈연, 나의 무슨 신분 하다 못해 유전자까지 모두 합해 하나님이 우리를 만들어 가시는 손길인 것입니다. 요셉이 그것을 깨닫는 것입니다. "당신들이 나를 이리로 보낸 것이 아니라 하나님이 보냈습니다." 창세기 50장에 가면 같은 이야기가 한 번 더 나옵니다.

당신들은 나를 해하려 하였으나 하나님은 그것을 선으로 바꾸사 오늘과 같이 많은 백성의 생명을 구원하게 하시려 하셨나니(창 50:20)

우리는 우리의 신앙 현실이 고통에서 형통으로 바꾸어주는 것이라고 기대합니다. 믿음의 보상이 그것이라고 생각합니다. 그런데 믿음의 보상은 로마서 5장에서 본 바와 같이 '하나님의 영광'이라는 신적 목표에 있습니다. 하지만 그것을 이루는 과정은 우리가 보는 바와 같이 환난입니다. 하나님은 이것을 견디게 하십니다. 시편 105편으로 돌아오셔서 다시 확인해봅시다.

그가 한 사람을 앞서 보내셨음이여 요셉이 종으로 팔렸도다 그의 발은
차꼬를 차고 그의 몸은 쇠사슬에 매였으니 곧 여호와의 말씀이 응할
때까지라 그의 말씀이 그를 단련하였도다(시 105:17~19)

환난은 인내를 인내는 연단을, 심신을 단련하여 훈련하여 굳세게
하는 그 과정이 하나님이 주인이 되셔서 하나님이 주도권을 가지고
그의 목표를 이루기 위하여 개입하신 것이고 준비하신 것이라고 이
야기합니다. 그 말씀이 응할 때까지 우리는 이 환난에서 벗어나지 못
합니다. 현실은 우리를 괴롭히는 부정적이고 배척해야 될 조건이 아
니라 하나님이 우리를 만들어내는 신적 지혜와 능력의 장이라고 이
야기를 합니다.

우리는 우리를 옥죄는 것 같고 우리를 붙잡고 날개를 펴지 못하
게 하는 것 같은 모든 장애물들과 모든 족쇄 같고 물귀신 같은 일들
에 대하여 적극적인 신앙의 눈을 가져야 됩니다. 우리는 따지고 보면
훨훨 날고 싶은 소원 속에 있습니다. 그러나 이런 것들은 묶여서 못
하는 경우가 많습니다. 부모님이 병석에 누워서 동생들을 위하여 대
학을 포기한 사람, 무슨 부모가 안계시고 애들은 키워야겠고 해서 예
전에 무슨 공장의 직공으로 가서 자신의 꿈을 접고 동생들을 위하여
희생한 사람, 이런 것들은 성경에서는 대단히 긍정적으로 취급되고
있습니다. 무엇을 접고 무엇을 포기하는 것은 세상적인 가치에 있어
서의 포기이지 하나님이 한 영혼을 만들어내는 과정에 있어서는 희
생과 포기라는 것은 없습니다. 하나님의 사람을 만들어내는 일을 보

시면 요셉은 나중에 이런 자가 됩니다.

> 왕이 사람을 보내어 그를 석방함이여 뭇 백성의 통치자가 그를 자유롭
> 게 하였도다 그를 그의 집의 주관자로 삼아 그의 모든 소유를 관리하
> 게 하고 그의 뜻대로 모든 신하를 다스리며 그의 지혜로 장로들을 교
> 훈하게 하였도다(창 50:20~22)

그는 총리 자격이 생깁니다. 실력이 생깁니다. 총리라는 권좌의
권력을 얻고 지위를 얻는 것이 아니라 그만한 실력을 쌓은 자가 됩니
다. 하나님이 그의 생애를 통하여 총리 자격이 있게 합니다. 여기 나
타난 대로 "그 집의 주관자로 삼아 소유를 관리하며", 오늘날로 하면
재정경제부 장관의 실력과 "그의 뜻대로 모든 신하를 다스리며" 지
금으로 말하면 총리입니다. "그의 지혜로 장로들을 교훈하며" 말하
자면 인생을 알며 인간을 알며 세상사는 도리와 분별을 갖고 있다는
뜻입니다.

요셉이 보이는 보상을 받은 것에 너무 집착하시면 안 됩니다. 하
나님이 요셉을 어떻게 영광스런 결과에 이르게 했느냐가 요셉의 생
에 가장 중요한 지적입니다. 그가 그의 형들을 용서할 수 있는 것은
그것이 그에게 손해가 되지 않았다는 결과 때문입니다. 그리고 그것
이 하나님의 손 안에서 이루어졌다는 것을 확인합니다. 그것이 우리
모든 성도들의 현실적 신앙 이해입니다.

여러분의 삶 속에서 여러분 자신의 실력 없음과 도움을 소원하
는 말하자면 집안의 부모 사이, 혹은 부모와 자식 사이 혹은 믿음의
식구들에게 도움을 받기보다는 그들이 원수일 수 있습니다. 우리는

"여보 미안해 내가 실력이 없어서 당신을 희생만 시켰어. 능력 없는 남편을 용서해줘." 이렇게 고백해야 됩니다. 그러면 아내는 "아니야, 여보 당신을 만나서 나는 훌륭해졌어." 이 말을 하셔야 됩니다. "내가 다른 사람을 만나면 이 만큼 속이 깊어졌겠어? 여보." 이것이 모든 사람의 경우에 적용되는 것입니다. 이 사람만 없으면, 이 상관 혹은 이 경쟁자, 이 웬수만 없었더라도, 그때 그 사건만 없었더라도 하는 식으로 이야기할 수 있는 건 신자들에게 없습니다. 그 억울했던 사건, 그래서 날개를 접은 그 사건과 그 일과 그 사람 이런 것들이 하나님의 인도하심과 능력과 지혜 속에서 합력하여 선을 이루지 우리를 손해 보게 할 수 없습니다.

여러분의 신앙은 여러분 자신의 부족함까지도 여러분의 인생에 중요한 요소이고 과정입니다. 요셉은 신앙이 좋았지만 그 보상을 받지 못합니다. 우리는 나쁘지만 보상 받을 것입니다. 우리의 못난 것이 우리를 더욱 더 깊은 진실된 하나님 외에는 답을 줄 수 없는 그 진정한 답을 찾기까지 우리를 괴롭히고 자책하게 만들 것입니다. 그것만큼 큰일을 하는 것도 없습니다. 생각하고 살게 되는 것, 고민하고 살게 되는 것은 신앙의 중요한 과정입니다.

믿음을 갖고 요셉을 승리케 하신 하나님의 손길과 인도하심이 예수 그리스도를 보내신 사랑의 증거 안에서 우리 생애를 지키시리라고 확신하시는 오늘의 말씀, 여러분의 신자 된 인생이기를 바랍니다.

기도

하나님 아버지 은혜를 감사합니다. 하나님의 사랑으로 살고 믿음을 갖고 사는 신자들의 현실적 고민 불만, 자책, 이 모든 것이 손해 보는 과정이 아닌 것을 고백합니다. 우리가 스스로를 자책하고 탓하는 것이 마땅히 있어야 하고 우리의 부족함을 인정해야 하고 고백해야 하고 도우심을 구해야 하고 하나님의 선하심을 믿어야 하고 또 마침내 승리할 것이기에 예수 그리스도 안에서 인내해야 하겠습니다. 이 믿음 가지고 우리 삶을 하나님 앞에 바치게 하옵소서. 순종하게 하옵소서.

예수님 이름으로 기도합니다.

아멘

11. 성육신을 본받는 삶

그러므로 형제들아 내가 하나님의 모든 자비하심으로 너희를 권하노니 너희 몸을 하나님이 기뻐하시는 거룩한 산 제물로 드리라 이는 너희가 드릴 영적 예배니라 너희는 이 세대를 본받지 말고 오직 마음을 새롭게 함으로 변화를 받아 하나님의 선하시고 기뻐하시고 온전하신 뜻이 무엇인지 분별하도록 하라(롬 12:1~2)

우리는 지금 산상설교 중에 예수님이 말씀하신 서기관과 바리새인보다 나은 의를 성경 말씀을 따라서 생각하고 있습니다. 예수 안에 있는 하나님의 의는 하나님을 사랑하고 이웃을 사랑하는 의입니다. 그러나 우리가 오늘 본문이나 지난 주 본문이었던 로마서에서 확인하려는 것은 우리가 의를 소원하고 기뻐하고 우리 안에 가지고 싶은데 구체적으로 어떻게 그것이 이루어지는가 하는 문제입니다.

지난주에 확인했다시피 우리의 신앙 현실은 우리 기대와 생각과 다를 수 있습니다. 그러나 어떤 현실이 온다 할지라도 궁극적으로 하나님의 뜻을 꺾을 수는 없습니다. 또 우리가 볼 때 하나님이 인도하시는 것 같지 않고 우리가 소원하는 것과 다른 길의 모습도 승리로 주시는 길일 수밖에 없고 하나님의 인도하심은 현실보다 크다는 것을 확인했습니다. 그 현실이 구체적으로 어떤 식으로 일하는가를 확인하려고 합니다. 오늘 본문 말씀을 다시 보겠습니다.

그러므로 형제들아 내가 하나님의 모든 자비하심으로 너희를 권하노니 너희 몸을 하나님이 기뻐하시는 거룩한 산 제물로 드리라 이는 너희가 드릴 영적 예배니라(롬 12:1)

이 본문을 풀어서 이해하기 좋게 표현하자면 "너희 자신을 하나님이 기뻐하시는 거룩한 살아있는 제물로 드리라"는 것입니다. '너희 몸'을 또는 '너희 자신'이라고 이야기하는 것은 관념적이거나 이론적인 것이 아니라 실제적인 우리의 몸을 포함한 전 인격이 바쳐지는 제사를 원하고, 산 제물이라는 것은 '살아있는 제물', 오해의 소지가 있기 때문에 '살아가는 제물,' 현실을 사는 삶으로 제물로 드리라는 뜻입니다.

우리는 기독교 신앙이 쉽게 이상적으로 또는 종교적인 명분으로 흘러서 육체가 포함된 실체로 이해하는 것과 현실을 하나님의 특별한 인도하심이라는 긍정적인 시각으로 보는 것에 본능적으로 취약합니다. 기독교 신앙은 이 모든 것을 면제 받거나 우회하거나 또는 쉽게 넘어서는 것이라고 기대하기도 합니다. 그래서 고린도후서 1장에서 사도 바울은 신앙의 실제적 진전을 이렇게 권유하고 있습니다.

하나님의 뜻으로 말미암아 그리스도 예수의 사도 된 바울과 형제 디모데는 고린도에 있는 하나님의 교회와 또 온 아가야에 있는 모든 성도에게 하나님 우리 아버지와 주 예수 그리스도로부터 은혜와 평강이 있기를 원하노라 찬송하리로다 그는 우리 주 예수 그리스도의 하나님이시요 자비의 아버지시요 모든 위로의 하나님이시며 우리의 모든 환난 중에서 우리를 위로하사 우리로 하여금 하나님께 받는 위로로써 모든 환난 중에 있는 자들을 능히 위로하게 하시는 이시로다 그리스도의 고난이 우리에게 넘친 것 같이 우리가 받는 위로도 그리스도로 말미암아 넘치는도다 우리가 환난 당하는 것도 너희가 위로와 구원을 받게 하려는 것이요 우리가 위로를 받는 것도 너희가 위로를 받게 하려는 것이니 이 위로가 너희 속에 역사하여 우리가 받는 것 같은 고난을 너희도 견디게 하느니라(고후 1:1~6)

사도 바울이 고린도교회 교인들에게 준 편지인데, 서두의 내용에서 고난은 성도들의 신앙 현실에 당연한 것으로 여겨지고 있다는 사실입니다. 앞에서 말씀드린 것 같이 신앙이 나빠서 고난을 당하고 신앙이 좋으면 면제받는다고 생각하는 것은 성경적인 설명과는 다른 것입니다. 너희가 받는 환난은 당연한 것이고 우리도 환난을 받고 있다고 얘기하면서 7절부터 다음과 같이 얘기합니다.

너희를 위한 우리의 소망이 견고함은 너희가 고난에 참여하는 자가 된 것 같이 위로에도 그러할 줄을 앎이라 형제들아 우리가 아시아에서 당한 환난을 너희가 모르기를 원하지 아니하노니 힘에 겹도록 심한 고난을 당하여 살 소망까지 끊어지고 우리는 우리 자신이 사형 선고를 받은 줄 알았으니 이는 우리로 자기를 의지하지 말고 오직 죽은 자를 다시 살리시는 하나님만 의지하게 하심이라(고후 1:7~9)

너희가 받는 환난이 신자 모두가 당하는 당연한 현실이며 내가 너희를 위로하는 것은 나는 환난에서 면제되거나 넘어섰기 때문이 아니라 동일한 환난을 당한 자이기 때문에 위로할 자격이 있다고 말합니다. 사도 바울이 당한 환난이 어느 정도였느냐 하면 '이젠 죽는구나'라고 생각하는, 죽음을 직면한 자리까지 환난을 당했었다고 이야기합니다.

이것은 우리에게 환난이 당연한 것이고 환난을 당함으로써 당한 자를 위로할 수 있다는 자격과 조건을 넘어서서 환난이 적극적인 이유가 있는 것이라는 생각으로 우리를 인도합니다. 모든 성도에게 있는 것이요 성공적인 신앙생활을 하는 자에게는 없고 실패하는 신앙인에게만 오는 것이 환난이라면 우리가 잘잘못을 따져봐야 되는 것이지만 환난이 어느 성도나 당하는 현실이고 신앙 인생의 과정이라면 환난이 무엇이며 어떤 의미와 어떤 목적이 있는지 따져봐야 합니다.

우선 확인하는 것은 환난은 우리를 이상과 꿈에서 끌어냅니다. 우리는 기독교 신앙이 힘든 현실을 모면하는 또는 해결하는 방법이라고 제일 먼저 기대합니다. 행복을 원하고 평안을 원하고 형통을 원합니다. 그러나 뜻밖에도 신앙생활은 지금 우리가 기대하는 답을 쉽게 주지 않습니다. 오히려 일반인들이 당하는 것보다 더 큰 고난과 갈등과 절망과 실패를 맛보게 합니다. 왜 그런가를 오늘 확인하려고 합니다.

첫 번째 이유는 우리를 쉬운 해답으로부터 끌어냅니다. 우리의 신앙은 하나님을 알고 하나님의 목표하심을 아는 것보다 고통을 면하는 데에 집중되어 있기 때문입니다. 성경은 그렇게 쉽게 우리를 내버려둘 수 없다고 이야기하고 있습니다. 그래서 환난을 통해 인간의 가치와 의미와 또는 그 목표가 하나님의 작정 속에서 우리의 기대보다 무한히 높다는 것을 확인하게 됩니다. 쉬운 답으로는 답을 삼지 않겠다고 작정하시는 것이 모든 신자가 당하는 환난이라는 현실이기 때문입니다. 여러분의 신자 된 신앙 현실이 고통스럽다면 오늘 성경적인 답을 찾아야 됩니다. 그저 고통을 면하며 편함과 아무 갈등이 없는 상태를 원하는 것은 성경이 요구하는 신자의 상태와는 다릅니다.

이 문제는 우리로 하여금 현실에서 환난이 우리를 이해력과 인내력과 더 깊은 생각으로 이끌고 만든다고 이야기할 수 있습니다. 우리는 우리가 고통을 당하거나 실패를 당하지 않고는 그들을 이해하고 용서할 수 없습니다. 기독교 신앙은 사도 바울이 이야기하는 것 같이 예수님이 더 크게 인생을 체휼하셨기 때문에 우리를 도울 수 있다고 선언합니다. 그렇게 이야기함으로써 우리의 고난과 어려움들을 면하게 해주겠다는 것이 아니라 돕게 하겠다고 이야기합니다.

신앙 현실의 고난과 환난, 실패와 낙심들은 우리가 반드시 제대로 이해해야 할 신자의 인생 경로가 되는 셈입니다. 우리는 이 문제를 고린도후서 4장에서 더 깊은 설명으로 인도하는 것을 보게 됩니다.

어두운 데에 빛이 비치라 말씀하셨던 그 하나님께서 예수 그리스도의 얼굴에 있는 하나님의 영광을 아는 빛을 우리 마음에 비추셨느니라 우리가 이 보배를 질그릇에 가졌으니 이는 심히 큰 능력은 하나님께 있고 우리에게 있지 아니함을 알게 하려 함이라 우리가 사방으로 우겨쌈을 당하여도 싸이지 아니하며 답답한 일을 당하여도 낙심하지 아니하며 박해를 받아도 버린 바 되지 아니하며 거꾸러뜨림을 당하여도 망하지 아니하고 우리가 항상 예수의 죽음을 몸에 짊어짐은 예수의 생명이 또한 우리 몸에 나타나게 하려 함이라(고후 4:6~10)

우선 다른 것 다 그만두고 분명한 것은 우리는 늘 죽음에 넘겨진다고 성경이 선언한다는 사실입니다. 예수를 믿기 때문에, 예수 안에 있기 때문에, 하나님이 우리 아버지시기 때문에 고통과 실패와 갈등에서 면제받는 것이 아니라고 이야기합니다. 우리는 여기 있는 대로 "우겨쌈을 당하고, 답답한 일을 당하고, 박해를 받고, 거꾸러뜨림을 당하는" 현실을 살아야 합니다.

그러나 다른 것이 있다면 우리가 예수를 모시고 있다는 사실입니다. 그것은 6절에서 말한 바와 같이 창조의 능력으로 허락된 것입니다. 창조의 능력이란 "어두운 데에 빛이 비치라 말씀하셨던 그 하나님이 예수 그리스도의 얼굴에 있는 하나님의 영광을 아는 빛을 우리 마음에 비추셨느니라"고 이야기함으로써 우리가 가진 신앙, 예수를 믿는 신앙, 예수 안에 있는 구원, 이것이 하나님의 창조의 능력으로 허락된 것이라고 이야기합니다.

그러나 예수를 소유하고 있고 예수 안에 있고 하나님의 창조의 능력으로 하나님의 백성으로 부름 받았다고 해서 혹독한 현실을 면제받고 있지 않다는 이야기를 하고 있습니다. 그럼 왜 이런 길을 요구하십니까? 지금 본문대로 하자면 7절에 보는 바와 같이 "우리가 이 보배를 질그릇에 가졌으니 이는 심히 큰 능력은 하나님께 있고 우리에게 있지 아니함을 알게 하려 함이라"고 이야기합니다.

이 말씀을 잘못 생각하면 우리는 유한하고 하나님은 무한하신 분으로서 우리를 하나님의 조종이나 조작아래 붙들어 맸다고 오해할 소지가 있습니다. 그러나 그런 목적으로 쓰인 것이 아니라 인간이라는 존재의 구원 목표는 인간이 소원하고 또 할 수 있는 상상과 능력보다 큰 목표아래 있는 것이라고 이야기합니다.

능력의 심히 큰 것이 하나님께 있고 우리에게 있지 않습니다. 이로 인해 우리가 예수 믿으면서 현실 속에서 가장 갈등하는 바는 이런 것입니다. '왜 하나님은 평안을 주시지 않는가? 왜 답을 주시지 않는가? 많은 것 바라지 않고 남에게 아쉬운 소리 하지 않고 우리 가족 그냥 화목하게 사는 정도도 안 들어주신단 말인가?' 이런 문제에서 하나님은 타협하시지 않습니다. 왜냐하면, 세상적인 표현으로 하나님이 우리를 훌륭한 사람 만들기로 작정하셨기 때문입니다. 그러니 쉽게 살 생각은 마십시오. 우리는 끊임없이 하나님이 우리를 구원하기 위하여 자기 아들을 보내셨다는 무게를 이해하지 못합니다. 이것이 우리가 가지는 신앙 현실에서 가장 큰 오해일 것입니다.

그런데 이 문제는 우리에게 주어진 현실을 살아서 죽음까지 요구한다는 데 무서움이 있습니다. 현실의 어려움을 감수하라는데, 얼마만큼 감수하면 보상을 주는 것이 아니라 죽음을 맞이하는 자리까지, 죽음을 각오하는 자리까지 현실을 살아내라고 이야기합니다. 좀 극단적인 표현을 쓰면 실패하고 죽으라고 말합니다. 그렇게 해야만 우리 안에 보배인 예수가 누구인지, 예수 안에서 우리를 부르신 복음의 진정한 가치가 무엇인지가 드러난다고 이야기합니다. 참으로 놀랍습니다. 우리에게는 이 문제가 이해가 안 됩니다.

우리가 능력이 있고 의지력이 있고 책임감이 있고 실력이 있고 지위가 있어야 하나님이 누구시며 우리가 믿는 복음의 내용이 신빙성 있는 증거를 가질 수 있다고 생각하는데 성경은 그렇게 이야기하지 않습니다. 우리보고 죽으라고 합니다. 그래서 우리는 신앙 현실 속에서 무엇을 각오해야 되냐 하면 10절에 있는 말씀처럼 "우리가 항상 예수의 죽음을 몸에 짊어져야" 합니다. 예수님은 이 땅에 오셔서 죄인들의 손에 의하여 죽음으로 끝난 인생을 살았습니다. 부활의 생명을 주시기 위하여 죽으셨습니다. 이 세상이 예수님에게 강요한 것은 죽음입니다. 그 죽음의 길을 걸어야 합니다. 그것을 로마서 12장 1절에서 이야기한 것과 같이 우리 몸으로, 삶으로 그 죽음을 감수해야 한다는 것입니다.

이것이 얼마나 어려운 요구인지 아시겠습니까? 우리가 우리의 현실을 극복하는 것은 믿음이라는 이름으로 쉽게 해답을 받고 어려움을 통해 무슨 더 놀라운 다른 보상을 받는다는 개념보다 우리라는 존재가 죽음으로써 하나님이 창조와 재창조의 역사를 이루신다는 사실을 믿음으로 수긍하여 감수하라는 뜻입니다.

신앙생활에 대한 가장 큰 오해와 유혹은 보이는 현실에서 보상을 받는다고 기대하는 것입니다. 실제로 그런 보상들이 없지 않습니다. 하나님이 우리와의 관계를 확인시키며 우리 인생이 얼마나 하나님께 중요하며 하나님의 지혜와 약속 속에서 움직이는 것인가를 확인시키는 차원에서는 얼마든지 현실적인 답을 주십니다. 예수님의 생애에서도 보았고 교회사 속에 일어났던 사건들에서 고칠 수 없는 병이 나았다든가 해결할 수 없는 문제가 기적적으로 해결되는 일들은 늘 있어왔습니다.

그러나 결국 그것으로 끝나지 않고 다시 고난의 생애를 살도록 부름을 받았습니다. 한 번 보상을 받고 나면 다시는 겨울이 되어도 춥지 않고 여름이 되어도 땀이 나지 않는 인생이 되는 길로 부름 받은 사람은 없습니다. 이 현실 속에서 우리에게 요구하는 각자의 삶을 감당해야 되는 것입니다. 그 인생을 수긍하고 순종하셔야 됩니다.

우리는 기독교가 보란 듯이 명분과 형태로 나타나길 바라서 우리의 신자 된 생애가 임무를 가진 것이라고 생각합니다. 임무를 가졌다는 것이 크게 틀린 표현은 아니지만 자꾸만 오해되고 있습니다. 종교적 형태와 사건으로 만들어지는 것이라고 생각합니다. 그렇지 않습니다.

여러분의 일상생활이라는 것은 누구와 누가 구별되지 않는, 세상적인 표현으로는 지지고 볶는, 그런 삶의 연속입니다. 아무리 잘해도 표날 것이 없고 아무리 도망가려고 해도 도망갈 수 없는 반복되는 끈질긴 도전이요 시험입니다. 그 삶을 사셔야 됩니다.

여러분이 여러분의 삶을 수긍하여 여러분이라는 존재가 시간과 공간이라는 이 창조 세계 속에서 현실이라는 조건과 환경으로 여러분에게 도전해온 것에 대하여 여러분의 몸과 마음으로 실체를 가지고 구체적인 반응을 하라고 성경이 요구합니다.

여러분이 도망가지 않았고 질그릇에 불과하다는 것을 여러분의 존재를 삶으로 구체화해야 합니다. 울고, 분노하고, 슬퍼하고, 안타까워하고 한숨짓고 해야 됩니다. 그 때에만 하나님이 예수 그리스도를 여러분이라는 존재 속에서 보배로서 빛을 발하게 하실 수 있습니다. 여러분이 여러분의 인생을 감수하시면 예수님이라는 존재와 예수님으로 말미암아 허락된 구원이 빛을 발합니다. 그러나 그렇지 않을 때는 예수님이 우리의 삶의 현장에 임재하실 어떤 매체를 가질 수가 없습니다.

예수님은 이 땅에 육신을 입고 오셨습니다. 그것을 요한복음 1장 14절은 "말씀이 육신이 되어 우리 가운데 거하시매 우리가 그 영광을 보니 독생자의 영광이요 은혜와 진리가 충만하더라"고 표현합니다. 우리는 예수님과 같은 방식으로 우리의 삶을 수용해야 됩니다. 이것이 현실이 가지는 중요한 긍정적인 의미입니다. 하나님이 우리를 곤고한 생애 속에 살게 하시는 이유입니다.

내가 내 삶을 수용하고 순종함으로써 나라는 존재가 현실 속에서 하나의 자리를 갖고 그 자리에 예수님이 임하여 예수 그리스도의 빛을 나타내신 자리를 얻으시게 됩니다. 우리는 죽습니다. 그러나 고린도후서 4장 11, 12절에서 보는 바와 같이 "우리 살아 있는 자가 항상 예수를 위하여 죽음에 넘겨짐은 예수의 생명이 또한 우리 죽을 육체에 나타나게 하려 함이라 그런즉 사망은 우리 안에서 역사하고 생명은 너희 안에서 역사하느니라"고 합니다. 놀랍습니다. 우리는 죽어갑니다. 죽음으로 내모는 현실 속에 있습니다. 그 현실의 도전과 현실의 끌고 가는 힘에 우리는 반응합니다. 적극적으로 그 삶을 수용합니다. 그래서 죽어갑니다. 그 죽음의 자리까지 가는 내 생애, 나라는 존재가 현실 속에서 한 자리를 차지하여 거기, 우리가 모신 예수님이 시공간 속에, 현실 속에 자리를 차지하게 된다고 성경은 말하고 있습니다.

우리는 이 죽어가는 일을, 말하자면 현실의 도전을 극복해야 되는 것입니다. 여기서 말하는 극복이란 현실의 고통을 넘어서는 바가 갈등과 슬픔을 비껴가는 것, 해결하는 것이라는 개념에서의 극복이 아닙니다. 죽어가는 인생, 죽음으로 내몰리는 내 존재가 예수 그리스도의 부활의 생명을 드러내도록 요구하는 실체라고 인정함으로써 죽음으로 내모는 현실과 인생을 기꺼이 수용하는 것입니다. 나는 죽음으로 내몰리지만 그것이 끝이 아니라 내 인생을 내가 수용하고 순종할 때 그것을 우리는 신앙으로 현실을 극복한다고 이야기합니다.

여러분의 인생을 사셔야 됩니다. 아무도 대신할 수 없는 여러분의 인생입니다. 여러분 각자의 자리를 보십시오. 여러분의 아내와 남편, 자식, 부모, 일가친척, 동창, 이웃 등 그 시대 그 나라 그 사회에서 우리는 얼마나 씨줄과 날줄로 서로 촘촘히 연결되어 있는지 모릅니다.

나 하나의 존재가 많은 사람과 매우 밀접히 연결되어 있습니다. 내가 어떤 사람으로 살며 내용을 가지며 목표하며 현실을 어떻게 수긍하고 소화하고 감내해야 하는지가 나 하나의 문제가 아닙니다. 나 하나의 존재를 통하여 전 인류와 연결되어 있습니다. 여러분 잘 아시는 나비 효과처럼 나비의 날갯짓 하나가 태풍을 만들어내듯이 나 하나의 존재가 큽니다.

우리는 우리가 나비에 불과할 수 있기 때문에 태풍을 만드는 줄 모르고 있을 수 있습니다. 성경은 이 사실을 요구합니다. 그것이 오늘 본문이 이야기한 "그러므로 나의 사랑하는 자들아 하나님의 자비하심으로 너희를 권하노니 너희 몸을 하나님이 기뻐하시는 산 제물로 드리라"는 말입니다. 빌립보서 4장 11절에 있는 사도 바울의 고백들이 무슨 뜻인지 이제 알 수 있게 되는 것입니다.

> 내가 궁핍하므로 말하는 것이 아니니라 어떠한 형편에든지 나는 자족하기를 배웠노니 나는 비천에 처할 줄도 알고 풍부에 처할 줄도 알아 모든 일 곧 배부름과 배고픔과 풍부와 궁핍에도 처할 줄 아는 일체의 비결을 배웠노라 내게 능력 주시는 자 안에서 내가 모든 것을 할 수 있느니라(빌 4:11~13)

사도 바울은 지금 로마 감옥에 갇혀있고 빌립보 교회에서 그를 위로하러 찾아왔습니다. 거기다가 준 편지입니다. '너희들이 찾아와 줘서 고맙다. 위로해줘서 고맙다. 내 궁핍한 것 곤고한 것을 너희가 채워줘서 고맙다.'는 이야기가 아닙니다. 나는 풍부에 처할 줄도 알고 궁핍에 처할 줄도 안다. 나는 그 모두가 상관이 없다, 왜냐하면 하나님이 그에게 어떤 현실을 요구하든 순종할 믿음이 있기 때문에, 어떤 길을 통해서라도 하나님이 그 길에서 나를 통해 기적을 이루시는 줄 그는 압니다. 그래서 "내게 능력 주시는 자 안에서 내가 모든 것을 할 수 있느니라"고 고백합니다. 쉽게 생각하시면 안 됩니다. 난 무슨 꼴이라도 당할 수 있다 그렇게 이야기하는 것입니다.

신앙생활 하는 것은 어렵습니다. 누가 쉽다고 말하면 믿지 마십시오. 쉽지 않습니다. 어렵습니다. 왜 어려우냐 하면 하나님은 우리를 신적 수준과 목적을 가지고 간섭하시고 계시기 때문입니다. 여러분의 작은 인생, 감추어진 인생이 하나님의 큰 손길인 것을 기업하십시오. 여러분이 충성을 다하면 여러분 하나를 통해 하나님이 얼마나 많은 일을 하는지 모르며 여러분 자신에게 하나님의 이 높고 놀라운 깊은 뜻을 알리시고 채우실 것입니다. 각자의 삶을 하나님의 사람으로 충성하시고 극복하시고 인내하시고 순종하시는 승리를 오늘의 말씀으로 가지시길 바랍니다.

기도

하나님 아버지 은혜를 감사합니다. 하나님의 자녀로 살고 그래서 예수를 모시고 현실을 사는 것이 큰 복입니다. 어려울 때가 많습니다. 힘에 부칠 때도 있습니다. 그러나 성경이 우리에게 순종을 요구하고 있고 죽을 각오를 하라고 가르치고 있습니다. 사도 바울의 고백과 같이 우리가 우리 마음에 사형 선고를 내리고 오직 하나님만 의지하고 살아야 옳습니다. 이 믿음의 승리를 주시옵소서. 우리 인생을 바치게 하옵소서.
예수님의 이름으로 기도했습니다.
아멘

마태복음 6장

12. 너희 의를 행하지 않도록 주의하라

사람에게 보이려고 그들 앞에서 너희 의를 행하지 않도록 주의하라 그리하지 아니하면 하늘에 계신 너희 아버지께 상을 받지 못하느니라 그러므로 구제할 때에 외식하는 자가 사람에게서 영광을 받으려고 회당과 거리에서 하는 것같이 너희 앞에 나팔을 불지 말라 진실로 너희에게 이르노니 그들은 자기 상을 이미 받았느니라 너는 구제할 때에 오른손이 하는 것을 왼손이 모르게 하여 네 구제함을 은밀하게 하라 은밀한 중에 보시는 너의 아버지께서 갚으시리라(마 6:1~4)

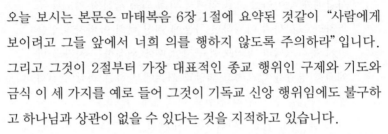

12

오늘 보시는 본문은 마태복음 6장 1절에 요약된 것같이 "사람에게 보이려고 그들 앞에서 너희 의를 행하지 않도록 주의하라"입니다. 그리고 그것이 2절부터 가장 대표적인 종교 행위인 구제와 기도와 금식 이 세 가지를 예로 들어 그것이 기독교 신앙 행위임에도 불구하고 하나님과 상관이 없을 수 있다는 것을 지적하고 있습니다.

이 모든 것은 지금 계속 살펴보는 대로 서기관과 바리새인의 의와는 다른, 예수 안에서 허락되는 하나님의 의에 대하여 가르치는 데 목적이 있습니다.

사람에게 보이려는 것과 하나님에게 보이는 것을 6장의 내용들을 통하여 확인해보면 사람에게 보이려는 것은 2절에서 보는 바와 같이 외식하는 자라고 해서 마음으로부터의 변화가 아니라 겉으로만 그렇다고 이야기합니다. 그리고 그것은 사람에게 영광을 받으려고 하는 것이며 2절 마지막에 보듯이 그들은 자기 상을 받았습니다.

외식하고 영광을 구하고 그 상을 받았습니다. 그럼에도 불구하고 하나의 명분이 되는 문제를 다루고 있습니다. 명분이란 사람이 마땅히 따라야 할 도리라고 사전은 풀이하고 있습니다. 마땅히 해야 되는 일인데 그 일을 오늘 본문으로 이야기하면 하나님과 합의한 마땅한 일이 아니라 사람과 합의한 마땅한 일입니다. 하나님께서 구하시는 진정한 하나님의 의는 하나님과 합의한 것이어야 하고 하나님이 뜻하시는 것이어야 하고 세상이 구하는 것과는 다른 것입니다.

그런데 이것이 왜 문제가 되느냐 하면 지금 보상을 받을 수 있고 사람들 앞에 힘을 쓸 수가 있기 때문이라고 예수님께서 가르치시는 것입니다. 하나님 나라의 의는 세상이 이해하고 항복하는 것이 아니라고 합니다. 그것은 예수 그리스도가 없으면 이해될 수도, 믿을 수도, 순종할 수도 없는 것이라고 이야기합니다. 우리는 이미 산상설교의 시작 부분에서 팔복이 예수 없이는 성립되지 않는, 그리고 예수만 있다면 어떤 조건도 극복할 수 있는 하나님의 복으로 다뤘었습니다.

마찬가지로 서기관과 바리새인의 의가 세상이 공감하고 인간이 만들어내는 의라면 하나님의 의는 예수 안에서만 성립하고 이해되고 실천할 수 있는 의라고 이야기할 수 있습니다.

기독교적 신앙에도 세상이 인정하는 요소가 있습니다. 그것은 바로 윤리와 도덕입니다. 선행입니다. 그러나 오늘 본문에서 지적하듯이 세상이 인정하는 명분들이 예수가 있어야만 이해되는 것이냐 예수 없이도 이해되는 것이냐를 대조하고 있는데 여기 식으로 이야기하면 저들은 이미 자기 상을 받았다는 것입니다. 그러나 하나님의 의란 실천을 하면 은밀히 보시는 하나님이 은밀히 갚는다고 이야기함으로써 가장 분명하게 세상에서 보상을 받는 것과 세상에서 보상을 받지 못하고 하나님께 보상을 받는 것으로 대조하고 있습니다.

우리는 이 문제가 얼마나 본성적인 것인지 그리고 우리가 살고 있는 현실 속에서 얼마나 큰 유혹인지 알고 있어야 합니다. 바리새인들과 서기관들의 가장 큰 약점은 외식으로 드러났듯이 저들의 행동이 변화된 인격과 성품에서 나오는 것이 아니라 순전히 보상을 받기 위하여 영향력을 행사하기 위하여 꾸민 짓이라는 것입니다. 영향력을 행사하기 위하여 꾸민다는 것은 하나님의 의를 모르고 오직 세상에서 보상을 받기 위하여 자주 오용되는 일반적인 현실입니다. 어떤 사람이 얼마든지 자신을 거짓되게 가장할 수 있습니다. 우리가 현실 속에서 보는 일인데 예수 믿는 자도 그럴 수 있다고 말하면서 중요한 경고를 하는 것입니다. 그렇다면 어떤 시험과 오해가 기독교 신앙 속에도 파고들어올 수 있을까요? 갈라디아서 6장입니다.

> 무릇 육체의 모양을 내려 하는 자들이 억지로 너희에게 할례를 받게 함은 그들이 그리스도의 십자가로 말미암아 박해를 면하려 함뿐이라 할례를 받은 그들이라도 스스로 율법은 지키지 아니하고 너희에게 할례를 받게 하려 하는 것은 그들이 너희의 육체로 자랑하려 함이라 그러나 내게는 우리 주 예수 그리스도의 십자가 외에 결코 자랑할 것이 없으니 그리스도로 말미암아 세상이 나를 대하여 십자가에 못 박히고 내가 또한 세상을 대하여 그러하니라(갈 6:12~14)

14절에서 바울은 이렇게 선언합니다. 내가 속한 나라는 하나님의 나라다. 하나님의 통치가 유일한 질서요 내용인 나라다. 그런 의미에서 나는 세상 나라에 속하지 않는다. 이 두 나라는 혼합될 수 없고 병존할 수 없다고 얘기합니다.

앞으로 더 살펴보겠지만 그렇다고 해서 두 나라 중에 어느 하나를 완전히 외면할 수 있다는 뜻은 아닙니다. 그러나 우리가 어느 나라에 속하는지는 분명히 선택해야 될 문제입니다. 우리는 하나님의 나라와 하나님의 통치에 속하기로 믿고 결심한 자들입니다. 그러나 세상 나라에 속해 있습니다. 그렇기 때문에 두 구분은 정치적이고 군사적이지 않고 지리적이지도 않습니다. 그것은 십자가로만 분리됩니다. 십자가로 분리된다는 것은 하나님께 속하는 것은 예수 그리스도와 그가 지신 십자가로 허락되고 들어가고 누리는 나라이고 이 세상은 십자가 없이 존재하고 유지되고 누리는 나라입니다. 이것이 두 나라를 구별 짓지 다른 것은 두 나라를 구별 짓는 어떤 것도 되지 못합니다. 그 나라에 들어가는 길은 십자가밖에 없습니다.

왜 이런 너무나 당연한 말을 강조해야 합니까? 우리는 진심을 가지고 우리가 믿는 믿음의 진리 됨과 영원함을 나누고 싶어 합니다. 우리는 자신이 가진 신앙의 내용들과 믿음의 약속들을 더 많은 사람과 나누고 싶은 나머지 예수 믿어서 어떻게 형통해지는가, 예수 믿어서 어떻게 세상 사람들보다 윤리 도덕적 차원에서 더 나은가 또는 한 걸음 더 가서 우리가 얼마나 유익한 존재인가를 증명하고 싶어 합니다. 그런데 이런 것들은 다 진심에서 출발하지만 잘못하면 이것이 십자가를 필요 없게 만들 수 있다는 점에서 굉장히 조심해야 되는 것입니다.

이 문제는 한국교회에서 자주 오해되는데 이런 예를 들어봅시다. 오늘날 한국교회는 역사상 가장 큰 신자수를 확보하고 있지만 영향력은 줄었다는 비평이 많이 나오고 있습니다. 그 이유는 과거에는 기독교 신자들이 교회에서만 힘을 쓴 것이 아니라 사회적으로 국가적으로 영향을 미쳤습니다. 교계의 지도자들은 나라의 지도자였으며 사회의 지도자였습니다. 그러나 오늘날 기독교는 그 힘을 잃었다고 지적하는 것은 틀리지 않습니다.

그러나 이것이 이렇게 쓰일 수 있다는 것을 늘 기억해야 합니다. 국가와 민족을 위하여 쓸모 있음으로서 이 나라와 이 민족 앞에 "봐라, 예수를 믿으면 이렇게 복된 나라가 된다"고 말함으로써 십자가 없이 하나님 나라를 세울 수 있다고 생각할 수 있다는 것입니다. 바로 이것이 경계해야 할 큰 일인 것입니다.

여러분들이 예수를 믿기 때문에 하나님의 통치에 순응하여 십자가를 지신 예수 그리스도의 뒤를 쫓아 섬김과 사랑으로 여러분의 인격과 존재와 인생이 거룩하고 진실하고 희생적이고 성실하다면 그것은 참으로 마땅한 일입니다. 그러나 여러분이 훌륭하고 성공한 것이 십자가를 대신해서 기독교를 증명할 수 있는 것이라고 기대한다면 큰일 나는 것입니다. 굉장히 애매한 구별일 수 있습니다. 여러분들이 예수를 믿었기 때문에 모든 사람에게 예수를 증거하기 위하여 내가 가진 신앙의 복된 내용들을 나누고 싶어 하는 것입니다. 어떻게 해서든지 여러분이 다른 영혼들 앞에 여러분이 믿는 신앙을 증거하고 싶고 저들의 영혼에 영향을 주고 싶어서 그러는 것입니다. 그럼에도 불구하고 이 문제는 어렵습니다.

그래서 사도 바울이 십자가로 인하여만 이 두 나라가 분리되며 세상 나라에서 하나님 나라에 들어오는 것이 십자가를 통하지 않고는 불가능하다고 합니다. 이것은 우리로 하여금 기독교 신앙의 근거가 십자가 외에는 아무것도 없다는 것을 가르치는 것입니다. 여러분이 만일 기독교인 되는 것을 어떻게 해서든지 실천하여 하나님의 은혜와 구원이 나의 존재와 인생을 통하여 영향이 일어나기를 바란다면 더 많이 십자가에 근거해야 됩니다. 그렇게 하지 않으면 조금 전에 보는 바와 같이 쉽게 힘에 의존하게 됩니다.

여러분이 이런 요구를 많이 하십니다. 교회가 훌륭하길 바라고 목사가 훌륭하기를 바라십니다. 가끔은 저에게 정치적 발언도 요구하고 있습니다. 그러나 제가 정치적 발언을 삼가는 가장 근본적인 이유는 저는 정치를 잘 모르기 때문입니다. 그것은 예수를 믿는다는 이름 하나로 정치나 역사를 마음대로 평할 수 있는 것이 아닙니다. 전문적인 지식이 필요한 것입니다. 더구나 그런 말을 함으로써 십자가를 대신하고 싶은 마음이 없기 때문입니다. 우리는 고린도전서 2장에서 바울이 복음을 전할 때 이런 자세를 가진 것을 마음에 깊이 새겨 넣어야 할 것입니다.

> 형제들아 내가 너희에게 나아가 하나님의 증거를 전할 때에 말과 지혜의 아름다운 것으로 아니하였나니 내가 너희 중에서 예수 그리스도와 그가 십자가에 못 박히신 것 외에는 아무 것도 알지 아니하기로 작정하였음이라 내가 너희 가운데 거할 때에 약하고 두려워하고 심히 떨었노라 내 말과 내 전도함이 설득력 있는 지혜의 말로 하지 아니하고 다만 성령의 나타나심과 능력으로 하여 너희 믿음이 사람의 지혜에 있지 아니하고 다만 하나님의 능력에 있게 하려 하였노라 (고전 2:1~5)

얼마나 무시무시한 말인지 모릅니다. 왜냐하면 사도 바울이 이야기하는 이 경고, 조심해야 될 내용이 참으로 아슬아슬하기 때문입니다. 너무나 미묘한 것이어서 쉽게 넘어갈 수 있습니다. 고린도교회에 나가 복음을 전할 때, 고린도교회를 시작할 때, 그들에게 복음을 전할 때 사도 바울이 가장 조심한 것은 자기 말이 한 사람의 영혼을 설득할 수 있을까봐 겁냈다는 것입니다. 사람이 사람에게 이론과 무슨 현실적인 것으로 설득하여 합의한 것이 기독교가 될까봐 떨었다는 것입니다.

기독교는 예수를 보내신 하나님으로만 근거하고 성립하는 종교이기에 내가 설명을 다 해서 그것이 이루어질까봐 겁냈다는 것입니다. 그렇다면 그것은 더 이상 기독교가 아닙니다. 내가 가서 그리스도를 전하고 기독교를 증거한 것이 사실이지만 하나님이 나를 부르셨듯이 그 전도에 간섭하셔서 너희를 부르셨다는 사실을 알기에 내가 그 일을 할 때 이 일을 결실시키기 위하여 내가 다른 것에 더 많이 의존할까봐, 너희들이 내 말을 듣고 합의한 정도로 기독교를 이해할까봐 떨었다고 말하는 것입니다. 이 미묘함을 아시겠습니까?

우리는 사실 진심을 가졌다는 이유로 이 미묘한 부분에 너무 쉽게 걸려듭니다. 우리가 사랑하는 어떤 한 영혼에게 어떻게 해서든지 이 구원을 증거하고 성립시키기 위하여 할 수만 있으면 하나님께서 기적이라도 허락하여 주시기를 구합니다. 못 고칠 병을 낫게 해달라든지, 어떤 위급한 현실이 해결되게 해달라고 구할 수 있습니다. 그것은 정당한 신앙의 소원입니다. 그러나 그렇게 해서 십자가가 아닌 것이 그의 영혼을 바꿀 수 있었다고 믿는다면 기적이라든지 기도가 십자가를 대신하는 기독교의 근거가 되고 맙니다.

기도나 기적이나 무엇이든지 간에 그것은 십자가 위에 서 있는 것이어야지 십자가를 대신하는 것이 아니라는 말씀입니다. 우리는 우리의 신앙이, 내가 예수 믿는 것이 현실 속에서 세상 앞에서 이해되고 설득력이 있기를 바란다는 것입니다. 그런 힘을 갖고 싶어 합니다.

내가 상대방의 영혼을 조작하고 싶어 합니다. 기독교 신자가 늘고 우리가 국가를 위하여 기도합니다. 그런데 남북통일이 되는 것이 제일 무섭습니다. 저로서는 되어야 하지만 기도했더니 되더라는 것은 참 무섭습니다. 십자가 위에 서 있지 않고 기도만 하면 된다는 것이 되면, 그래서 기도가 십자가에서 분리되면 그것은 금방 주문이 되고 우리에게는 무시무시한 무력이 될 것입니다.

오늘 이야기하는 서기관과 바리새인의 의이라는 것은 이런 것입니다. 그들은 자신들의 의를 보이는 힘으로 가지려고 합니다. 그들이 외식을 함에도 불구하고 사람들 앞에 영광을 받아내고 상을 받는 것이 명분이 되어 세상 속에서 힘을 발하기 때문입니다. 그러나 우리가 가지는 힘은 그것이 아닙니다. 마태복음 4장에 가면 예수님이 이 문제로 사탄 앞에 시험받고 답을 하십니다.

마귀가 또 그를 데리고 지극히 높은 산으로 가서 천하 만국과 그 영광을 보여 이르되 만일 내게 엎드려 경배하면 이 모든 것을 네게 주리라 이에 예수께서 말씀하시되 사탄아 물러가라 기록되었으되 주 너의 하나님께 경배하고 다만 그를 섬기라 하였느니라(마 4:8~10)

예수님은 하나님 나라를 이루기 위해 오십니다. 하나님의 통치를 실현하며 그를 섬기는, 하나님으로만 만족하는 백성들을 부르러 오셨습니다. 이 세상 나라를 힘으로 뺏으러 오지 않습니다. 그래서 이 세상 나라에 속한 모든 자연인들이 하나님의 나라로 부름을 받는 것은 십자가를 통해서 뿐입니다. 예수는 십자가를 지시고 하나님의 나라를 성립시킵니다. 이 문제는 믿음의 싸움이지 권력의 싸움이 아닙니다.

서기관과 바리새인들이 가지고 싶었던 의는 사람들에게 항복 받아내는 의입니다. 그래서 권력이 되는 의입니다. 우리도 그렇게 되고 싶어 합니다. 한 영혼을 너무도 쉽게 하나님의 백성으로 만들고 싶은 소원 때문에 십자가가 아니라 보이는 힘을 갖고 싶어 합니다.

'봐라, 예수를 믿었더니 어떻게 되는지 봐라.' 그러나 십자가 없이 하나님 나라를 선포하게 한다면 그것은 다 서기관과 바리새인의 의가 되고 맙니다. 우리는 힘, 누구를 굴복시키고 강제하는 통제력으로서의 신앙을 가지려 합니다.

예수님은 십자가를 지고 하나님의 나라를 시작하고 세우십니다. 그러므로 우리에게 요구되는 것은 끊임없이 믿으며 하나님의 통치에 순종하여 이 세상 속에 있으되, 하나님의 통치를 순종하는 자로 현실을 극복해 나가야 합니다. 이것이 은밀히 보시는 하나님이 은밀히 갚으시는 상입니다. 그것은 권력화되지 않습니다. 명분화되지 않습니다. 그래서 어려운 일입니다.

여러분 생각에는 보이는 권력으로 큰 소리 치고 예수 믿게 하려는 동기 부여와 믿음으로 하나님의 나라를 인정하고 그 백성으로 살게 하려는 동기 부여 중에 어느 것이 더 귀해 보입니까? 권력이 되는 것이 동기 부여로는 매력이 있습니다. 그러나 갈라디아서 6장 12절에서 14절을 볼 때 저들이 할례를 강요하는 이유는 십자가로 말미암는 박해를 면하게 하려 함이라고 이야기하고 있습니다.

여러분 믿음으로 사는 것의 어려움은 세상 사람들 앞에는 그것이 지금 명분이 되지 않습니다. 윤리나 도덕은 명분이 되는데 기독교 신앙은 명분이 되지 않습니다. 세상 사람들은 우리를 미쳤다고 생각하며 또 무해하니까 많이 봐주고 그냥 웃어넘깁니다. 크게 해가 되지 않는 것은 인정하지만 그러나 다수는 조롱하고 우리를 이해하지 못합니다.

우리는 믿음으로 살아야 합니다. 그러나 은밀히 보시고 갚으시는 하나님을 모시고 살고 그의 통치가 이 세상 속에서 보이지 않는 것으로 나타나는 것은 우리에게 사실은 고통스럽습니다. 그러나 하나님이 우리를 자기의 백성 삼으실 때 다른 조건들을 요구하지 않고 믿음을 조건으로 삼았다는 것은 우리에게는 너무나 큰 축복입니다.

하나님이 우리를 사랑했습니다. 사랑은 대등한 대접을 받는 것입니다. 기본적으로 대등하고 존귀한 대접을 받는 것이 사랑의 조건입니다. 그리고 하나님은 사랑할 뿐 아니라 사랑하는 상대방을 당신의 집념이나 집착으로만 이 사랑을 성립시키는 것이 아닙니다. 곧 사랑하는 상대에게 하나님 당신을 이해 관계나 기계적 관계나 힘의 논리로 굴복시키는 것이 아니라 대등한 관계에서 신뢰로 관계를 맺자고 요구합니다. 이것이 믿음입니다.

하나님이 우리에게 무엇이 아쉬워서 믿음을 요구하겠습니까? 믿음이란 보이지 않는 인격적인 차원에서의 관계입니다. 보이는 것으로 말미암는 관계보다 비교할 수 없이 큰 조건으로 하나님이 우리를 요구하고 있는 것이 기독교 신앙이 이야기하는 믿음입니다.

그의 나라는 십자가 위에 서 있고 사랑 때문에 시작했고 하나님이 불러 그의 통치에 참여시킨 자신의 자녀들에게 믿음을 요구하는 자리입니다.

하나님이 당신을 믿어달라는 것에 의심이 가고 만족스럽지 않지만 한 번 믿어보라는 이야기가 아닙니다. 하나님이 나에게 믿음의 대상이 되고 우리에게 신뢰를 요구하는 것이 기독교 신앙에 있어서의 믿음입니다.

그렇기 때문에 우리의 의는 이 세상 속에서 세상 사람들이 납득하기 어렵습니다. 또 이해 관계나 기계적 관계, 정치적 또는 물리적 힘의 원리에서 보더라도 독특한 것입니다. 이 세상에 없는 법칙입니다. 우리가 세상에 살면서 현실 속에서 원치 않는 굴복을 해야 되고 원치 않는 타협을 해야 될 때 얼마나 우리 마음에, 인격 깊은 곳의 자존심에 상처를 받습니까? 인생이 이게 뭔가, 산다는 게 뭔가, 인간이 뭔가 하는 이런 생각을 살면서 제일 많이 하지 않습니까? 그러나 할 수 없이 굴복해야 될 때가 있습니다. 그러나 기독교 신앙은 그렇게 이야기하지 않습니다. 어느 경우에도 '이게 뭔가'라는 의문이 제기되지 않도록 부르는 것이 기독교 신앙의 핵심된 내용입니다.

나는 너희를 사랑하였고 나는 너희에게 내 아들을 주어 내 백성을 삼는다. 내 자녀를 삼는다. 나는 너희에게 내가 아낄 것이 없다. 나는 너희에게 믿음을 요구한다. 나는 너희를 사랑한다. 여기에 무엇을 더 덧붙일 것이 있겠습니까? 여기에 뭐가 부족할 것이 있겠습니까? 우리가 이것에 부족을 느낀다면 우리는 하나님이 우리를 사랑하는 것과 너무나 동떨어진 조급함이나 피상성이나 핑계나 나태함으로 도망가는 것일 겁니다.

그런 의미에서 인간답고 참으로 벅찬 인생을 사는 것은 기독교 신앙을 떠나서는 찾을 수 없습니다. 그러므로 "사람 앞에 보이기 위하여 너희 의를 행하지 말라 은밀히 보시는 하나님이 갚으시리라"는 말씀을 다시 한 번 기억하시기 바랍니다. 진정한 하나님의 백성으로 살라는 것이 오늘의 말씀이며 그것은 또한 신자의 특권임을 아시는 오늘의 증거가 되기를 바랍니다.

기도

하나님 아버지 은혜를 감사합니다. 하나님이 우리의 아버지 되시고 우리가 하나님의 자녀가 되어 예수 그리스도 안에 있음을 인하여 감사합니다. 하나님은 우리를 힘으로 누르지 아니하시고 윽박지르지 아니하시며 우리를 소모하시거나 수단으로 쓰시지 않습니다. 우리를 대접하십니다. 그 대접의 가장 큰 대접인 믿음을 우리에게 요구하십니다. 성경에 이름과 같이 마음과 뜻과 정성을 다하여 우리 하나님을 사랑하기로 약속합니다. 우리의 소원을 들어주시고 우리의 인생을 열납하여 주옵소서.

예수님 이름으로 기도합니다.

아멘

13. 권력이 될 수 없는 신앙 실천

그러므로 구제할 때에 외식하는 자가 사람에게서 영광을 받으려고 회당과 거리에서 하는 것같이 너희 앞에 나팔을 불지 말라 진실로 너희에게 이르노니 그들은 자기 상을 이미 받았느니라 너는 구제할 때에 오른손이 하는 것을 왼손이 모르게 하여 네 구제함을 은밀하게 하라 은밀한 중에 보시는 너의 아버지께서 갚으시리라(마 6:2~4)

오늘 본문은 예수님이 서기관과 바리새인의 의와 다른 예수로 말미암는 하나님의 의에 대한 구체적인 가르침을 말씀하고 있습니다. 구제와 기도와 금식, 이 세 가지 경우를 가지고 하나님의 의와 세상의 의가 어떻게 다른지 예수 믿는 사람들이 예수 안에서 허락받은 하나님의 통치의 올바름이 무엇인지 확인케 하는 것입니다.

서기관과 바리새인의 의로 표현된 세상의 의는 사람들에게 평가받는 것이라 했습니다. 그러나 예수 안에서 하나님의 의는 하나님이 평가하는 것이라고 대조되어 있습니다. 세상의 의와 하나님의 의 가운데 마태복음 6장에서 설명하는 세 가지의 경우를 보면 공통되게 그것이 세상적인 보상의 원리는 아니라는 것입니다. '보이려고 한다', '보이는 보상을 받는다', '저희는 자기 상을 이미 받았느니라' 이렇게 나옵니다.

예수 안에서 허락된 하나님의 의가 보이는 보상이 아니라면 즉, 하나님께 받는 보상이되, 은밀한 것이라면 예수를 믿는다고 고백하는 모든 신자들에게 있어서 이 일에 어려움 혹은 세상적인 의와는 특별히 분명하게 무엇을 구별해야 할까요? 그것은 이것이 세상 속에서 권력이 되지 않는다는 것입니다. 사람에게 보이려고 하는 것은 사람에게 보여서 그 결과를 인정하게 만드는 보상의 원리를 힘으로 작용하게 한다는 뜻입니다.

　이렇게 이야기할 수 있습니다. 가난한 사람이나 어려움에 처한 사람들을 돕는 것을 구제라 합니다. 어려움을 돕는다는 것이 세상적인 의의 강조점이라면 하나님의 의의 강조점은 어려움 속에 있는 사람을 돕는다는 뜻입니다. 돕는다고 이야기하면 어려움에 초점이 가지만 성경적으로 이야기해서 섬긴다고 하면 세상이 돕는다는 것과 성경이 섬긴다는 것에서 나는 그 차이를 금방 이해하실 수 있을 것입니다. 세상적인 구제가 문제를 해결하는 것에 있다면 신앙적인 하나님의 의는 어려움 속에 있는 한 인간의 존귀함을 인정하는 것에 초점이 있습니다.

　실제로 테레사 수녀의 봉사 활동을 보면 인도에서 어려움에 처한 가난한 이들을 돕는 일들을 평생 해왔습니다. 그런데 저들의 구제 봉사의 특징은 어려움을 해결하는 것은 아니었다고 분명하게 이야기하고 있습니다. 불가촉천민이라고 일컬어지는 최하층 계급의 빈민에 속한 사람들을 찾아가서 먹을 것과 입을 것을 주며, 집안을 청소해주고 그 사람을 씻기고 하는 일들을 하지만 초점은 무력하고 무지하고 혹은 가난하고 병든 어려움에 처해 있더라도 한 영혼과 인격의 존중함을 확인시켜주는 행위라고 테레사 수녀가 강조하고 있습니다.

　배고픔을 낫게 하고 병든 것을 낫게 하는 게 아니라 병 가운데 있어도 가난 속에 있어도 남들의 멸시 속에 있어도 한 영혼과 한 인격은 대접을 받을 존귀한 존재라는 것을 강조하는 데 저들의 봉사 활동이 있다고 기록하고 있습니다. 이것은 제3자에게 보이는 행위와 전혀 다릅니다. 전체 목적과 관심이 대접해야 되는 한 영혼에게 집중된다는 것을 알 수 있습니다.

　그러나 오늘 본문에서 보다시피 세상적인 의는 다른 사람에게 보이려고 이 일을 행함으로써 구제를 받는 사람을 수단과 희생물로 쓸 수밖에 없습니다. 잘 생각해 보시면 비겁한 일입니다. 자신의 우월함과 자신의 종교성을 증명하기 위하여 어려움에 처한 자를 수단으로 쓰는 것은 도움을 받는 사람에게 잊기 어려운 상처가 될 수 있습니다. 우리가 실제로 현실 속에서 구제를 해보면 이런 문제를 돕기 위한 일에 치중하다가 한 인격과 영혼에 상처 주는 일은 늘 반복해서 나타나는 현실입니다.

그러면 우리는 이 시점에서 무엇을 물어봐야 하느냐면 사람이 보상을 거절하고 선행을 할 수 있는가? 자신의 우월감을 확인하지 않고 선행을 할 수 있는가? 할 수 있다면 어떻게 할 수 있는가? 어떤 이유, 어떤 원리, 어떤 동기, 어떤 이해가 그런 일들을 가능하게 하는가? 이런 것들을 물어야 합니다. 그것은 '예수 때문'에 입니다. 이 말은 구체적으로 어떤 것일까요? 갈라디아서 6장에서 이 문제의 실마리를 풀어보겠습니다.

> 무릇 육체의 모양을 내려 하는 자들이 억지로 너희에게 할례를 받게 함은 그들이 그리스도의 십자가로 말미암아 박해를 면하려 함뿐이라 할례를 받은 그들이라도 스스로 율법은 지키지 아니하고 너희에게 할례를 받게 하려 하는 것은 그들이 너희의 육체로 자랑하려 함이라 그러나 내게는 우리 주 예수 그리스도의 십자가 외에 결코 자랑할 것이 없으니 그리스도로 말미암아 세상이 나를 대하여 십자가에 못 박히고 내가 또한 세상을 대하여 그러하니라(갈 6:12~14)

믿음의 공동체인 갈라디아 교회에 복음을 시험하는 잘못된 교훈이 들어왔습니다. 그것은 예수를 믿어 하나님의 자녀가 되려면 구원의 조건 중에 하나로 할례를 요구하는 주장이 들어왔습니다. 바울의 반박과 가르침은 분명합니다. 예수와 십자가 외에 그 어느 것도 하나님의 자녀가 되는 조건이나 근거가 될 수 없다는 것입니다. 또 십자가 외에 무엇을 십자가에다 덧붙일 수 없다는 것입니다.

그러면서 할례라는 것을 조건으로 삼는 이유는 너희가 신앙을 권력화하려는 것이 아니냐고 이야기하는 것입니다. 12절에 있는 바와 같이 "무릇 육체의 모양을 내려 하는 자들이 억지로 너희에게 할례를 받게 함은 그들이 그리스도의 십자가로 말미암아 박해를 면하려 함뿐이라." 박해를 면한다는 것이 무슨 뜻일까요? 예수를 믿는 것이 세상 사람들에게 이해되는 원리나 보상의 법칙이 아니기 때문에 세상 사람들에게 이해되지 않아 박해를 받을 수 있다는 뜻입니다. 그래서 13절에는 "할례를 받은 그들이라도 스스로 율법은 지키지 아니하고 너희에게 할례를 받게 하려 하는 것은 그들이 너희의 육체로 자랑하려 함이라"고 되어 있습니다. 여기서 자랑한다는 것은 그것이 힘이 되기를 바라는 것입니다. 예수를 믿는다는 것이 힘으로, 권력으로 자리매김할 수 있기를 바라서 거기에 세상 사람들이 납득할 만한 어떤 규칙과 원리를, 십자가 이외의 내용을 구원의 조건으로 덧붙이고 있는 것입니다. 아주 중요한 내용입니다.

우리 모두가 예수를 주로 믿고 하나님을 모시고 살면서 가장 당황하는 내용은 우리의 믿음을 세상적인 이해 관계나 논리로 설명할 수 없다는 사실입니다. 우리가 가진 신앙을 납득하지 않으면 불이익을 받도록, 손해를 받도록 혹은 벌을 받게 할 어떤 장치도 기독교 신앙에는 없습니다. 그것은 마지막 날에만 드러납니다. 예수님이 다시 오시는 때에만 예수를 믿는 자와 믿지 않는 자의 구별이 얼마나 큰 것인가가 드러날 것입니다. 그러나 그 전에는 복음은 구원으로만 제시되며 사랑과 은혜로만 제시되지 물리적인 심판으로는 나타나지 않습니다. 그래서 사도바울이 하는 이야기는 그겁니다.

> 그러나 내게는 우리 주 예수 그리스도의 십자가 외에 결코 자랑할 것이 없으니 그리스도로 말미암아 세상이 나를 대하여 십자가에 못 박히고 내가 또한 세상을 대하여 그러하니라(갈 6:14)

사도 바울은 내가 세상에 속했을 때는 세상의 원리, 세상의 힘이라는 것으로 살았지만 지금 예수 안에서는 세상적인 법칙이나 세상적인 힘이 작용하지 않는 곳에 있다는 것입니다. 그것은 예수 그리스도의 죽음으로 허락된 세상입니다. 여기서는 힘으로 주장하지 않고, 예수님이 말씀하신 것같이 하나님의 나라는 섬김을 받는 것이 아니라 섬기는 것이라고 확인하고 있습니다.

그래서 세상의 의와 예수 안에서 허락된 하나님의 의의 대조는 분명해졌습니다. 그것이 힘으로 작용하느냐 섬기는 것으로 작용하느냐 하는 것입니다. 권력이냐 희생이냐 이렇게 드러납니다. 구제가 어려움과 난관을 해결하는 것으로서 작용하면 힘이 될 수 있습니다. 그러나 가난과 어려움을 해결하는 것이 아니라 가난 속에 있고 무력함 속에 있고 난처함 속에 있는 자를 위로하는 것이라면 그것은 힘이 될 수 없습니다. 아무리 편을 들어도 문제를 해결하는 것이 아니라 문제 속에 있는 자를 진심으로 그 존재의 가치를 인정하는 것일 때는 세상적인 눈으로 보면 쓸데없는 것으로 여겨질 것입니다. 여기에 기독교 신앙의 어려움이 있습니다.

그러나 이 문제를 그냥 말로 설명하는 것같이 하나는 현실적인 힘이 되고, 하나는 이상적인 요구라는 식으로 나뉘는 것이 아니라 현실적으로도 힘을 가집니다. 로마서 5장에 가시면 한 영혼에 대한 진정한 대접, 존중이라는 것은 이 나라가 예수로 말미암아 허락된 나라, 예수 안에서 허락되는 하나님의 의라는 사실 속에 이런 사실은 무시무시한 실제적인 힘이 있습니다.

> 소망이 우리를 부끄럽게 하지 아니함은 우리에게 주신 성령으로 말미암아 하나님의 사랑이 우리 마음에 부은 바 됨이니 우리가 아직 연약할 때에 기약대로 그리스도께서 경건하지 않은 자를 위하여 죽으셨도다 의인을 위하여 죽는 자가 쉽지 않고 선인을 위하여 용감히 죽는 자가 혹 있거니와 우리가 아직 죄인 되었을 때에 그리스도께서 우리를 위하여 죽으심으로 하나님께서 우리에 대한 자기의 사랑을 확증하셨느니라(롬 5:5~8)

앞의 설명대로 의인을 위하여 죽는 자가 쉽지 않고 선인을 위하여 용감히 죽는 자가 어쩌다 있지만 죄인을 위하여 죽는 자는 없습니다. 그러나 예수님은 우리가 아직 죄인 되었을 때에 죽으십니다. 하나님이 그리하셨습니다.

우리가 구제라는 신앙 실천에서 이것이 문제를 해결하는 것이 아니라 문제 속에 있는 난관과 곤경 속에 있는 한 영혼을 하나님이 예수를 보내어 찾아오듯이 찾아가는 것이 구제라고 말할 수 있는 충분한 내용이 이것입니다. 하나님이 우리가 죄인이었을 때 우리를 사랑하여 더 이상 귀한 것이 없는 그 아들을 보내신 하나님의 사랑이 우리의 오늘의 신앙고백이며 하나님의 통치를 허락 받게 했으므로 지금 내가 볼 때 사랑하고 돕고 찾아갈 필요나 이유가 없는 사람들을 우리는 찾아갈 수 있습니다. 그것이 기독교만이 가지는 구제인 것입니다. 그의 존귀함은 이런 데서 발견됩니다. 그리스도 예수로 말미암아 오늘 내가 있는 것과 동일한 이유로 저가 아직 그의 어려움 속에 있을 뿐 아니라 하나님을 모르고 그 은혜와 사랑을 모르는 자리에 있을지라도 그를 향해서 하나님이 그 아들을 보내신 대상이라고 믿는다는 데 있습니다. 그것이 구제입니다. 이 문제는 고린도후서 5장에 가면 조금 더 정확히 설명됩니다.

> 그리스도의 사랑이 우리를 강권하시는도다 우리가 생각하건대 한 사람이 모든 사람을 대신하여 죽었은즉 모든 사람이 죽은 것이라 그가 모든 사람을 대신하여 죽으심은 살아 있는 자들로 하여금 다시는 그들 자신을 위하여 살지 않고 오직 그들을 대신하여 죽었다가 다시 살아나신 이를 위하여 살게 하려 함이라 그러므로 우리가 이제부터는 어떤 사람도 육신을 따라 알지 아니하노라 비록 우리가 그리스도도 육신을 따라 알았으나 이제부터는 그같이 알지 아니하노라 그런즉 누구든지 그리스도 안에 있으면 새로운 피조물이라 이전 것은 지나갔으니 보라 새 것이 되었도다(고후 5:14~17)

사도 바울이 전하는 것은 이 세상 나라와 다른 '하나님 나라' 입니다. 영원한 나라이고 그 나라는 의와 진리와 선하심과 긍휼과 자비의 나라입니다. 이 세상의 경제, 이 세상의 가치, 이 세상의 힘과 다른 진리와 생명과 의와 거룩함의 나라입니다. 그것을 위하여 하나님이 그 아들을 보내셨습니다. 우리 모두는 이 세상이 만드는 존재가 아니라 하나님이 만드는 존재, 하나님이 원래 만들었던 존재로 회복이 되며 부활하며 새로워지고 충만해집니다. 모든 사람이 예수 안에 있으면 다른 존재가 되고 그 일을 위하여 하나님이 그 아들을 보내셨고 우리로 하여금 전도하게 하며 선교하게 하며 우리의 인생을 삶으로써 하나님의 나라를 전파하게 하고 계십니다. 그것이 우리가 구제에 나서는 기본 동기요 근거입니다.

구제만을 하라는 것이 아닙니다. 구제만 특별한 신앙 실천이라는 것도 아닙니다. 우리는 한 영혼을 만날 때, 우리 이웃을 대할 때 그가 그리스도 안에 들어오면 새로운 피조물이 될, 하나님의 사랑과 구원의 대상이라는 것을 마음에 기억하고 내가 이미 그런 경험과 은혜 속에서 이 자리에 있는 줄 아는 믿음으로 이웃 앞에 서야 된다는 것입니다. 우리는 결단코 그 사람을 놓고 내가 먼저 믿었고 그가 믿지 않았다거나 혹은 나의 여유와 그의 부족을 들어 구제라는 이름을 동원하여 나를 증명하지 않아야 합니다. 나를 증명하지 않고 예수를 증명해야 합니다. 예수 안에, 그 안에서 하나님의 통치로 사는 자의 다름, 예수를 보내신 하나님의 어떠하심으로 살아야 됩니다.

이 문제가 구제라는 것으로 여기 설명되었기 때문에 우리는 잘못하면 하나의 행위나 명분이 될 위험이 있습니다. 예수님이 기도나 금식 같은 예를 드신 이유도 그것이 우리가 몸담고 있는 사회나 세상이나 우리 이웃들 앞에 종교적 권위나 내용으로 도망가는 것을 예수님이 경고하시는 말씀인줄 알아야 합니다.

우리는 세상 속에 존재하며 하나님이 함께 살게 하신 이웃들 앞에서 예수 그리스도를 믿는 자로서 다르게 서 있어야 합니다. 다른 이해와 우리가 가진 신앙고백의 진정한 내용으로 무장되어 있어야 합니다.

우리가 어떻게 신앙을 권력으로 가지느냐 할 때는 가장 크게는 명분으로 가지는 데 그 권력을 보통은 대화 속에서 휘두릅니다. 누구와 이야기를 할 때 그 대화가 상대방의 입장을 들어주거나 상대방의 고통을 들어주는 자리에 가지 못합니다. 우리는 빨리 정답을 이야기하려 합니다. 우리가 빨리 정답을 이야기하려는 가장 큰 이유는 상대방의 이야기를 들어줄 여유가 없기 때문입니다. 상대방의 주장이 수준이 낮을 때도 있고 관심이 없는 경우도 있기 때문입니다.

그러나 지금 구제에서 보는 성경의 가르침은 가난 속에 있는 혹은 곤경 속에 있는 존재에게 그 곤경을 해결해주는 것이 아니라 그 존재를 귀히 여겨줘야 된다고 합니다. 예수 안에 있는 하나님의 의가 스스로 지은 죄 때문에 영원한 멸망을 자초한 인류의 곤경 속에 찾아오신 것같이, 우리의 모양으로 우리의 형편에 동참하신 것같이, 그리고 힘으로 우리를 위협하시거나 소위 공갈을 치신 것이 아니라 참으로 우리를 위하여 당신이 죽으신 것같이 그렇게 우리가 우리의 삶을 우리의 일상을 신앙적으로 고쳐내야 합니다.

그러나 우리 대화 속에서 제일 많이 나오는 것이 명분입니다. 그것이 가장 크게 권력으로 작용합니다. 제일 많이 하는 말 '기도 안 해서 그래' 이렇게 하는 것은 더 이상 이야기하지 말자는 것인데, 이것은 '너는 나에게 너무 하찮다'는 그런 뜻이 됩니다. 그러시면 안 됩니다. 물론 끝없이 하소연을 들어줄 수는 없습니다. 그렇게 할 체력도 시간도 없습니다. 그러나 알고는 있어야 됩니다. 그렇게 절대 변명할 수 없게 되어 있는 것이 구제의 문제인 것입니다.

명분으로 입을 틀어막는 것보다 좀 더 나쁜 형태는 고함을 지르는 것입니다. 고함을 질러서 대화를 중단하는 것이 아니라 상대방으로 하여금 자격이 없게 만들어버리고 기회를 갖지 못하게 하는 것은 기독교 신앙 행위에서 제일 자주 등장하는, 그리고 가장 고급한 내용을 이야기할 때도 자주 사용하는 세상 권력입니다.

우리는 우리가 몸담고 있는 세상이 보다 정의롭고 민주적이고 자유롭기를 바랍니다. 그런데 이것을 구제에서 논하는 바와 같이 해결하는 한 방법으로서 이런 단어들을 동원합니다. 자유, 정의, 민주 이런 것들이 방법으로 등장하고 있어서 일이 해결되길 바라고 있지 이런 난관과 현실을 당한 자로서 고급하게 감수하고 극복하고 이겨내는 모습에 대해서는 관심이 없기 때문입니다. 물론 우리나라가 더 정의로운 사회가 되고 복지국가가 되기를 저도 소원합니다. 그러나 그 사회와 국가에 속한 한 시민이요 또 믿음의 공동체에서 같은 신앙을 고백하는 한 성도로서 자신에게 허락된 환경과 조건 속에서 신자로서 어떻게 자신을 나타내어 하나님 나라의 다름, 마태복음 5장에서 예수님이 지적하셨듯이 빛이 되며 소금이 되느냐 하는 것과는 전혀 상관이 없는 일에 우리의 신앙을 동원하고 우리의 주장을 동원하고 있느냐 하는 것입니다.

우리는 우리의 신앙에 있어 가장 크게 억울해합니다. 우리는 분노합니다. 일이 해결되기를 바라지, 모순, 비리, 억압, 곤경이라는 것은 예수 안에서 하나님의 통치로 받아내는 그것을 다 지고 일어서는 신자의 모습에 대해서는 사실은 관심이 없습니다. 그래서 로마서 14장에 가면 이 문제가 현실적으로 이렇게 소개되고 있습니다.

우리 중에 누구든지 자기를 위하여 사는 자가 없고 자기를 위하여 죽는 자도 없도다 우리가 살아도 주를 위하여 살고 죽어도 주를 위하여 죽나니 그러므로 사나 죽으나 우리가 주의 것이로다 이를 위하여 그리스도께서 죽었다가 다시 살아나셨으니 곧 죽은 자와 산 자의 주가 되려 하심이라(롬 14:7~9)

로마서 14장 이야기는 초대 교회 때, 로마의 속국으로 있던 기독교인들이 당하는 현실적인 어려움에 관한 것을 배경으로 하고 있습니다. 그것은 로마가 여러 신을 섬기고 있었고 시장에 나오는 육류는 전부 국가 신들, 우상에게 바쳐졌던 제물입니다. 제사 후에 그 제물들이 시장에 나왔습니다. 그것은 다 우상제물이니 먹어서는 안 된다는 것이 기본적인 신자들의 입장이었고 사도 바울은 뜻밖에 고린도전서 8장에 소개된 대로 괜찮다고 했습니다. 사도 바울이 괜찮다고 하는 것은 우상은 없고 그것은 인간들이 스스로 속고 있는 것이지 하나님 외에 다른 신은 없다, 다른 신이 없는 것을 아는 이상, 그 아닌 신에게, 없는 신에게 바쳐진 것이 무슨 문제냐고 사도 바울은 이야기합니다.

그러면서도 거기까지 이해력이 없는 신자들에게 시험되지 않도록 먹지 말라고 합니다. 그러나 먹는 게 죄는 아니라는 것입니다. 그 문제는 고린도전서 8장을 설교할 때도 언급했던 내용입니다.

로마서 14장도 동일한 이야기도 내용입니다. 먹는 자도 주를 위하여 먹고, 먹지 않는 자도 주를 위하여 먹지만 하나님만 유일한 하나님이고 예수만 유일한 구세주라는 것입니다. 그래서 다른 우상은 없는 것이니 상관없는 것으로 알고 먹는 것이고, 안 먹는 자도 하나님밖에 없다고 믿는 까닭에 다른 신의 제물을 먹을 수 없다는 것입니다. 그래서 너희 둘 중에 누가 옳으냐로 상대방을 꺾어 자기 정체성을 증명하는 식으로 싸우지 말라는 것입니다. 이 지점이 중요합니다. 상대방의 틀린 것을 지적하여 나의 옳음을 증명하는 것이 기독교 신앙의 적극적인 방향과 방법이 아니라는 것입니다. 그래서 7절 이하에 이렇게 말합니다.

"우리 중에 누구든지 자기를 위하여 사는 자가 없고 자기를 위하여 죽는 자도 없도다 우리가 살아도 주를 위하여 살고 죽어도 주를 위하여 죽나니 그러므로 사나 죽으나 우리가 주의 것이로다 이를 위하여 그리스도께서 죽었다가 다시 살아나셨으니 곧 죽은 자와 산 자의 주가 되려 하심이라"(롬 14:7~9)

9절 말씀을 유진 피터슨이라는 유명한 신학자가 신약성경의 내용을 잘 이해할 수 있도록 본문의 내용을 최대한 살리면서 이해하기 좋게 풀어쓴 『메시지』라는 책에서 이렇게 소개하고 있습니다. "삶과 죽음의 전 영역에 걸쳐 우리의 주인이 되셔서 서로가 서로에게 행하는 소소한 폭정으로부터 우리를 자유롭게 만드시기 위함이었습니다."

예수님이 우리의 주가 되신다는 것은 서로가 서로에게 행하는 소소한 폭정으로부터 우리를 자유롭게 만드시기 위함이었다고 합니다. 소소한 폭정이 무엇인지 알겠습니까? 우리는 가장 간단하고 쉬운 데서부터도 권력을 써서 자신을 옹호하고 자신을 확인하려고 합니다.

그러나 기독교 신앙이란 자신을 어디서만 확인하느냐 하면 예수 안에서만 확인합니다. 예수 안에서만 확인한다는 것은 하나님이 예수를 보내어 허락하신 그 나라의 의, 자비하심과 긍휼로 말미암아 우리가 문제를 해결하는 방법론에 부름을 받은 것이 아니라 하나님이 모든 존재와 역사와 그리고 운명에 개입하시되 의와 선과 영광과 능력과 거룩함과 사랑으로 개입하시고 약속하시고 작정하시고 이루실 것이라는 것을 아는 것으로 우리와 타인을, 나와 환경을, 내가 속한 나라와 역사와 운명을 이해하고 순종한다는 뜻입니다. 그것이 구제로도 나타나는 것입니다.

　여러분의 삶에 여러분의 자리를 예수 안에서 확보하지 않는 이상 우리는 우리 이웃 앞에 우리를 통하여 일하시는 하나님의 구제, 예수가 누구시냐 하는 중요한 증언을 다른 방법으로 할 수가 없습니다. 여러분의 신앙고백과 여러분의 삶의 현실과 조건들에 대하여 믿음을 가지시고 억울함과 분노에서 벗어나셔서 성경이 그토록 여러 번 강조하는 감사함으로 여러분의 존재와 인생을 하나님께 순종하여 하나님의 영광을 드러내시고 그의 큰 기적을 경험하시길 바랍니다.

기도

하나님 아버지 은혜를 감사합니다. 하나님이 예수 안에서 우리를 찾아오시고 지금도 우리를 통하여 이웃을 찾아가시며 이 세상에 아버지의 은혜와 영광을 나타내려 하십니다. 이 일에 우리가 믿음을 갖게 하옵소서. 우리의 이해가 가지 않고 도무지 내키지 않는 현실을 믿음으로 감싸 안게 하옵소서. 그리하여 예수 그리스도의 이름으로 하나님의 자녀로 존재하며 인내하는 충성을 주 앞에 바쳐 우리가 이 자리에 온 것같이 우리를 통하여 이 세상과 이웃이 하나님을 만나는 은혜와 기적이 있다는 것을 알고 믿고 실천하게 하시옵소서.
예수님 이름으로 기도합니다.
아멘

14. 예수 안에 있는 하나님의 의

또 너희는 기도할 때에 외식하는 자와 같이 하지 말라 그들은 사람에게 보이려고 회당과 큰 거리 어귀에 서서 기도하기를 좋아하느니라 내가 진실로 너희에게 이르노니 그들은 자기 상을 이미 받았느니라 너는 기도할 때에 네 골방에 들어가 문을 닫고 은밀한 중에 계신 네 아버지께 기도하라 은밀한 중에 보시는 네 아버지께서 갚으시리라 또 기도할 때에 이방인과 같이 중언부언하지 말라 그들은 말을 많이 하여야 들으실 줄 생각하느니라 그러므로 그들을 본받지 말라 구하기 전에 너희에게 있어야 할 것을 하나님 너희 아버지께서 아시느니라 그러므로 너희는 이렇게 기도하라 하늘에 계신 우리 아버지여 이름이 거룩히 여김을 받으시오며 나라가 임하시오며 뜻이 하늘에서 이루어진 것같이 땅에서도 이루어지이다 오늘 우리에게 일용할 양식을 주시옵고 우리가 우리에게 죄 지은 자를 사하여 준 것같이 우리 죄를 사하여 주시옵고 우리를 시험에 들게 하지 마시옵고 다만 악에서 구하시옵소서 (나라와 권세와 영광이 아버지께 영원히 있사옵나이다 아멘(마 6:5~13)

14

서기관이나 바리새인의 의와 구별되는 예수 안에 있는 하나님의 의,
그 의를 분명하게 보여주시기 위해서 세 가지 예를 드는 장면입니다.
구제와 기도와 금식을 들어 예수 안에서 허락되는 하나님의 의가 어
떻게 서기관과 바리새인의 의와 다른지를 보여줍니다. 이해하기 쉽
게 말하면 그것은 기독교 신앙의 본질이 무엇인가라는 이야기가 되
겠습니다.

오늘 본문에 나타나는 기도에 대해서도 기독교 신앙의 본질이 하
나님께 초점이 있지 신앙 행위자에게 근거가 있지 않다고 이야기합
니다. 사람에게 보이려고 한다는 것은 사람들 앞에서 평가받는 즉,
이 기도가 기도의 대상에게 집중되지 않고 기도를 하는 자에게 집중
되어 있다는 지적입니다.

7절에 있는 바와 같이 이것은 사람에게 보이는 것이며 중언부언
하는 것입니다. 중언부언한다는 것은 기도가 마치 주문을 외워 주술
적 차원에서 초월자의 힘을 빌어 어떤 결과를 얻어내는 것처럼 보인
다는 것과 대비된다는 말입니다. 그러나 은밀한 중에 보시는 아버지
께서 갚으시는 것입니다. 그래서 예수 안에서 드러난 하나님의 의도
포괄적으로 이야기해서 '하나님이 누구시냐'를 설명하기 위해서 주
기도문을 말씀하십니다.

주기도문이 다른 복음서에서는 마태복음과 다른 맥락 속에서 나옵니다. 마태복음에서는 주기도문을 특별히 산상설교 속에서 하나님의 의를 확인시키는 장면에 등장시킴으로써 주기도문의 중요한 성격이 우리가 지금 생각하고 있는 이 문제와 어떻게 연결되고 있는지 가르치고 있습니다.

주기도문의 가장 중요한 두 가지 특징은 이렇습니다. 첫 번째는 '하나님의 엄위하심' 입니다. 하나님의 이름, 거룩하신 뜻, 영광과 권세 같은 것이 주기도문의 가장 중요한 첫 번째 초점으로 그 성격을 구성합니다.

두 번째는 엄위하신 하나님, 절대적인 권위자 하나님께 의존해야 되는 인간이 등장합니다. 하나님에게서 모든 것을 빌어 얻어야 되는 그래서 일용할 양식, 용서, 시험과 악으로부터의 구원이 등장합니다.

그래서 이 기도문을 보면 기도하는 대상과 기도하는 자가 누구냐 하는 문제에 대하여 분명한 선을 긋고 있습니다. 하나님의 절대적 권위와 존재, 그 하나님 앞에 도움을 요청해야 되는 우리의 한계가 아주 분명하게 잘 대조되어 나타납니다. 그럼에도 불구하고 주기도문은 이 대조를 위하여 제시된 것이 아닙니다.

주기도문의 가장 중요한 초점은 이 기도가 시작하는 첫 단어에서 등장하는 '아버지' 입니다. 우리말 어순은 '하늘에 계신 우리 아버지' 가 되지만 원문은 '우리 아버지' 가 서두에 나옵니다. 영어역본도 'Our father in heaven' 으로 시작합니다. 이렇게 아버지로부터 시작하는 이 기도는 그 초점이 하나님은 어떤 분이시냐 또 우리는 누구냐 하는 것의 차이와 분리를 강조하는 데 있지 아니하고 아버지와 자녀를 하나로 묶어놨다는 데 놓여있습니다.

그래서 가만히 기도의 내용들을 보시면 사람에게 보이려는 기도와 구별되는 예수 안에서 허락된 하나님의 의는 하나님을 아버지로 모시고 있는 자녀가 가지고 있는 마땅한 자세의 본질적 요소로서 제시됩니다. 사람에게 보이려는 의는 그 신앙 행위에 초점을 모아 사람들 앞에 평가를 받으려는 데 있지만 이에 반해서 하나님의 의는 하나님이 우리에게 아버지가 됨으로써 그 아버지를 모시고 있는 자녀들의 마땅함에 대한 요구라는 것입니다.

그런데 이 마땅함이란 신앙적인 명령 요구로서 근거를 가지는 것이 아니라 우리를 자녀 삼으시려는 성부 하나님이 우리를 향하여 가지시는 기쁘신 뜻, 예수를 보내어 증거되는 기독론적인 기초에 기반을 두고 주어진다는 것입니다.

쉽게 얘기하면 하나님이 우리를 자녀로 부르시는 것입니다. 우리가 기도한다는 것은 책임도 아니고 기능적인 것도 아니고 현실적인 필요 때문만도 아니라 하나님이 나를 기뻐하시기 때문에 우리가 얼마든지 하나님을 아버지로서 찾아갈 수 있는 존재가 되었다는 데 있습니다. 이것이 기도에 주어진 복입니다.

이것은 오늘 우리가 본문으로 택한 곳곳에 반복해서 나오지만 우리가 자주 놓치는 것입니다. 그것은 6절에서 거론하는 사람에게 보이는 기도와는 이렇게 다릅니다. "너는 기도할 때에 네 골방에 들어가 문을 닫고 은밀한 중에 계신 네 아버지께 기도하라 은밀한 중에 보시는 네 아버지께서 갚으시리라." 그는 우리 아버지입니다. 길거리에 나와서 떠들면서 내가 옳다, 저 사람이 틀렸다 하고 떠들 필요가 없습니다. 아버지와 자녀의 관계는 그것이 겉으로 드러났느냐 또는 감추어졌느냐에 전혀 영향을 받지 않습니다.

또 있습니다. 7절에 "기도할 때에 이방인과 같이 중언부언하지 말라" 하고, 8절에서는 "그러므로 그들을 본받지 말라 구하기 전에 너희에게 있어야 할 것을 하나님 너희 아버지께서 아시느니라"고 말씀합니다. 이런 설명들은 다 우리가 어떤 특권 아래 있는가, 어떤 지위아래 있는가를 가르칩니다. 그래서 기도라는 신앙 행위는 그것이 어떤 수단일 수도 없고 강요되는 책임도 아닙니다. 그것은 신자에게만 허락되는 커다란 특권입니다.

우리가 하나님을 아버지라고 부르는 것은 예수 그리스도를 우리에게 보내셨다는 데 근거하고 있습니다. 제가 조금 전에 이야기한 대로 기독교 신앙이란 기독론 위에 서 있다는 것입니다. 그것은 예수 그리스도께서 오셔서 우리를 죄와 사망에서 구원하여 영생을 주신다는 설명입니다. 우리의 구원이나 영생이란 하나님이 우리에게 아버지가 되려 하신다는 예수 그리스도로 말미암는 관계성의 새로움을 말합니다. 창조주와 피조물인 인간 사이의 관계를 행위로 성립시키지 않고 부모와 자식의 간의 관계, 부모와 자식의 혈연관계로 묶는 부성애로서 성립시킨다는 것입니다. 즉 예수 그리스도로 말미암는 구원에 근거를 둔다는 것입니다.

요한복음 14장에 가면 성경은 이 문제를 이런 식으로 확장합니다. 사도요한이 요한복음 14장에 하나님과 하나님의 백성 된 사이의 긴밀하고도 영광스러운 관계를 이렇게 가르칩니다.

빌립이 이르되 주여 아버지를 우리에게 보여 주옵소서 그리하면 족하겠나이다 예수께서 이르시되 빌립아 내가 이렇게 오래 너희와 함께 있으되 네가 나를 알지 못하느냐 나를 본 자는 아버지를 보았거늘 어찌하여 아버지를 보이라 하느냐(요 14:8~9)

여기에는 좀 더 감추어진 내용이 있습니다. 예수님은 자신을 메시아라 말씀하시고 성부 하나님의 기쁘신 뜻을 따라 보내심을 받은 성자 하나님이라고 말씀하십니다. 그래서 빌립이 "성부 하나님이 성자 하나님이신 예수님을 이 땅에 보내셨다면 하나님이 당신을 보내신 표, 더 깊게 당신이 하나님이신 표를 보여주십오"라고 하는 것입니다. 무엇을 보여 달라는 것입니까? 초월성을 보여 달라는 것입니다. 하나님의 보내심을 받았다면 초월성을 보여 달라고 하자 예수님은 "나를 본 자는 아버지를 보았다"고 답을 하십니다.

우리가 요구하는 하나님에 대한 확증과 확신은 초월성에 있는데 예수님을 보내신 하나님의 의도는 '하나님이 누구시냐'에 있다고 합니다. 하나님의 속성, 하나님의 성품에 있는 것입니다. 예수님은 하나님이 어떤 분이냐 하는 것을 더 강조하고, 우리는 초월성을 강조합니다. 우리가 초월성을 강조하는 이유는 당장 하나님을 써먹어야 되기 때문입니다. 하나님을 목적으로 삼거나 하나님에게 관심이 있는 것이 아니라 현실이 더 급합니다. 내 소원과 내 필요에 따른 결과를 허락할 수단과 능력으로서 더 필요하지 하나님이 누구시냐는 우리에게 일차적인 관심이 아닌 것입니다. 거기에 대한 답입니다. 너희의 현재적 필요보다 더 중요한 것이 있는데 하나님이 어떤 분이냐를 보라는 것입니다. 나를 본 자는 아버지를 보았다는 것입니다. 10절에 이렇게 이어집니다.

내가 아버지 안에 거하고 아버지는 내 안에 계신 것을 네가 믿지 아니하느냐 내가 너희에게 이르는 말은 스스로 하는 것이 아니라 아버지께서 내 안에 계셔서 그의 일을 하시는 것이라 내가 아버지 안에 거하고 아버지께서 내 안에 계심을 믿으라 그렇지 못하겠거든 행하는 그 일로 말미암아 나를 믿으라(요 10:10~11)

예수님이 오셔서 하신 일이 무엇이었습니까? 당시 제자들이나 유대인들이 기대했던 것과는 전혀 다른 것이었습니다. 예수님은 물론 초월을 사용하셨지만 그것을 정치적으로 사용하시지 않았습니다. 그리고 현실적으로 사용하시지 않았습니다. 현실적으로 사용하시지 않았다는 것은 하나님이 그의 백성들을 찾아오시면 정치, 사회, 경제적인 차원의 현실적 요구들에서 저들을 해방시켜 주리라는 것과 무관한 일을 하셨다는 말입니다.

예수님은 물론 죽은 자를 살리셨고 파도를 잠잠케 하셨고 문둥병을 고치셨고 장님을 고쳤습니다. 그러나 예수님은 그런 초월적인 능력들을 정치 사회적인 구조나 여론이나 권력으로 사용하시지 않았습니다.

그러나 예수님은 내가 와서 한 모든 일들이 어떻게 한 인간의 존재와 현실과 생애와 필요에 깊이 개입하여 그 모든 문제에 하나님의 자비하심과 신실하심을 보여주고 있는지 보라고 이야기하는 것입니다. 문제를 해결했느냐 못 해결했느냐가 아니라 피조물의 죄로 말미암아 생겨난 인간의 고통과 고난과 절망과 실패와 갈등과 긴장에 대하여 하나님의 관심사가 어떻게 나타나고 개입하셨는가 보라고 말씀하시는 것입니다. 이 하나님이 우선 확인되어야 합니다.

우리가 믿는 신이 힘을 가진 것이 중요한 게 아니라 믿을 만해야 합니다. 믿을 만해야 된다는 것은 인격에 관한 것이고 성품에 관한 것입니다. 성경은 하나님을 설명할 때 하나님이 얼마나 초월자인가와 함께 얼마나 믿을 만한 인격적이고 도덕적인 분이냐를 계속 반복해서 강조합니다.

예수 그리스도의 성육신은 진정한 의미에서 하나님의 해결책입니다. 보이는 현실을 해결하는 것보다 더 중요하고 깊다는 사실을 하나님이 우리 아버지가 되기로 하셔서 그 문제까지 간섭하신다는 것을 보여줍니다. 우리의 영원한 생명과 영원한 진리에 관심을 가지고 계십니다. 지금 눈앞에 닥친 먹을 것, 입을 것, 아픈 것에 급급해 하거나 해결해 주는 것으로 만족하시지 않겠다고 선언하시는 것입니다. 그래서 12절에 이런 말씀이 이어집니다.

> 내가 진실로 진실로 너희에게 이르노니 나를 믿는 자는 내가 하는 일을 그도 할 것이요 또한 그보다 큰 일도 하리니 이는 내가 아버지께로 감이라(요 14:12)

내가 하는 일을 너희도 한다는 것은 무슨 뜻일까요? 성부 하나님이 죄를 범한 인류를 구원하시기 위해 예수님을 이 땅에 보내십니다. 예수님이 오셔서 죄를 위하여 값을 지불하시고 우리를 천국가게 하는 일을 만들어놓고 가신 정도가 아니라 인간의 삶에 참여하시며 모든 인간의 실존을 체휼하시며 우리의 고통과 고민에 참여하셔서 우리와 동일한 인생을 경험하시고 겪으십니다. 우리 편이 되시고 우리를 이해하십니다. 우리를 용서하시고 우리를 껴안으십니다. 이것이 성육신입니다. 하나님이 너희들의 어떤 고통, 고난, 어떤 한계에도 내가 외면하지 않겠다고 선언하는 것이 성육신입니다.

여러분이 해결되기를 바라고 부끄러워하고 절망하는 어떤 것도 하나님이 외면하시는 것은 없습니다. 그러나 어떤 식으로 해결하느냐는 하나님의 뜻에 맡겨야 됩니다. 우리가 소원하는 것보다 더 깊고 큰 차원에서 해결하실 것입니다.

여기 있는 예수님의 약속처럼 나를 믿는 자는 그도 할 것이라는 말같이 위로가 되는 것은 없습니다. 예수님이 고통과 고난을 받으셨습니다. 오해 받으셨습니다. 비난 받으셨습니다. 빌립보서 2장의 선언대로 하면 그는 죽기까지 순종했습니다. 죽음을 각오하는 것이 아니라 죽습니다. "죽기까지 순종하셨으니 곧 십자가의 죽으심이라." 십자가에서 죽는다는 것은 가장 큰 고통으로 죽는 것이요 가장 큰 수치로 죽는 것입니다.

우리의 신자 된 인생 속에서 우리가 확인해야 되는 기도의 큰 특권은 우리는 어느 경우 어떤 자리에서도 하나님 아버지라고 부를 수 있도록 하나님이 예수를 보내셨다는 사실입니다. 예수 안에서 하나님은 우리에게 아버지입니다.

우리의 인생 속에서 우리가 신앙을 가장 깊게 확인하는 것은 형통할 때가 아닙니다. 우리가 예수를 믿어 누구나 다 가지고 있는 본능적인 소원은 내가 하나님 앞에 도움이 됐으면 좋겠다는 생각입니다. 내가 잘 되어 보란 듯이 기독교 신앙을 증언하고 싶은 소원이 누구에게나 있을 것입니다. 그러나 기이하게도 하나님은 그렇게 잘 안 해주십니다.

제 경우를 보면 신앙생활은 매우 고통스럽습니다. 소원하는 것을 이루어주시지 않을 뿐만 아니라 원치 않는 길로 인도하십니다. 어떻게 할 수 없는 일들이 인생에 계속해서 닥쳐옵니다. 물론 가장 크게는 자신의 못남과 한계로 인해서 그렇습니다. 자신의 한계를 뼈저리게 느끼게 하고 무능함을 확인하게 하고 소원은 있으나 이루어내지 못하는 자신을 보게 합니다. 그 때 우리는 처음으로 "하나님이 왜 내 진심을 안 받아주시는가?"라고 질문을 합니다. 그러나 한 걸음 더 진전케 하시며 고난과 부끄러움 속에서도 하나님은 내 아버지이심을 중단하시지 않고 또 나로 부끄러워하지 않게 하신다는 것을 발견하게 됩니다. 그것이 오늘 기도에서 발견되는 예수 그리스도 안에서의 의입니다.

여러분들은 누구나 그렇듯이 현실 속에서 신자로서 사는 일에 버거운 짐을 가지고 있을 것입니다. 누구에게 말못할, 누구에게도 핑계를 댈 수 없는 여러분의 책임이고 설명할 수 없고 극복할 수 없는 고통들을 경험하기 마련입니다. 그 속에서 가장 조심해야 할 것은 그런 자리에는 하나님이 찾아오시지 않고 외면한다고 생각하면 성육신도 모르며 하나님이 예수로 말미암아 부르신 그의 자녀들을 어디로 인도하시는지도 모르는 것입니다. 신자들이 증언해야 할 가장 큰 증언 중에 하나는 예수로 말미암아 형통과 승리로 잘난 것보다 못나고 절망하고 막다른 골목에 가서도 하나님의 자녀로 존재할 수 있다는 사실에서 더 많이 증언할 수 있어야 합니다.

이 세상이 위협하고 도전하고 시험하는 어떤 것도 예수 그리스도 안에 있는 하나님의 사랑에서 우리를 끊을 수 없다는 것을 확인하고 증언하셔야 됩니다. 그리고 한 걸음 더 나아갑니다.

나를 믿는 자는 내가 하는 일을 그도 할 것이요 또한 그보다 큰 일도 하리니(요 14:12)

그 보다 큰 일도 한다고 합니다. 보다 큰 일이라면 무엇입니까?

우리는 성자 하나님이 인간이 된다는 것을, 무한이 유한 속에 들어올 수 있다는 것을 이해하지 못합니다. 하나님의 사랑은 이렇게 큽니다. 그 은혜는 이렇게 큽니다. 하나님이 우리에게 아버지가 되시기로 한 그 작정과 그 뜻은 놀랍습니다. 경이롭습니다. 우리가 이해할 수 없는 너무나 큰 일입니다. 그러나 지금 예수님의 증언은 성육신보다 더한 것도 한다는 것입니다. 하나님의 사랑과 은혜와 능력은 한계가 없다는 가르칩니다.

우리 본성상 종교라는 것은 세상이 가지는 도덕과 능력보다 우월한 것이라고 믿습니다. 그러나 기독교가 가지는 윤리와 능력의 우월함은 성육신으로 이해되어야 합니다. 예수 그리스도의 성육신과 관계가 없으면 그것은 결코 서기관과 바리새인의 의에서 빠져나올 수 없습니다. 예수 안에서 얻는 하나님의 의라는 것은 은혜를 바탕으로 가능합니다. 하나님의 어떠하심 위에서 가능합니다. 그것이 없이 신앙이 논의되고 신앙이 비교될 수 있는 것이라면 그것은 사람에게 평가받는 것에 불과하고 말 것입니다.

오늘날 어느 시대나 그렇듯이 기독교는 세속성 앞에 섭니다. 세속성이란 모든 사람이 합의하는 기준과 자격 위에 서라는 것입니다. 틀린 말이 아니고 틀린 요구가 아니지만 사실은 예수 없이 합의 볼 수 있는 신앙의 기준을 그으라는 것이기 때문에 우리가 거부하는 것입니다. 몰상식하게 가겠다는 것이 아닙니다. 혼란과 주관으로, 자기 신념으로 빠지겠다는 것이 아니라, 변명과 무책임으로 가겠다는 것이 아니라 예수 없이는 하나님이 누구시냐, 우리 인생에 일어나는 것을 어떻게 해결할 것이냐를 다른 데서는 답을 찾을 수 없다고 인정하는 것입니다. 그래서 이 문제는 이렇게 이어집니다.

너희가 내 이름으로 무엇을 구하든지 내가 행하리니 이는 아버지로 하여금 아들로 말미암아 영광을 받으시게 하려 함이라(요 14:13)

예수의 이름으로 구하라는 것입니다. 하나님 아버지라는 것은 예수 이름으로만 성립합니다. 예수 없이는 하나님은 우리 아버지가 되지 못합니다. 성부 하나님이 그 아들을 이 땅에 인간으로 보내어 인생을 걷게 하심으로 우리 모두를 예수 안에서 그의 자녀로 허락하십니다. 그래서 우리가 하나님을 아버지라 부를 때는 예수 없이는 하나님의 자녀가 되지 못한다는 것도 포함되는 것입니다. 그리고 이 일로 하나님은 영광을 받으신다고 합니다. 빌립보서 2장을 봅시다. 이 문제를 조금 더 분명하게 확인해서 오늘 말씀을 결론지으십시다.

너희 안에 이 마음을 품으라 곧 그리스도 예수의 마음이니 그는 근본 하나님의 본체시나 하나님과 동등됨을 취할 것으로 여기지 아니하시고 오히려 자기를 비워 종의 형체를 가지사 사람들과 같이 되셨고 사람의 모양으로 나타나사 자기를 낮추시고 죽기까지 복종하셨으니 곧 십자가에 죽으심이라 이러므로 하나님이 그를 지극히 높여 모든 이름 위에 뛰어난 이름을 주사 하늘에 있는 자들과 땅에 있는 자들과 땅 아래에 있는 자들로 모든 무릎을 예수의 이름에 꿇게 하시고 모든 입으로 예수 그리스도를 주라 시인하여 하나님 아버지께 영광을 돌리게 하셨느니라(빌 2:5~11)

예수님의 성육신, 수난 그의 순종을 하나님이 가장 좋아하십니다. 9절에 있는 바와 같이 "이러므로 하나님이 그를 지극히 높여 모든 이름 위에 뛰어난 이름을 주사 하늘에 있는 자들과 땅에 있는 자들과 땅 아래에 있는 자들로 모든 무릎을 예수의 이름에 꿇게 하시고"라고 말씀합니다. 왜 이것을 가장 좋아하시느냐 할 때 하나님이 누구냐가 가장 잘 드러나기 때문입니다. 우리가 전해야 할 하나님은 능력의 하나님입니다. 내 기도에 응답하시는 하나님입니다. 그러나 하나님은 자비로우신 분이라 우리에게 아버지가 되시는 하나님을 증거하시고 그 일로 우리를 쓰는 것, 그 일에 쓰임 받는 것을 가장 높이신다는 것입니다.

지금 고난 속에 계십니까? 해결되지 않는 신앙의 갈등 속에 계십니까? 그 속에서 그 문제를 짊어진다는 성경적인 근거는 성육신 하신 예수 그리스도의 삶을 뒤따르고 있느냐에 있습니다. 하나님은 모든 한계와 못난 것과 부끄러움과 실패와 절망에도 찾아오시는 분, 그런 처지에 있다고 해서 우리를 외면하지 않는 분, 능력과 쓸모로 찾아오시지 않는 분이라는 것을 우리를 통하여 증언하시는 일을 가장 기뻐하신다는 것이 성육신에 관한 성경의 평가입니다. 11절에 이렇게 결론이 납니다.

모든 입으로 예수 그리스도를 주라 시인하여 하나님 아버지께 영광을 돌리게 하셨느니라(빌 2:11)

하나님은 어떤 분이십니까? 자비롭고 은혜롭고 노하기를 더디 하고 인자와 진실이 많은 하나님이라는 것을 가장 기뻐하십니다. 여러분이 오늘의 말씀을 듣고 무책임해도 좋다고 이해하셨다면 그것은 하나님의 거룩하심을 외면하는 것입니다. 오늘의 설교 말씀이 여러분으로 하여금 나의 못난 어떤 것도 하나님을 아버지라 부르는 일에 방해가 될 수 없고 모든 사람들로 하여금 나의 처지와 못난 것도 외면하시지 않는 하나님이 저들에게 증거되기를 바랍니다. 나는 십자가에 죽어도 좋다고 생각한다면 여러분의 지금 안고 있는 현실적인 고통과 신앙적인 갈등과 절망에서 벗어나실 수 있을 것입니다. 예수님이 하셨던 것처럼 기꺼이 여러분의 십자가를 달게 지실 수 있을 것입니다. 그것이 기독교 신앙입니다.

기도

하나님 아버지 은혜를 감사합니다. 하나님의 하나님 되심은 예수 안에서 우리의 아버지로서 놀랍게 증언되고 있습니다. 우리 부끄러움과 못난 것을 개의치 아니하시고 그 아들을 보내시기까지 사랑하시는 우리의 아버지 되신 하나님. 우리도 하나님을 아버지로 부르는 자들로 부름을 받았으니 우리의 삶을 주 앞에 바칩니다. 우리의 못난 것과 한계와 부끄러운 것과 연약한 것을 주께 맡깁니다. 우리의 십자가를 집니다. 주의 부르심 같이 자기를 부인하고 십자가를 지고 주를 따라갑니다. 우리의 생애를 통하여 우리 하나님이 누구신가 영광 나타내주시옵소서.
예수님의 이름으로 기도합니다.
아멘

15. 기독교의 영성

금식할 때에 너희는 외식하는 자들과 같이 슬픈 기색을 보이지 말라 그들은 금식하는 것을 사람에게 보이려고 얼굴을 흉하게 하느니라 내가 진실로 너희에게 이르노니 그들은 자기 상을 이미 받았느니라 너는 금식할 때에 머리에 기름을 바르고 얼굴을 씻으라 이는 금식하는 자로 사람에게 보이지 않고 오직 은밀한 중에 계신 네 아버지께 보이게 하려 함이라 은밀한 중에 보시는 네 아버지께서 갚으시리라(마 6:16~18)

15.

오늘 본문의 금식 이야기는 예수님이 기독교 신앙의 참다운 본질을 설명하기 위하여 비유로 말씀하시는 대목입니다. 금식은 하나님 앞에 슬픔과 회개의 마음으로 나아가는 것입니다. 슬픔과 회개의 마음이라는 것은 하나님의 뜻에 온전히 순종하지 못한 자신의 삶을 돌아보면서 하나님과의 회복, 신앙의 온전한 순종을 약속하는 그런 나아감입니다.

이런 금식이 잘못 사용될 수 있다는 것이 놀랍고 또 예수님의 지적으로 확인하는 바처럼 그 잘못을 제대로 이해하면 기독교 신앙의 본질을 더 분명하게 이해할 수 있습니다. 우선 구약성경 이사야 58장을 찾아가 보겠습니다.

크게 외치라 목소리를 아끼지 말라 네 목소리를 나팔같이 높여 내 백성에게 그들의 허물을, 야곱의 집에 그들의 죄를 알리라 그들이 날마다 나를 찾아 나의 길 알기를 즐거워함이 마치 공의를 행하여 그의 하나님의 규례를 저버리지 아니하는 나라 같아서 의로운 판단을 내게 구하며 하나님과 가까이 하기를 즐거워하는도다(사 58:1~2)

하나님이 당신의 종에게 이스라엘 백성에게 가서 말하라는 내용이고 3절의 "우리는" 그 이야기를 들어야 하는 잘못을 범하고 있는 이스라엘 백성입니다.

우리가 금식하되 어찌하여 주께서 보지 아니하시오며 우리가 마음을 괴롭게 하되 어찌하여 주께서 알아 주지 아니하시나이까 보라 너희가 금식하는 날에 오락을 구하며 온갖 일을 시키는도다 보라 너희가 금식하면서 논쟁하며 다투며 악한 주먹으로 치는도다 너희가 오늘 금식하는 것은 너희의 목소리를 상달하게 하려는 것이 아니니라 이것이 어찌 내가 기뻐하는 금식이 되겠으며 이것이 어찌 사람이 자기의 마음을 괴롭게 하는 날이 되겠느냐 그의 머리를 갈대같이 숙이고 굵은 베와 재를 펴는 것을 어찌 금식이라 하겠으며 여호와께 열납될 날이라 하겠느냐 내가 기뻐하는 금식은 흉악의 결박을 풀어 주며 멍에의 줄을 끌러 주며 압제 당하는 자를 자유하게 하며 모든 멍에를 꺾는 것이 아니겠느냐(사 58:3~6)

금식에 관한 이스라엘 백성에 대한 꾸중의 핵심은 너희가 내 앞에서 회개하며 내 뜻을 따르겠다고 하고서는 내 뜻에 또는 내 통치에 순종하는 것이 아니라 너희가 하고 싶은 대로 하지 않느냐는 것입니다.

가장 중요하게 등장하는 금식이라는 종교 행위는 하지만 하나님 앞에 순종해야 되는 일에는 실패한 것입니다. 그래서 3절 끝에 있는 "너희가 금식하는 날에 오락을 구하며 온갖 일을 시키는도다"라는 표현의 뜻은 자기가 좋아하는 것과 자기가 결정한 일을 하지 하나님의 결정과 뜻을 묻고 순종하지는 않는다는 것입니다.

금식이 결국 너의 결정과 네가 하고 싶은 것을 하기 위한 종교적 겉치레에 불과하다면 그것이 어찌 금식이며 하나님을 만나는 것이며 하나님 앞에 무릎 꿇는 것이 되겠느냐는 것입니다. 이것이 오늘 본문의 내용입니다. 사람에게 보이려고 하는 금식, 은밀한 중에 보시는 하나님이 갚으시는 금식과는 대조가 됩니다.

오늘날 현대사회에서 자주 언급되고 기독교와 상관없이 일종의 종교성으로 가치를 갖는 영성이 있습니다. 이런 현대사회에서의 영성은 세속적인 영성입니다. 세속적인 차원이라면 우리는 윤리 도덕적인 차원을 먼저 생각하는데 세속적이라는 것은 기독교의 하나님과 상관없는 근거와 내용을 말합니다.

세속적 영성이란 20세기에 굉장히 활발하게 펼쳐졌던 운동 중에 하나인데, 이 영성이 추구하는 것은 인간의 내면에 신적 내용과 신성의 가능성을 발견하려는 운동이었습니다. 인간에게 긍정적이고 쓸만한 것이 있는가를 찾고 또 만들고 또 그렇게 자신들을 붙잡는 내용입니다. 이처럼 영성이라는 말을 자기 확인으로 쓰는 일이 아직까지 유행하고 있습니다. 그러나 영성이라는 말을 주로 기독교에서 써 왔기 때문에 전통적으로 영성이라 하면 기독교 신앙을 떠올리게 됩니다. 그러나 세상이 말하는 영성과 기독교 영성이 상관없는 것은 기독교의 영성은 자기 성찰 내지 자기 성결이 아닙니다. 고린도후서 5장을 보겠습니다.

모든 것이 하나님께로서 났으며 그가 그리스도로 말미암아 우리를 자기와 화목하게 하시고 또 우리에게 화목하게 하는 직분을 주셨으니 곧

하나님께서 그리스도 안에 계시사 세상을 자기와 화목하게 하시며 그
들의 죄를 그들에게 돌리지 아니하시고 화목하게 하는 말씀을 우리에
게 부탁하셨느니라(고후 5:18~19)

기독교 영성이란 하나님과의 관계를 말합니다. 인간 개인의 내면
을 성찰하여 쓸 만한 것을 건져내는 작업이 아니라 하나님을 만나고
하나님과의 관계를 회복하는 것입니다. 그래서 하나님에 관한 것이
며 하나님과의 관계에 관한 것을 기독교의 영성이라고 합니다. 그것
이 예수로만 가능하기 때문에 기독교 영성은 시작부터 예수를 믿으
라고 요구하는 것입니다.

예수를 믿어 예수를 출입문으로 삼지 않고는 하나님을 만날 방법
이 없습니다. 자기 성찰이라는 것이 신자가 예수 그리스도 안에서 자
신의 신자 된 정체성과 책임을 성찰하는 것이라면 얼마든지 좋은 것
이며 또 그것은 기독교의 영성입니다. 그러나 하나님과 관계없고 예
수 그리스도가 필요없는 자기 성찰, 하나님과 예수 그리스도와 아무
런 관계가 없는 인간과 인생의 가치를 창출하는 것은 영성이라고 하
지 않습니다.

그래서 금식이 자기 순화, 자기 결벽성으로 확인되고 자신감을 갖
게 되는 것이라면 기독교 신앙에서는 가장 경계해야 될 바입니다. 골
로새서 1장으로 가시면 기독교 영성의 유일한 근거가 예수 그리스도
이심을 이렇게 말하고 있습니다.

그는 몸인 교회의 머리시라 그가 근본이시요 죽은 자들 가운데서 먼
저 나신 이시니 이는 친히 만물의 으뜸이 되려 하심이요 아버지께서

는 모든 충만으로 예수 안에 거하게 하시고 그의 십자가의 피로 화
평을 이루사 만물 곧 땅에 있는 것들이나 하늘에 있는 것들이 그로
말미암아 자기와 화목하게 되기를 기뻐하심이라(골 1:18~20)

기독교 영성은 자기를 성찰하는 것이 아니라 예수를 찾아가는 것
입니다. 예수를 성찰하는 것입니다. 예수가 누구냐 라는 것입니다.
여기서 누구냐 라는 것은 하나님의 자기 계시, 하나님이 누구신가에
관한 유일한 구체화요 또 하나님이 우리를 어떻게 대하시며 목표에
이르게 하시는가에 관한 하나님의 구체적인 설명이요 증거요 약속입
니다.

기독교 영성은 예수에게로 가는 것이지 자기에게로 가지 않습니
다. 예수가 누구며 예수 안에서 우리가 누구에게로 부름을 받고 어떤
목적으로 부름을 받았느냐는 것을 아는 것으로 비로소 자기 성찰을
할 수 있지 자기 성찰을 근거로 해서 가치와 목적을 만들어내는 존재
가 아닙니다.

이 점은 예수 안에 하나님의 모든 충만이 있고 예수로 하나님이
만물과 화해하시겠다는 19절과 20절의 표현이 갖는 의미가 왜 기독
교에만 있는 것인지를 알아야 합니다. 모든 가치와 회복은 예수 안에
서만 가능합니다. 예수 없이는 온 우주와 과학, 문화, 정치 그 무엇도
진정한 가치와 진정한 기능을 할 수 없습니다.

그러나 모든 것을 기독교화 해야 된다고 성경은 요구하지 않습니
다. 그것은 다른 문제입니다. 그러나 기독교인은 예수 안에서 다른
눈을 갖게 됩니다. 모든 세계에 대하여 보는 눈이 달라지고 세상 속
에서 우리의 역할이 무엇인가를 새롭게 깨닫게 됩니다. 하나님이 꼭

우리에게 권력을 주시지 않습니다. 우리는 그저 평범한 한 시민일 수 있습니다. 그러나 우리만이 세상과 역사를, 정치 경제 사회 문화를 제대로 봅니다.

우리가 그것을 주무르는 위치에 있지 않더라도 하나님은 신자를 통하여 이 세상 속에 있는 모든 만물들을 하나님의 통치 아래서 그것이 어떻게 새로워질 수 있는가를 보이시기를 원하시고 우리에게 그 책임을 요구하십니다.

우리는 다스리는 위치에 있지 않고 섬기는 위치에 있다는 것을 잊지 않아야 합니다. 우리의 섬기는 위치에서 하나님은 충분히 당신의 영광을 나타내시고 세상에 은혜를 베푸신다는 것을 알아야 합니다. 그것이 예수 그리스도와 그의 십자가입니다. 그는 평범한 한 인간으로 태어나시고 목수의 아들이시고 33년을 살다 십자가에 죽으시는 그런 인생을 삽니다. 아무런 권력을 가진 게 없지만 그가 인류의 역사와 운명을 바꾸는 것입니다. 이 일은 21절 이하에 이렇게 연결됩니다.

전에 악한 행실로 멀리 떠나 마음으로 원수가 되었던 너희를 이제는 그의 육체의 죽음으로 말미암아 화목하게 하사 너희를 거룩하고 흠 없고 책망할 것이 없는 자로 그 앞에 세우고자 하셨으니 만일 너희가 믿음에 거하고 터 위에 굳게 서서 너희 들은 바 복음의 소망에서 흔들리지 아니하면 그리하리라 이 복음은 천하 만민에게 전파된 바요 나 바울은 이 복음의 일꾼이 되었노라(골 1:21~23)

우리는 무엇을 지켜야 되는지 압니다. 우리는 하나님 앞에 서 있습니다. 두려움 공포 심판 이전에, 관계에 있어서 그렇다는 것입니다. 하나님만이 우리의 주인이시고 근거이시고 목적이시고 기쁨이고 소망입니다. 이런 하나님을 떠나서 우리의 정체성이나 존재나 가치나 의미나 책임을 책정할 수가 없는 존재입니다. 그리고 그것이 복음입니다. 하나님이 우리의 구원자가 되시고 우리의 아버지가 되셨다는 것이 복음입니다. 하나님이 우리의 구원자 되심과 아버지 되심은 예수를 보낸 성육신 사건에서 우리 모든 기독교 신앙인들을 항복시키는 것입니다.

우리 스스로 죄를 범하여 절망과 사망과 부패와 오염 속에 스스로를 팽개친 이 인류를 찾아오기 위하여 하나님이 자신을 낮추시고 이 모든 오염과 부패와 사망을 친히 건너 찾아오신다는 것이 예수 그리스도의 성육신이요 수난이요 부활입니다. 이것이 우리 모든 기독교인의 영성인 것입니다.

우리는 기독교 신앙의 표현을 감각적으로 많이 사용합니다. 대표적으로 사용하는 표현은 기쁨, 평안, 확신, 이런 단어들입니다. 그러나 이것은 본질의 내용을 설명하는 단어들은 아닙니다. 이것은 그때의 감각일 뿐입니다.

그 본질적인 내용의 상태가 활발하고 만족스럽다는 표현은 될 수 있어도 기쁨이니 진심이니 평안이니 하는 말들은 무엇을 담아내기에는, 진정한 내용과 방향을 담아내는 단어가 아니라는 것은 이것과 같습니다. "이 차는 성능이 좋다"라는 말이 내가 올바른 곳을 가고 있다는 말은 아닙니다. 여러분이 타고 가는 자동차가 만족스럽고 보기 좋고 안락하고 첨단의 장비를 갖추고 있어 조종이 쉬운 것과 어디를 가고 있느냐는 것이 전혀 다른 문제이듯이 우리가 기독교 영성을 이야기할 때 이런 감각적인 표현들로 본질을 대체해서는 안 됩니다.

그러나 세속적 영성은 무엇을 만들어냈느냐 하면 감각을 내용으로 대체했습니다. 그래서 현대인들의 기독교 신앙 추구에 있어서도 기독교 영성이 예수로 말미암은 하나님이라는 근본적인 내용과 본질적인 것은 뒤로한 체 감각적인 일에 우리의 마음을 너무 많이 빼앗기는 시대적 풍조 속에 있다는 것을 잊지 말아야 합니다. 이 일은 에베소서 1장에 가시면 예수 그리스도로 말미암은 하나님과의 관계, 예수 안에서 나타난 하나님이 누구시며 우리의 운명이 무엇이냐 하는 것을 알 수 있습니다. 에베소서 1장에서는 이런 식으로 표현됩니다.

> 우리 주 예수 그리스도의 하나님, 영광의 아버지께서 지혜와 계시의 영을 너희에게 주사 하나님을 알게 하시고 너희 마음의 눈을 밝히사 그의 부르심의 소망이 무엇이며 성도 안에서 그 기업의 영광의 풍성함이 무엇이며 그의 힘의 위력으로 역사하심을 따라 믿는 우리에게 베푸신 능력의 지극히 크심이 어떠한 것을 너희로 알게 하시기를 구하노라(엡 1:17~19)

에베소 교인들에게 세 가지를 구합니다. 저도 오늘 이 말씀을 근거로 해서 여러 성도들에게 이렇게 구합니다. 첫 번째는 하나님이 누군지 성경적으로 바로 아시기를 권합니다. 두 번째는 이 하나님이 우리에게 어떤 목적과 뜻을 갖고 있는지 그 영광된 목표를 알기 원합니다. 그리고 세 번째는 그것을 위해 하나님이 지금 어떤 능력으로 간섭하고 계시는지 알아야 합니다. 우리의 현실이 하나님께서 약속하신 다음에 우리가 어떻게 하나 보자고 내던져진 무대가 아니라 하나님이 개입하시고 간섭하시고 주도하시는 과정으로 우리의 현실을 이해하기 원한다고 사도 바울이 편지합니다.

오늘은 필요상 이 마지막 문제에 좀 주의를 집중할 필요가 있습니다. 영성이란 결국 단순히 지성적인 것이 아닙니다. 지적 사색이 아니라, 하나님이 당신을 알리시고 예수를 보내신 하나님의 성실함으로 우리를 그분의 목적에 맞게 만들어 가시는 하나님의 일하심입니다. 기독교 영성은 현실을 담아내는 것이지 현실로부터 도망가는 것이 아닙니다.

이것은 어떤 지적 사색이나 도덕성이나 종교성이 되어 사변과 성찰이라는 정적이고 관념적이고 이상적인 상상의 세계로 도망가는 것이 아니라 현실을 담아내는 실력입니다. 왜냐하면 이 약속하신 것을 이루기 위하여 현실 속에서 일하고 있기 때문에 현실을 외면하면 하나님의 간섭하시는 손길로부터 도망가는 꼴이 됩니다. 우리는 물론 현실이 마음에 들지 않습니다. 왜냐하면 우리가 기독교 신앙을 수긍하고 고백하고 기대하는 바와 현실이 너무 다르기 때문입니다. 하나님은 천지를 지으시고 그 아들을 십자가에 못 박을 만큼 우리를 사랑하시는데 현실은 고통스럽습니다. 우리의 고민은 거기에 있습니다. 하나님이 창조의 능력을 가지고 있을 뿐 아니라 그 아들을 보내신 사랑을 가지고 있는데 현실이 왜 이러냐 하는 문제는 우리에게는 깊은 갈등을 불러일으킬 수밖에 없습니다.

그러나 우리가 알아야 할 것은 하나님이 당신을 우리에게 알리시기 위하여 친히 인간의 몸을 입고 인생을 사셨듯이, 예수 그리스도의 성육신에서 보여주셨듯이 하나님은 우리를 대등한 인격적 대상으로 대접하여 우리를 설득하기를 원하십니다. 그것이 사랑입니다.

사랑의 가장 중요한 조건은 대등한 대접입니다. 하나님은 우리를 조종하거나 강압할 마음이 없으십니다. 그것은 사랑을 모욕하는 것입니다. 그래도 여러분 마음에는 나는 조종당해도 좋다는 생각이 물론 있으실 것입니다. 여기에 기독교의 큰 신비가 있습니다. 하나님은 그 아들을 보내신 그 사랑과 능력으로 우리 인생에 예수를 매일 보내시는 마음으로 우리와 씨름하십니다. 그것을 성경에선 다음과 같이 쓰고 있습니다.

> 그의 능력이 그리스도 안에서 역사하사 죽은 자들 가운데서 다시 살리시고 하늘에서 자기의 오른편에 앉히사 모든 통치와 권세와 능력과 주권과 이 세상뿐 아니라 오는 세상에 일컫는 모든 이름 위에 뛰어나게 하시고 또 만물을 그의 발 아래에 복종하게 하시고 그를 만물 위에 교회의 머리로 삼으셨느니라(엡 1:20~22)

예수를 보내시고 우리의 인생을 걷게 하시고 우리를 끌어안게 하시고 그에게 만물의 권세를 주십니다. 그리고 그 예수와 우리를 묶으십니다. 이것이 교회입니다. 예수 그리스도로 부름 받은 하나님의 모든 백성은, 하나님과 화목한 하나님의 자녀들은 그리스도의 몸으로서 그 머리이신 예수 그리스도와 유기적으로 긴밀하게 묶여 있습니다. 그래서 우리와 같은 인생을 사시고 죽음까지 통과하신 예수님은 우리의 존재와 우리의 현실과 우리의 모든 경우에 함께 하십니다.

성육신과 수난은 역사적 사건으로 이루어졌을 뿐만 아니라 계속되고 있습니다. 하나님은 우리의 모든 비겁함과 연약함과 배신과 미련함과 게으름에 예수 그리스도를 묶어놓으시므로 우리의 가장 부끄럽고 가장 연약한 순간에서조차도 나를 붙잡은 손에서 빠져나가는 경우나 장소나 시간은 없다고 선언하시고 계십니다. 우리가 가져야 할 가장 중요한 문제는 이것입니다. 에베소서 4장 13절 이하를 봅시다.

> 우리가 다 하나님의 아들을 믿는 것과 아는 일에 하나가 되어 온전한
> 사람을 이루어 그리스도의 장성한 분량이 충만한 데까지 이르리니 이
> 는 우리가 이제부터 어린 아이가 되지 아니하여 사람의 속임수와 간사
> 한 유혹에 빠져 온갖 교훈의 풍조에 밀려 요동하지 않게 하려 함이라
> 오직 사랑 안에서 참된 것을 하여 범사에 그에게까지 자랄지라 그는
> 머리니 곧 그리스도라 그에게서 온 몸이 각 마디를 통하여 도움을 받
> 음으로 연결되고 결합되어 각 지체의 분량대로 역사하여 그 몸을 자라
> 게 하며 사랑 안에서 스스로 세우느니라(엡 4:13~16)

가장 중요한 강조는 그리스도의 충만한 자리까지 자라는 것입니다. 이것이 기독교 신앙인들이 가져야 하는 가장 중요한 신앙의 본질입니다. 그리스도를 본받고 그리스도를 닮는 것이 목표입니다. 가장 중요한 것입니다. 그러나 이런 이야기로 때우시면 안 됩니다. "난 평안해, 난 기뻐" 이러시면 안 됩니다. 예수 그리스도를 닮아가야 되는데 이 예수 그리스도는 우리를 자라가게 하기 위하여 우리의 어리석음과 어린 것과 유치한 것에서부터 우리가 완성되는 그 날까지 그리고 완성된 이후에도 우리와 하나로 당신을 묶어놓고 계십니다.

그리스도를 본받는 데에 있어서 그리스도를 우리 신앙의 가장 중요한 목표와 내용으로 삼는 데 있어서 가장 중요한 것은 예수 그리스도의 포옹, 끌어안음이라는 것을 놓치시면 안 됩니다. 이것이 용서와 기다림이라는 것입니다. 이것이 16절에 이렇게 강조되어 있습니다.

그에게서 온 몸이 각 마디를 통하여 도움을 받음으로 연결되고 결합되어 각 지체의 분량대로 역사하여 그 몸을 자라게 하며 사랑 안에서 스스로 세우느니라(엡 4:16)

교회 공동체의 중요성을 말하고 있습니다. 같이 자라나야 합니다. 우리는 다 유치하고 어리석은 자리로부터 완성의 자리에 갈 것입니다. 그 각각의 형편에 우리를 예수님 자신과 묶어놓고 계십니다.

교회 공동체에 참여한다는 것이 왜 중요하냐면 예수 그리스도의 기다려주심과 약속이 우리 안에서 성취된다는 것을 개인만이 아니라 같은 믿음의 사람들 속에서도 봐야 할 필요가 있기 때문입니다. 우리는 다양하게 각각의 독특한 과정으로 인도함을 받을 것이지만 다 공통된 목적과 내용으로 인도함을 받는다는 것을 압니다.

그래서 우리는 "나 같으라"라는 이야기에서 벗어나야 합니다. 우리가 그 말을 할 때 무엇인가 더 관념론적인 명분을 가지고 있는 것입니다. "왜 그 따위로밖에 못해"라는 것이 "나 같으라"는 명분으로만 바뀌었을 뿐입니다. 좀 더 정직해라, 좀 더 성실해라, 좀 더 능력 있어라 이런 것들은 다 예수라는 본질, 신약성경의 가장 중요한 신자들의 신앙 내용, 인격적 존재를 가리는 역할밖에 못합니다.

우리가 교회 공동체에서 신앙생활하면서 가장 조심해야 되는 것이 화내는 것입니다. 제가 왜 화내는 것을 이야기 하느냐 하면 화를 내는 것으로 그 사람은 자기 역할이 끝났다고 생각하기 때문입니다. 화낸 것으로 다 한 것이 됩니다. 이것은 비겁합니다. 화내고 도망가면 안 됩니다.

화를 내지 마시고 자기가 볼 때 나는 통과했는데 그 문제를 통과하지 못한 공동체의 지체를 내가 알고 있는 결론에 도달케 하기 위해서 끌어 안으셔야 합니다. 늦게 오는 자와 보조를 맞추셔야 됩니다. 기다려주셔야 됩니다. 화를 내는 것으로는 무책임합니다.

화를 내는 것과 똑같은데 전혀 다른 반응이 있습니다. "하나님은 내 마음을 아실 거야." 이것도 안 됩니다. 그렇게 이야기함으로써 상대방을 끌어안는 공동체의 책임을 외면할 수가 있습니다.

우리 교회는 유난히 청강생이 많습니다. 교회 공동체에 속하는 일을 현대 교인들은 매우 꺼려합니다. 간섭받기 싫어합니다. 그러나 성경의 말씀은 그 선포된 것이 각자의 인생에 어떻게 도전이 되고 각각 다른 반응 속에서 하나님이 어떻게 기적을 이루시는가 하는 경이로운 현실과 증언을 갖지 못한다면 힘을 쓸 수가 없습니다.

여러분이 교회 안에 참여하셔서 공동체의 일원이 되면 많은 짐을 나눠져야 해서 사실 귀찮을 수 있습니다. 교회라는 이름으로 모였음에도 부족하고 마음에 안 드는 것을 보실 수 있고 아주 한심한 것을 보실 수도 있습니다. 그러나 만일 이 공동체를 구성하고 책임지는 일을 우리가 놓치면 뭐가 되느냐 하면 미국에 자녀를 영어 배우게 하기 위해 유학을 보냈더니 학교 가서 수업 받을 때만 영어 듣고 말 한마디 안 하고 학교 끝나면 한국 교포 사회에 돌아와서 영어 한마디도 쓸 필요 없는 교포 사회 속에서 살다 와서 영어를 못하는 유학생이 되고 맙니다.

여러분은 기독교 신앙을 말씀으로 배우고 마음의 감동으로는 여러분의 것으로 만들지 못합니다. 그것을 구체적인 현실 속에서 도전하며 반응을 보이셔야 합니다. 여러분이 생각하는 것보다 실제로 반응을 해보면 턱없이 부족하다는 것을 알게 됩니다.

모든 훌륭한 사람들이 이야기했듯이 예술인이든 스포츠인이든 우리가 그 사람을 천재라고 하면 그 천재라고 일컬음을 받는 모든 사람이 불만스러워 하는 이유는 자기는 천재가 아니라 남보다 더 연습했다는 것입니다. 여러분도 연습하셔야 됩니다. 그리하면 세상에서는 도저히 그 답을 찾을 수 없고 대안을 찾을 수 없는 것을 기독교 신앙 안에서 찾았다는 것을 확인하게 됩니다. 그리고 그것이 자신의 실력이 되어 여러분의 삶을 담아낼 수 있게 됩니다. 불평하고 핑계대고 화내고 거부하고 그리고 할 수 없이 주일날 잡혀오는 반복에서 벗어나셔야 됩니다.

믿는 사람다워야 되는데 믿는 사람답게 되는 것은 영광스러운 일입니다. 명예로운 것입니다. 그것은 제가 분명하게 보증할 수 있습니다. 그것은 속박이 아니며 그것은 지는 것이 아닙니다. 그것은 세상이 주지 못하는 만족함과 거룩함과 참다운 인생을 사는 다른 대안이 없는 명예로운 길입니다. 여러분이 고백하고 부름 받은 신자 된 자리, 내용, 약속, 함께 하시는 하나님의 손길과 인도하심에 순종하는 오늘의 말씀이길 바랍니다.

기도

하나님 아버지 은혜를 감사합니다. 하나님이 우리의 아버지 되시고
예수 안에서 부르신 것 감사합니다. 하나님의 의로우심과 선하심과
우리를 향하신 기쁘심과 넘치는 사랑과 은혜를 감사합니다. 그 충만
으로 우리를 채우시고 우리의 삶을, 인생을, 존재를 하나님 안에서
발견하고 누리고 채우는 복된 신자의 승리를 허락하여 주시옵소서.
예수님의 이름으로 기도합니다.
아멘

16. 두 주인을 섬기지 못할 것이니

너희를 위하여 보물을 땅에 쌓아 두지 말라 거기는 좀과 동록이 해하며 도둑이 구멍을 뚫고 도둑질하느니라 오직 너희를 위하여 보물을 하늘에 쌓아 두라 거기는 좀이나 동록이 해하지 못하며 도둑이 구멍을 뚫지도 못하고 도둑질도 못하느니라 네 보물 있는 그 곳에는 네 마음도 있느니라 눈은 몸의 등불이니 그러므로 네 눈이 성하면 온 몸이 밝을 것이요 눈이 나쁘면 온 몸이 어두울 것이니 그러므로 네게 있는 빛이 어두우면 그 어둠이 얼마나 더하겠느냐 한 사람이 두 주인을 섬기지 못할 것이니 혹 이를 미워하고 저를 사랑하거나 혹 이를 중히 여기고 저를 경히 여김이라 너희가 하나님과 재물을 겸하여 섬기지 못하느니라(마 6:19~24)

16.

"너희를 위하여 보물을 땅에 쌓아 두지 말고 하늘에 쌓아 두라"는 가르침입니다. 우리가 별로 어렵지 않게 이 성경 말씀을 이해하고 당연하게 받아들일 수 있습니다. 그런데 24절에서 보는 바와 같이 "하나님과 재물을 겸하여 섬기지 못하느니라"는 결론까지는 갈 길이 멀어 보입니다. 왜냐하면 재물과 물질에 너무 매달리지 말고 하나님을 잘 섬기면 하나님이 필요한 것 다 주실 것이라고 이 둘을 적대적이지 않게 하나로 묶을 수 있습니다. 그러나 성경은 뜻밖에 하나님과 재물을 전혀 타협할 수 없는 어떤 의미에서 동등한 일종의 권세같이 둘을 나누어놓고 있습니다.

재물을 섬긴다는 것이 무슨 뜻이냐 하는 것을 우리가 이해하지 못한다면 오늘의 본문 내용은 우리를 오도할 수 있고 괴롭힐 수 있습니다. 디모데전서 6장에 가면 이 부분에 대한 아주 탁월한 사도 바울의 가르침이 나옵니다.

누구든지 다른 교훈을 하며 바른 말 곧 우리 주 예수 그리스도의 말씀과 경건에 관한 교훈을 따르지 아니하면 그는 교만하여 아무 것도 알지 못하고 변론과 언쟁을 좋아하는 자니 이로써 투기와 분쟁과 비방과 악한 생각이 나며 마음이 부패하여지고 진리를 잃어 버려 경건

을 이익의 방도로 생각하는 자들의 다툼이 일어나느니라 그러나 자족하는 마음이 있으면 경건은 큰 이익이 되느니라 우리가 세상에 아무 것도 가지고 온 것이 없으매 또한 아무 것도 가지고 가지 못하리니 우리가 먹을 것과 입을 것이 있은즉 족한 줄로 알 것이니라 부하려 하는 자들은 시험과 올무와 여러 가지 어리석고 해로운 욕심에 떨어지나니 곧 사람으로 파멸과 멸망에 빠지게 하는 것이라 돈을 사랑함이 일만 악의 뿌리가 되나니 이것을 탐내는 자들은 미혹을 받아 믿음에서 떠나 많은 근심으로써 자기를 찔렀도다(딤전 6:3~10)

무슨 이야기 끝에 '돈을 사랑하지 말라'는 말이 등장하느냐 하면 3절을 보시면 "우리 주 예수 그리스도의 말씀과 경건에 관한 교훈을 따르지 않는 자"로서 돈을 사랑하는 것이 등장하고 있습니다. 그래서 하나님과 재물이라는 문제는 하나님을 좇을 것이냐 세상의 물질을 좇을 것이냐의 문제가 아니라 조금 더 내용을 좁히면 예수 그리스도 안에서 허락하신 하나님의 부르심과 거룩함에 자신을 맡길 것이냐 아니면 돈으로 할 수 있는 것에 목을 맬 것이냐 하는 문제입니다.

돈을 사랑한다는 것은 돈으로 할 수 있는 일을 사랑한다는 것이고 그때 돈은 내가 하고 싶은 일의 수단입니다. 돈을 사랑한다는 것, 혹은 오늘 본문 마태복음 6장에서 하나님과 재물의 이분법은 하나님이 주인이냐 내가 주인이냐를 대조시키고 있습니다.

우리가 서기관과 바리새인의 의와 예수 그리스도 안에서 지금 선포되고 있는 하나님의 의와 가장 큰 근본적인 차이는 누가 주인이냐는 것입니다. 하나님의 의와 사람의 의로 나누고 있습니다. 이 문제에 관한 성경의 가르침은 굉장히 일관됩니다. 신명기 8장에 가봅니다.

내가 오늘 명하는 모든 명령을 너희는 지켜 행하라 그리하면 너희가 살고 번성하고 여호와께서 너희의 조상들에게 맹세하신 땅에 들어가서 그것을 차지하리라 네 하나님 여호와께서 이 사십 년 동안에 네게 광야 길을 걷게 하신 것을 기억하라 이는 너를 낮추시며 너를 시험하사 네 마음이 어떠한지 그 명령을 지키는지 지키지 않는지 알려 하심이라 너를 낮추시며 너를 주리게 하시며 또 너도 알지 못하며 네 조상들도 알지 못하던 만나를 네게 먹이신 것은 사람이 떡으로만 사는 것이 아니요 여호와의 입에서 나오는 모든 말씀으로 사는 줄을 네가 알게 하려 하심이니라(신 8:1~3)

이스라엘 백성은 하나님의 백성으로 선택되어 애굽에서 구원함을 받고 거룩한 율법을 받고 약속의 땅 가나안으로 인도함을 받습니다. 애굽을 탈출하여 광야에 나왔을 때 이스라엘 백성들이 직면했던 현실은 먹는 문제였습니다. 이 문제를 하나님께 호소합니다. 그래서 하나님이 만나를 주십니다. 광야생활 40년 동안 하나님이 저들을 먹이시고 입히셔서 그 뒤에 나오는 구절들에 있듯이 40년 동안에 굶주리지 않고 옷이 헤지지 않고 발이 부르트지 않았다고 말씀하십니다. 그러면서 초점은 신명기 8장 3절에 나옵니다.

너를 낮추시며 너를 주리게 하시며 또 너도 알지 못하며 네 조상들도 알지 못하던 만나를 네게 먹이신 것은 사람이 떡으로만 사는 것이 아니요 여호와의 입에서 나오는 모든 말씀으로 사는 줄을 네가 알게 하려 하심이니라(신 8:3)

이스라엘 백성들의 아우성은 "하나님의 말씀을 따르겠습니다. 그 뜻을 순종하겠습니다. 그러나 배가 고픕니다. 배가 고파서 하나님의 뜻을 따르지 못하겠으나 배가 고프지 않다면 못할 것이 뭐가 있겠습니까?" 이것이었습니다. 이 불평에서 하나님이 내기를 겁니다. "너희가 먹을 것만 있으면 내 거룩한 뜻을 순종하겠는가? 내 거룩한 뜻을 순종하는 데 있어서 문제가 되는 것이 배고픈 것을 면하면 된다는 것인가 보자." 배고픈 것을 면한다는 것은 꼭 양식만의 문제는 아닙니다. 의복이 헤지지 않고 발이 부르트지 않는 외적인 조건들을 만족시키는 것으로 과연 인간의 본성이 거룩함을 지향하는가, 생명을 사랑하는가, 진리를 사모하는가 보자는 것입니다. 진리와 거룩함과 의를 지키고 못 지키는 근거가 외적 조건인가 내적 조건인가 보자 했을 때 그것이 40년 광야생활 내내 하나님이 만나를 주셨고 의복이 헤지지 않고 발이 부르트지 않게 했지만 저들은 하나님 말씀을 듣지 아니하므로 약속의 땅을 밟지 못하고 광야에서 다 죽습니다. 그래서 너희에게 필요한 것은 외적 조건이 아니라 내적 조건이라는 사실을 확인시켜 주십니다. 너희 부패한 마음을 고치는 것이 가장 시급한 문제라는 사실을 만나 사건에서 드러내는 것입니다.

그런 차원에서 마태복음 6장의 본문에 하나님과 재물, 두 주인을 겸하여 섬길 수 없다는 이 문제를 21절에 나오는 대로 "네 보물 있는 그 곳에는 네 마음도 있느니라"로 끌고 가는 것입니다. 네 마음이 무엇을 소원하는지, 너희 본성이 어떤 존재인지 네가 보물로 삼고 있는 것을 보라는 것입니다. 우린 다 재물로 가 있습니다. 신명기 식으로 이야기하면 떡을 주시면 됩니다. 그러나 떡을 먹자 무슨 핑계를 댈 수 없게 됐느냐면 외적 조건이 만족됐다고 해서 우리의 내적 조건이 거룩한 것을 만들어내지는 못한다는 것을 보게 됩니다.

우리에게 필요한 것은 하나님의 말씀입니다. 여기서 하나님의 말씀은 우리의 일반적인 이해가 갖는 어떤 권유 내용 정도가 아닙니다. 하나님의 통치, 하나님의 간섭, 인격적인 개입이라는 더 큰 개념을 가집니다.

우리가 교회사적으로 기독교 신앙을 조금만 살펴보면 이것은 역사 속에서 언제든지 반복해서 확인됐던 문제들입니다. 성경에서만 인간의 마음이 부패했다고 말하는 것이 아니라 역사가 증언하고 있습니다. 그것은 우리가 기독교 신앙에서 가장 큰 적으로 여기는 세속성이라는 것을 보시면 압니다.

우리가 세속성이라고 이야기를 하면 성속의 분리라는 개념으로 거룩한 것과 세속적인 것을 구별하여 기독교 신앙을 이해하고 속되다 하는 것은 아주 원색적으로는 물질적인 것, 조금 더 가면 자신의 세상적 기쁨을 찾는 것, 물질적이거나 쾌락적인 것, 도덕성과 윤리성이 없는 허랑방탕한 것쯤으로 생각합니다.

그러나 세속주의라는 것은 출발에서부터 주된 관심사가 이것보다 큽니다. 세속성이라는 것은 어떤 윤리 도덕이나 종교 같은 그런 명분들을 권위를 가지고, 힘을 가지고 우리를 붙들어 매야 하는 것에서 도망가는 것을 세속주의라 하지 않고 세속주의란 계몽주의적이고 물질 번영적이며 무엇보다 인간의 가능성을 믿는 주장입니다.

인간의 가능성을 믿는다는 것은 하나님으로부터 독립하여 인간에 대한 이해를 성숙시키는 것을 말합니다. 인간 이해의 성숙이라는 것은 인간이 무지몽매하게 어디 붙잡혀 있기에는 훨씬 고급하고 가능성 있는 존재라는 것입니다.

그것이 일부분은 맞습니다. 인간은 교육되어야 하고 훈련되어야 하는 존재라는 것은 맞습니다. 무지에서 벗어나야 하고 양심을 따라 사는 윤리 도덕적인 삶을 훈련해야 됩니다. 그러나 기독교가 주장하는 하나님으로부터 자신을 독립시키는 것을 인간 이해의 성숙이라 함으로써 하나님을 주인으로 섬길 것이냐 우리 자신을 신으로 주장할 것이냐 하는 문제로 교회사 속에서 교회에 늘 도전했던 사상이 됩니다.

이것이 인간 이해라는 이름으로 인간이 자기 자신을 이해하는 주체가 됐기 때문에 자기가 경험하고 이해하는 범주로 세속주의를 혹은 진보 사상을, 인간성에 대한 진보 사상을 제한할 수밖에 없기 때문에 하나님과 기독교 신앙을 초월의 영역으로 내몰았습니다. 약간 미친 사람들끼리 하는 이야기쯤 됐습니다.

우리가 한국사회에 살면서도 무당과 신접한 자가 있다는 것을 크게 의식하지 않고 살고 우리의 삶에 부딪힐 일이 없는 것같이 기독교가 현실과 일상에서 떠 밀려나게 된 것입니다. 보이는 세계가 전부가 되자, 그 다음에는 힘을 쓸 수 있는 것, 자기를 증명할 수 있는 것은 세상의 힘이 되고 말았습니다. 재물이 세상의 가장 대표적이 힘이 된 것입니다. 그러나 이 문제에 대하여 기독교가 주장하는 바는 이것입니다. 요한복음 6장에 가면 예수님이 친히 이렇게 말씀하십니다.

진실로 진실로 너희에게 이르노니 믿는 자는 영생을 가졌나니 내가 곧 생명의 떡이니라 너희 조상들은 광야에서 만나를 먹었어도 죽었거니와 이는 하늘에서 내려오는 떡이니 사람으로 하여금 먹고 죽지 아니하게 하는 것이니라 나는 하늘에서 내려온 살아 있는 떡이니 사람이 이 떡을 먹으면 영생하리라 내가 줄 떡은 곧 세상의 생명을 위한 내 살이니라 하시니라(요 6:47~51)

이것은 분명히 그 배경에 무엇을 가지고 있느냐 하면 조금 전에 읽은 신명기 8장을 배경으로 갖고 있습니다. 사람이 떡으로만 살지 않고 너희가 먹은 떡은 49절에 나오듯이 "너희 조상들은 광야에서 만나를 먹었어도 죽었거니와"를 배경으로 갖고 있습니다.

그들이 먹은 떡은 무엇이었습니까? 자신이 주인이 되어 자신의 소원과 의지와 선택을 이루기 위한 에너지에 불과합니다. 그러나 지금 예수님은 무엇으로 오시냐면 생명의 떡으로 오십니다. 예수님이 생명의 떡으로 오시는데 예수를 믿는다는 것은 그런 의미에서 유한한 피조물이 자기가 자기의 주인이 되어 피조물의 한계 속에서 죽어가던 자리로부터 예수 그리스도로 말미암아 신성의 영원함과 진리됨으로 우리를 불러 하나님의 통치가 주는 하나님이 우리의 필요를 채워주는 창조주요 아버지라는 보호자가 됨으로써 가지게 되는 영생으로 부르고 있다는 뜻입니다.

그래서 기독교 신앙이란 하나님의 어떠하심에, 그 영생과 진리의 속성과 복됨에의 참여입니다. 그 참여라는 것을 가장 잘 나타내는 것이 성만찬입니다. 우리가 성찬식에서 주의 몸을 기념하고 흘린 피를 기념하는 떡을 떼고 잔을 받는 일은 예수 그리스도께서 우리의 마음과 영혼에 양식이요 우리에게 허락된 하나님의 신성으로 부르시는 하나님의 부름이라는 뜻이 되는 것입니다.

기독교 신앙은 분명하게 예수 그리스도께서 문을 열어주려 오시거나 예수 그리스도께서 우리를 권면하러 오시거나 예수 그리스도께서 보여주려 오시는 정도가 아니라 성경의 선언은 그가 곧 길이요 진리요 생명인 것입니다. 예수님의 가르침은 예수님이 도를 깨우친 이로써 후학들을 가르치는 도를 전하고 깨우침을 가르치는 것이 아니라 당신의 생명을 우리에게 먹이고 당신의 진리와 영광을 우리에게 채우는 주인이신 것입니다. 그래서 예수님은 생명의 떡입니다.

우리는 성경에서 "내가 곧 부활이요 생명이니라"는 선언들을 얼마든지 봅니다. 이 일의 중요성은 우리가 예수를 믿는다고 이야기할 때 그것이 믿음이 예수와 분리되어서는 안 되며 헌신이 예수와 분리되어서는 안 됩니다.

기독교 신앙은 오늘 우리가 보는 바와 같이 왜 하나님과 재물로 나뉘느냐 할 때 하나님이 주인이냐 아니냐 하는 것밖에는 나뉠 수가 없기 때문입니다. 하나님을 주인으로 삼든가 아닌가 하는 것입니다. 그러나 각각 자기가 자신의 주인일 수밖에 없고 우리 각자가 자기의 주인이 되면 우리가 알거나 감각하는 또는 영향을 받고 베푸는 세상 속에서 최고의 힘을 추구할 수밖에 없습니다. 그것은 결국 재물입니다. 다른 말로 권력이라고 해도 좋습니다. 그것과 대비되는 것입니다. 골로새서 2장을 봅시다.

그러므로 너희가 그리스도 예수를 주로 받았으니 그 안에서 행하되 그 안에 뿌리를 박으며 세움을 받아 교훈을 받은 대로 믿음에 굳게 서서 감사함을 넘치게 하라(골 2:6~7)

이것은 참 재미있는 표현입니다. 예수를 주로 받았으니 그 안에 뿌리를 박으라고 합니다. 그의 생명을 먹으라는 것입니다. 기독교 신앙의 놀라운 점은 이것입니다. 우리는 이런 표현을 얼마든지 사용합니다. '예수를 위하여 산다' 라든지 '예수를 위하여 헌신한다' 하는 이런 것은 다 맞는 말입니다. 그러나 본인이 어떻게 이해를 했느냐에 따라 굉장히 중요한 차이가 생깁니다.

우리는 예수를 닮고 예수 되도록 부름을 받고 있습니다. 예수의 생명과 인격을 나누는 자로 되어 있지 예수라는 이름을 걸어서 명분을 삼아 그를 위하여 헌신하는 나의 성의나 진심을 만들어내는 종교가 아닙니다. 참 어렵습니다. 여러분의 노력을 중단하라는 뜻이 아닙니다.

우리가 우리의 신앙을 점검할 때는 언제나 내가 얼마나 잘 믿고 있느냐, 제대로 신앙생활 하고 있는가, 주를 닮고 있는가를 늘 점검하셔야 됩니다. '주를 닮고 있는가' 라는 것은 무슨 뜻이냐 하면 내가 어느 수준에 있든지 내가 행한 노력 성취라는 것으로 제삼자에게 자기를 증명 받지 않는다는 것입니다. 주를 닮아가는 길, 저 앞서 가신 주를 따라가는 일 외에는 다른 데 관심을 가질 틈이 없다는 뜻입니다.

그러나 마태복음 6장에서 보듯이 서기관과 바리새인의 의라는 것은 누구를 좇아가는 것이 아니라 언제나 옆에 있는 사람 앞에서 확인되는 자신의 종교성이나 도덕성에 불과하다는 것입니다. 이 어려움을 아시겠습니까? 이것이 어려우면서 동시에 너무나 다행인 것입니다. 너무나 다행인 것은 우리가 주를 좇는 자들이기 때문입니다. 주를 닮기 위하여 사는 자들이기 때문입니다. 주께서 당신의 신적 어떤 본질들을 우리와 공유하자고 하시는 것입니다.

우리에게 있어서 가장 중요한 덕목은 순종입니다. 우리가 가지는 기독교 종교적인 어떤 명분들과 실천은 주께서 명령하셨기 때문에 중요합니다. 그것이 물론 세상 속에서도 고급한 윤리입니다. 기독교 신앙이 요구하는 것들은 그 내용상 언제나 윤리적이고 도덕적 차원에서 고급합니다. 그러나 그것 때문에 하는 것이 아닙니다. 그것 때문에 하는 것과 순종을 하는 것의 가장 큰 차이는 거기에 자랑이 있느냐 감사가 있느냐를 보시면 됩니다.

기독교 신앙의 진위를 판가름하는 가장 중요한 잣대, 거기에 자랑이 있느냐 없느냐 하는 것입니다. 로마서 3장에 보는 구원이 은혜로 말미암는다, 믿음으로 말미암는다 해놓고 덧붙이는 판별식은 "그런즉 자랑할 데가 어디뇨"라는 것입니다. 자랑이란 무엇입니까? 내가 만들었다는 것입니다. 그의 도덕성과 경건과 헌신과 봉사가 자기 증명이었다는 것입니다. 예수를 좇는 자는 예수를 우리의 신앙의 내용으로 주시고 우리라는 피조물의 인격을 신성으로 부르신 것을 인하여 그 순종하고 좇아 가는 자에게 늘 감격이 있다는 것입니다. 감격이 있다는 것은 늘 기뻐서 미치겠다는 뜻은 아닙니다. 영광스럽다는 것입니다. 기독교 신앙이라는 것이 나에게 무엇을 요구하느냐에 대해서 늘 고마운 것입니다. 겸손을 떨고 늘 결벽증을 확인해야 되는 차원이 아니라 기독교가 목표하고 부르신 신적 부르심의 그 영광을 이해하는 감격이 있습니다. 이리로 부르시는구나, 나를 그냥 도덕군자나 쓸모 있는 자가 되라는 것이 아니라 신성으로 부르시는구나, 하나님의 자녀로 부르시는구나 이 감격이 있습니다. 에베소서 4장에 가면 성경이 이런 요구를 얼마나 자주 반복해서 하느냐를 기억해야 합니다.

우리가 다 하나님의 아들을 믿는 것과 아는 일에 하나가 되어 온전한 사람을 이루어 그리스도의 장성한 분량이 충만한 데까지 이르리니 이는 우리가 이제부터 어린 아이가 되지 아니하여 사람의 속임수와 간사한 유혹에 빠져 온갖 교훈의 풍조에 밀려 요동하지 않게 하려 함이라 오직 사랑 안에서 참된 것을 하여 범사에 그에게까지 자랄지라 그는 머리니 곧 그리스도라(엡 4:13~15)

여러분 삶의 다양한 모습 그리고 반복되는 보잘 것 없는 사소한 일상 속에서 여러분은 그리스도에게까지 자랄 수 있습니다. 우리에게 위대한 일을 하라고 하지 않습니다. 기적 같은 일을 하라고 하지 않고, 또 민족과 역사를 위해 일하라고 하지 않습니다. 그것보다 더 큽니다.

우리를 지으신 하나님을 닮고 그가 보내어 우리에게 보이신 예수 그리스도의 어떠하심을 따라 그 아들 예수에게 나타난 신성을 우리의 피조물의 한계를 벗어나는 하나님이 목적하시는 그의 형상을 닮을 영광된 피조물의 완성의 자리로 오라는 부름을 받고 있는 것입니다. 만일 이것이 여러분의 신앙을 붙들고 있는 소원이요 약속이요 믿음이 아니라면 여러분은 세속성 앞에 늘 흔들릴 것입니다.

지금 여기 에베소서 4장 14절에서 "이는 우리가 이제부터 어린 아이가 되지 아니하여 사람의 속임수와 간사한 유혹에 빠져 온갖 교훈의 풍조에 밀려 요동하지 않게 하려 함이라"고 이야기합니다. 얼마나 대단한 말씀인지 아시겠습니까? 여러분이 예수를 믿고 처음에 가졌을만한 기대들, 예수 믿음으로 가지는 어떤 심리적 보상, 혹은 외적 보상, 쓸모 있음, 자존감 이런 것들과 다른 것입니다. 여러분이 여러분을 확인하는 데 있어서 세상이 요구하는 잣대로 여러분을 만들어갈 필요가 없습니다.

여러분이 느끼는 부족함이나 남보다 나쁜 조건들은 기독교 신앙에 있어서 아무런 영향을 끼치지 못합니다. 여러분 모두가 예수를 믿는 일과 예수를 닮아가는 일과 예수 안에서 허락된 얼마든지 주셔서 누르고 눌러도 넘치는 하나님의 부르심과 은혜와 기적의 손길 아래 있다는 것을 기억하셔야 됩니다. 이 믿음으로 여러분 자신의 존재와 삶을 하나님의 사람으로 바치시고 순종하시고 승리하시길 바랍니다.

기도

하나님 아버지 은혜를 감사합니다. 하나님이 우리 아버지시라는 것은 얼마나 놀라운 고백입니까? 그것은 얼마나 영광된 부름입니까? 그러나 우리는 이 큰 영광을 떼어놓고 보잘 것 없는 것에 목을 매고 있습니까? 하나님, 이 시간 주신 말씀을 통하여 우리가 하나님의 자녀인 것, 예수 안에서 하나님의 자녀로 보호받고 양육 받고 채워지고 인도되고 있다는 것을 기억하여 우리 존재와 우리 삶이 얼마나 귀한지 아는 믿음을 주사 우리 평생을 예수 안에 있게 하옵소서. 세상의 권세를 따라가지 않고 나를 증명하지 않고 오직 주 안에서 자라며 주를 닮으며 주와 같게 하옵소서.
예수님 이름으로 기도합니다.
아멘

17. 하나님의 일하심을 보라

그러므로 내가 너희에게 이르노니 목숨을 위하여 무엇을 먹을까 무엇을 마실까 몸을 위하여 무엇을 입을까 염려하지 말라 목숨이 음식보다 중하지 아니하며 몸이 의복보다 중하지 아니하냐 공중의 새를 보라 심지도 않고 거두지도 않고 창고에 모아들이지도 아니하되 너희 하늘 아버지께서 기르시나니 너희는 이것들보다 귀하지 아니하냐 너희 중에 누가 염려함으로 그 키를 한 자라도 더할 수 있겠느냐 또 너희가 어찌 의복을 위하여 염려하느냐 들의 백합화가 어떻게 자라는가 생각하여 보라 수고도 아니하고 길쌈도 아니하느니라 그러나 내가 너희에게 말하노니 솔로몬의 모든 영광으로도 입은 것이 이 꽃 하나만 같지 못하였느니라 오늘 있다가 내일 아궁이에 던져지는 들풀도 하나님이 이렇게 입히시거든 하물며 너희일까보냐 믿음이 작은 자들아(마 6:25~30)

17

예수님께서 하나님의 의를 선포하시는 중에 그것을 분명하게 이해시키기 위하여 이 말씀을 이어오고 계십니다. 오늘 본문 바로 앞에서 서기관과 바리새인의 의 그리고 예수 안에서 허락된 하나님의 의는 하나님과 재물로 대조되었습니다. 하나님을 따르고 하나님의 의에 참여하는 것과 재물로 대표되는 서기관과 바리새인의 의에서 가장 중요한 차이는 목숨을 보존하는 데 급급한 의와 생명을 주시고 충만케 하시는 통치자 하나님 의와 대조가 됩니다. 만일 우리가 하나님의 의를 제대로 이해하지 못하면 우리의 기독교 신앙은 종교라는 이름으로 포장해도 결국은 재물이 되고 말 것이며 그것은 먹고 마시는 일에 쓰이는 수단에 불과할 것이라 말씀하십니다.

그래서 오늘 본문에 있듯이 공중의 새를 보라, 들에 핀 백합화를 보라, 오늘 있다가 내일 아궁이에 던져질 들풀을 입히시는 하나님을 보라는 예수님의 가르침이 등장하게 됩니다. 그 모든 것은 인간이 진정한 의를 만들어내기에는 한계가 있다는 것을 가르칩니다. 우리는 피조물이고 우리에게 주어진 생명을 우리가 만들지 않았고 우리가 조작하는 것이 아니라 하나님의 은총 속에 놓여야 된다고 가르칩니다.

그러나 그것이 왜 의의 싸움이 되느냐 하면 하나님이 의의 존재를 만들어서 우리가 존재하게 되었고, 또 하나님의 기뻐하심과 목적하심의 영광으로 창조되었기 때문입니다. 우리는 목숨을 유지하기에 급급한 존재가 아니라 우리의 존재와 인생이 영광으로 채워지는 하나님의 통치를 의라고 소개하고 있기 때문입니다.

공중의 새를 보라, 백합화를 보라, 오늘 있다 내일 아궁이에 던져질 들풀을 입히시는 하나님을 보라 할 때 이 말씀은 크게 예수 그리스도로 말미암아 허락된 하나님의 자녀로의 부름, 하나님을 아버지라 부르는 기독교 신앙의 가장 중요한 내용과 의미에 대한 가르침입니다. 하나님은 우리를 만드셨고 그가 우리를 복 주시는 분이라는 것을 자연계에서 보라고 이야기합니다.

이것이 왜 중요한 문제가 됩니까? 기독교 신앙이란 예수를 믿고 믿음이 요구되는 신앙 실천을 하는 것이 다가 아니라 기독교 신앙의 믿음과 실천에는 꼭 세계관이 필요하기 때문입니다. 세계관이 필요하다는 것은 우리의 기독교 신앙이 정치, 경제, 사회, 문화, 종교라는 인간 활동 영역에서 일부분에 불과한 것이 아니라 그 모든 것을 망라하는 인간의 경험과 사고의 모든 영역에 관한 문제라는 것을 뜻합니다.

만일 기독교 신앙이 세계와 역사, 인간의 존재와 의미, 운명이라는 더 큰 조건과 틀에서 하나님의 통치 아래 있지 않다면 우리의 신앙은 세상과 역사와 인생 속에서 종교라는 한 수단을 가진 것에 불과하고 말 것입니다. 우리가 살아야 하는 삶의 조건들과 또 세상이 흘러가는 역사의 운명과 각 개인의 운명이라는 것이 오늘 하루의 고통 또는 미래의 불확실함을 해소하는 데 쓰이는 한 종교적 마술에 불과하고 말 것입니다.

예수님께서 공중의 나는 새를 보라고 하신 데에는 하나님의 의가 서기관과 바리새인의 의와 다르다는 것을 말씀하시려는 데 있습니다. 예수님께서 그런 예를 드신 것은 다만 도덕성이나 종교성에 관한 문제가 아니라 유일한 통치자, 온 우주와 역사와 인간과 인생의 통치자인 하나님이 그 모든 존재에 어떤 의미와 목적과 운명을 원하고 계시는가에 우리의 시선을 모으시려는 데 있었습니다.

그래서 이제 생각을 해봐야 됩니다. 공중의 나는 새를 보라, 들에 핀 백합화가 어떻게 자라는가 생각하여 보라는 이 이야기들을 잘 추적해야 됩니다. 본다는 말은 우리 한국말에서 여러 의미로 쓰입니다. 그래서 외국인들이 한국말을 배울 때 제일 어려운 단어 중에 하나로 꼽습니다. '영화를 본다', '경치를 본다' 할 때는 쉽지만, '생각해 본다' 하면 복잡해지기 시작합니다. 더 나아가 '두고 본다'를 영어로 옮기면 'see you again'이 되어 참 어려운 말이 됩니다.

한글 성경은 잘 번역하고 있는데 처음엔 보라, 그 다음엔 생각해 보라 그렇게 되어 있습니다. 영어 번역본도 그렇게 되어 있습니다. 보고 생각하라는 것입니다. 다시 말하면 생각하도록 보여주시는 하나님입니다. 이 문제는 욥기 42장에 가면 이런 식으로 다루고 있습니다.

욥이 여호와께 대답하여 이르되 주께서는 못 하실 일이 없사오며 무슨 계획이든지 못 이루실 것이 없는 줄 아오니 무지한 말로 이치를 가리는 자가 누구니이까 나는 깨닫지도 못한 일을 말하였고 스스로 알 수도 없고 헤아리기도 어려운 일을 말하였나이다 내가 말하겠사오니 주는 들으시고 내가 주께 묻겠사오니 주여 내게 알게 하옵소서 내가 주께 대하여 귀로 듣기만 하였사오나 이제는 눈으로 주를 뵈옵나이다 그

러므로 내가 스스로 거두어들이고 티끌과 재 가운데에서 회개하나이다(욥 42:1~6)

이 부분을 이해하려면 먼저 간략하게 욥기의 내용을 살펴볼 필요가 있습니다. 욥은 신실한 사람이었고 믿음을 지키는 사람으로 신앙이 완전했던 사람이라고 소개되고 있습니다. 한 번도 자신의 신앙 생활에 실수가 없었던 사람인데, 어느 날 뜻밖의 재난을 당하여 하루아침에 재산을 다 빼앗기고 자녀들까지 다 죽고 본인은 병중에 처하게 됩니다.

그가 너무 놀라고 고통스러워서 하나님께 "하나님 내가 왜 이런 일을 당해야 됩니까?"라고 불만을 토로합니다. 그때 마침 세 친구가 찾아와 욥을 위로하기 시작하는데 그 위로의 핵심이 "너 빨리 회개해라"는 것입니다. 그러자 욥이 "나는 잘못 한 것이 없다. 회개할 만한 잘못을 범한 적이 없다"고 하자 친구들은 "네가 이 고통을 당하는 것을 보면 잘못을 했기 때문에 고통을 당하는 것 아니냐 그러니 빨리 회개해라"고 합니다. 그러나 욥은 "나는 잘못한 것이 없다. 그럼에도 불구하고 재난이 닥쳐왔기 때문에 하나님께 이 문제를 묻고 싶다"고 합니다. 이에 대한 세 친구들의 답은 "네가 그 따위로 말하는 것만 봐도 넌 분명히 잘못이 있다"고 응수합니다. 이것이 욥기의 핵심입니다.

나중에 하나님이 나타나셔서 세 친구들은 틀렸고 욥이 맞다고 하십니다. 그렇지만 욥이 "내가 잘못한 것이 없는 데 왜 재난을 당해야 됩니까?"라는 불평에서는 하나님이 창조 세계를 보여주심으로 답을 주십니다. 하나님은 창조 세계 곳곳에 욥을 데리고 가면서 우박 창

고를 봐라, 동물들이 어떻게 새끼를 낳고 기르는지를 봐라 하고 창조 세계를 보여 주십니다

그러자 욥이 보고 나서 "제가 무식해서 하나님을 원망했습니다. 저에게 일어난 일을 제대로 이해하지 못했습니다. 하나님이 불공평하신 분이 아니고 옳으신 분입니다. 내가 주께 대하여 귀로 듣기만 하였사오나 이제는 눈으로 주를 뵈옵나이다"라고 고백합니다.

귀로 듣기만 하다가 눈으로 본다는 것은 무슨 뜻이냐 하면 자신이 하나님과의 관계에 있어서 내밀함과 긴밀함은 알고 있었지만 하나님이 창조주와 섭리자로 얼마나 위대하시고 의로우시고 신실하신 분인지를 몰랐는데 자연 속에서 매일 반복해서 그렇게 일하시는 분임을 알아보지 못하고 하나님을 불공평한 존재로 생각했다는 것입니다. 욥기 42장이 바로 그런 고백의 장면을 담고 있습니다.

예수님이 우리에게 공중의 새를 보라, 들에 핀 백합화를 보라, 오늘 있다 낼 아궁이에 던져질 들풀을 보라고 이야기하는 것은 하나님이 우리와의 관계 이전에 어떤 권세자인가를 먼저 생각해보라는 것입니다. 하나님은 천지를 창조하시고 그 창조한 세계를 주장하시고 보호하시고 인도하시는 분입니다. 그는 온 우주와 역사의 주인이십니다. 그 큰 틀 속에 우리가 있습니다. 우리를 다스리기 위하여 내 기도에 응답하시고 내 소원과 내 필요에 응답하시는 정도가 아니라 내가 몸담고 있고 나에게 영향을 미치는 모든 것을 의롭게 통치하시는 분입니다. 그것이 공중의 새와 백합화와 들풀에 관한 이야기입니다.

서기관과 바리새인의 의라는 것은 허락된 생명을 지키기에 급급하고 수단을 필요로 하는 그래서 더 큰 것을 만들어낼 수 없는 한계를 가지고 있습니다. 마태복음 6장 방식으로 이야기하면 "누가 염려

함으로 그 키를 한 자나 키울 수 있느냐"라고 반문에서 그것을 알 수 있습니다. 그것은 우리의 필요를 넘어서고 우리라는 조건을 성립시킬 수 있는 더 큰 틀에는 아무런 영향도 미칠 수가 없습니다. 우리가 만들어내는 최선의 의라는 것도 우리의 필요와 우리의 부족함에 대한 느낌이요 호소에 불과한 것입니다. 그것이 너희라는 존재를 만들어내고 채우고 담아내는 것을 만들 수 없다는 것입니다. 그렇다면 어떻게 너희의 의로 너희를 만족시킬 수 있겠느냐고 물으시는 것입니다. 그것이 하나님의 의를 대신할 수는 없지 않느냐 하시는 것입니다. 이것이 예수님의 질문의 핵심입니다.

기독교 신앙이 가지는 큰 힘은 바로 여기에 있습니다. 하나님의 의라는 것에는 우리의 필요를 채우는 것이 포함되지만 그것보다 훨씬 큰 것으로서 온 우주와 역사에 관한 것이요 인간이라는 존재와 운명에 관한 것입니다. 그래서 이 문제의 가장 중요한 것은 이 하나님이 어떤 분이냐 하는 것입니다.

서두에서 말씀드렸듯이 하나님의 의와 인간의 의를 대조할 때 인간의 의를 재물로 표현할 수밖에 없었던 것은 그것이 가지는 한계, 우리가 만들어낼 수 있고 우리가 소원할 수 있는 것이 어떻게 제한적인가 하는 것을 그렇게 드러낸 것입니다.

그래서 공중의 새와 백합화와 들풀로 제시하는 하나님의 의는 우리의 매일의 삶 속에서 보다시피 늘 우리 앞에 하나님이 누구신가를 증거하고 있습니다. 어느 누구도 이 세상과 역사 밖으로 나가서 인생을 살 수는 없습니다.

우리는 우리의 필요에 급급하여 그것을 볼 눈이 없습니다. 세상은 많은 비극과 재앙이 있지만 하나님의 위대하심은 그것보다 더 근본적으로 존재하는 우주와 역사 속에 증언되고 있습니다. 인간이 만들어내는 반역과 패역함에도 불구하고 하나님은 참으시며 지금도 의로운 자와 불의한 자에게 비와 햇볕을 주십니다. 그것은 우리가 받는 것들입니다. 우리가 확인하는 것들입니다. 그래서 '보라'고 이야기합니다.

이 문제를 로마서 1장에서는 모든 인간들이 직면하는 핑계할 수 없는 하나님의 계시라고 증언합니다. 하나님의 존재를 우리는 우리가 몸담고 사는 현실 속에서 매일 직면하고 있고 거기서 분리되어 있는 자가 없기 때문에 핑계할 수 없다고 소개됩니다. 그런데 공중의 새를 기르시고 백합화를 영광스럽게 하시고 들풀에게 자비를 베푸시는 하나님은 본문에 돌아와 보시면 자연 속에서 당신을 계시하시며 당신의 의로우심을 날마다 신실하게 증언하고 계시며, 일하고 계시는 하나님입니다. 그런데 그 하나님을 본문 26절에 보면 "너희 하늘 아버지"라고 말씀합니다. 예수님의 지적대로 그는 우리의 아버지로서 서 계십니다.

지금 산상설교의 첫 시작부터의 가장 중요한 주제는 예수 안에 있는 하나님의 의였습니다. 예수 안에 있는 하나님의 의는 얼마나 놀라운 것인가 하면 모든 사람에게 복을 주시는 하나님의 뜻으로서 등장합니다. 심령이 가난한 자 복이 있고 긍휼히 여기는 자 복이 있고 의에 주리고 목마른 자 복이 있고, 애통하는 자가 복이 있었던 것은 그것이 하나의 복을 받는 조건이 아니라 예수 때문이라고 증언했습니다. 그 예수를 보내신 하나님이 심령이 보잘 것 없고 늘 절망과 자조 속에 사는 사람에게라도 복을 주시는 하나님이라는 것입니다. 그것을 어떻게 아느냐 하면, 예수 그리스도가 오신 것으로 알 수 있습니다.

그래서 온 천하 만물의 주인이 되시고 창조주 되신 의로우심과 신실하심을 보는 것 위에 더 매일 우리의 인생에 어느 날도 이 증거에서 도망갈 수 없는 세상 속에 우리가 살고 있듯이 예수 그리스도를 보내심으로써 우리로 하여금 예수를 믿는다는 말이 가지는 뜻을 다시 한 번 보라고 하는 것입니다. 요한복음 14장으로 가보십시다.

> 빌립이 이르되 주여 아버지를 우리에게 보여 주옵소서 그리하면 족하겠나이다(요 14:8)

여기도 나오는 아버지를 보여 달라는 것은 무슨 뜻일까요? 하나님에 대해서 다 항복하지 못하는 구석이 있다는 뜻입니다. 하나님은 도대체 어떤 분이십니까? 욥이 했던 질문입니다. 하나님 한 번 만나 봅시다. 우리말에도 있습니다. '너 나 한 번 보자', 그 어려운 말입니다. 욥이 그랬고 빌립이 지금 그러는 겁니다. 그러자 예수님이 뭐라고 답했습니까?

> 예수께서 이르시되 빌립아 내가 이렇게 오래 너희와 함께 있으되 네가 나를 알지 못하느냐 나를 본 자는 아버지를 보았거늘 어찌하여 아버지를 보이라 하느냐(요 14:9)

나를 보면 아버지가 누구인지 당연히 알아야 된다고 합니다. 이것은 무슨 뜻일까요? 우리를 사랑하사 자신의 아들을 보내어 우리 모두를 당신의 아들로 삼으시려는 그 하나님의 사랑과 은혜가 구체화 되어 역사 속에 인간의 모습으로, 우리의 모습과 형편으로 우리의 자리에 실제로 찾아오신 분이 예수님입니다.

하늘에서 선포하고 약속하고 만 것이 아니라, 하나님이 우리를 찾아오사 우리를 붙들기 위하여 우리의 몸으로 우리의 자리에까지 찾아와 우리를 껴안으시는 것입니다. 당신을 우리를 위하여 내어주신 사건이 예수님의 성육신입니다. 그래서 "나를 본 자는 아버지를 보았다"는 이야기가 나옵니다.

예수 믿는 사람들이 예수를 믿는다고 고백함으로 기독교인이 된 것과 기독교 신앙인이 된 것을 고백합니다. 그런데 예수를 믿는다는 것은 예수를 보내신 하나님을 믿는다는 것입니다. 예수가 누군지를 압니다. 하나님이 그 아들을 보내셔서 나를 당신의 아들로 부르셨습니다. 그래서 예수를 믿는다고 말하는 것입니다.

공중의 새를 본다는 것은 무슨 뜻일까요? 성경적으로 공중의 새를 본다는 것은 하나님 통치의 의로우심과 넉넉하심과 신실하심을 본다는 것입니다.

그래서 예수님이 지금 빌립 앞에서 그 이야기를 합니다. "나를 보았으면 아버지가 누군지를 알아야 된다." 만일 우리 지금 이 시대의 교인들에게 이야기한다면 예수를 믿는다는 이 의미를 놓치면 우리는 하나님의 통치의 권세와 우리를 향한 특별한 열심, 즉 우리를 그 자녀로 대접하신다는 열정 이 둘 다를 놓치는 것이 됩니다. 하나님은 우리를 위하여 기꺼이 우주와 역사를 동원하십니다. 우리가 우주와 역사를 위하여 있기 전에 온 세상과 역사가 우리를 위하여 있습니다. 이것이 성경이 우리에게 하고 싶은 이야기입니다. 골로새서 1장을 보겠습니다.

그 아들 안에서 우리가 속량 곧 죄 사함을 얻었도다 그는 보이지 아니하는 하나님의 형상이시요 모든 피조물보다 먼저 나신 이시니 만물이 그에게서 창조되되 하늘과 땅에서 보이는 것들과 보이지 않는 것들과 혹은 왕권들이나 주권들이나 통치자들이나 권세들이나 만물이 다 그로 말미암고 그를 위하여 창조되었고 또한 그가 만물보다 먼저 계시고 만물이 그 안에 함께 섰느니라 그는 몸인 교회의 머리시라 그가 근본이시요 죽은 자들 가운데서 먼저 나신 이시니 이는 친히 만물의 으뜸이 되려 하심이요 아버지께서는 모든 충만으로 예수 안에 거하게 하시고 그의 십자가의 피로 화평을 이루사 만물 곧 땅에 있는 것들이나 하늘에 있는 것들이 그로 말미암아 자기와 화목하게 되기를 기뻐하심이라(골 1:14~20)

예수는 누구냐, 하나님이 그와 함께 만물을 화목하게 하시고 충만케 하시기 위하여 보내신 그의 아들입니다. 메시아입니다. 이것은 예수 믿는 각 신앙인과만 맺는 개인적인 관계를 넘어서서 하나님과의 화목과 연합이 온 세상과 역사의 운명을 하나님의 뜻대로 만드시려는 하나님의 크신 역사라는 차원 속에서 일어나는 일입니다.

우리가 하나님의 의 곧 하나님의 통치에 순종해야 하는 것은 하나님의 통치와 하나님의 의만이 우리를 담아낼 수 있기 때문입니다. 우리가 그의 통치에 속하는 것은 우리 각 개인의 행복과 필요를 채우는 것을 넘어서서 하나님이 전 우주와 역사에서 이루시는 구원 역사의 큰 내용인 것입니다. 그리고 우리를 통하여 하나님이 그 일을 이루시는 것입니다.

그래서 기독교 신앙인의 신앙고백, "저는 예수를 믿습니다"라는 고백은 세상을 살아나가는 데 있어서 고독하고 처량한 존재에 불과하지 않고 그가 만드신 모든 세계를 하나님이 첫 창조의 기쁘심과 뜻대로 이루시려는 하나님의 거룩하시고 의로우시고 신실하신 뜻이 충만케 되기 위하여 그 창조의 가장 중심이었던 인간들을 회복하시고 우리를 통하여 모든 창조 세계를 회복하시는 하나님의 원대하고 놀라우신 뜻의 중심 내용인 것입니다.

우리가 서기관과 바리새인의 의와 하나님의 의를 대조하면 나 하나의 옳음이나 나 하나의 만족에 급급한 것으로 부름 받고 있는 것이 아니라 하나님의 의, 온 세계와 우주와 역사의 주인이신 통치자 그의 거룩하심과 영광으로의 부름에 우리가 부름을 받고 있다는 것을 깨닫게 됩니다. 그렇게 됨으로써 우리는 우리의 신앙을 우리 개인과 우리가 속한 시대와 우리가 사는 세상 앞에 비로소 빛으로 소금으로 가지게 되는 것입니다.

우리 하나의 자리는 한 개인의 행복보다 큽니다. 한 개인의 승리보다 더 큰 책임과 하나님의 뜻이 있습니다. 이것이 서기관과 바리새인의 의와 대조되는 하나님의 의고 예수께서 오신 이유입니다.

그런 차원에서 예수 그리스도로 말미암는 우리들의 신자 된 삶은 하나님의 의에 자신을 복종시키며 하나님의 의를 나의 의로 삼는 창조주 하나님의 어떠하심에, 그의 일하심과 충만케 하심과 새롭게 하심과 베푸시는 자비와 사랑에 참여하는 존재요 인생인 것입니다. 여기에서 여러분은 절대 낮추지 마십시오. 한 개인의 행복과 만족으로 여러분의 신앙을 축소시키지 마십시오. 여러분 한 개인을 통한 하나님의 역사와 영광을 드러내는 그 감격과 기적을 사는 여러분의 인생 되시기를 바랍니다.

기도

하나님 아버지 은혜를 감사합니다. 하나님의 의를 예수 안에서 허락 받는다는 것은 얼마나 놀라운 것인지요. 우리의 부족함과 미천함에도 불구하고 하나님이 우리와 함께 영광을 나누시겠다고 부르셨습니다. 하나님이 우리의 아버지이시기 때문입니다. 그 자녀로 살 믿음과 순종과 헌신과 그리고 충성 주시옵소서.

예수님 이름으로 기도합니다.

아멘

18. 오늘을 살라

오늘 있다가 내일 아궁이에 던져지는 들풀도 하나님이 이렇게 입히시거든 하물며 일까보냐 믿음이 작은 자들아 그러므로 염려하여 이르기를 무엇을 먹을까 무엇을 마실까 무엇을 먹을까 하지 말라 이는 다 이방인들이 구하는 것이라 너희 하늘 아버지께서 이 모든 것이 너희에게 있어야 할 줄을 아시느니라 그런즉 너희는 먼저 그의 나라와 그의 의를 구하라 그리하면 이 모든 것을 너희에게 더하시리라 그러므로 내일 일을 위하여 염려하지 말라 내일 일은 내일이 염려할 것이요 한 날의 괴로움은 그 날로 족하니라(마 6:30~34)

오늘 본문에 나오는 33절 말씀은 성도들이 가장 좋아하는 성경구절 중에 하나입니다. "너희는 먼저 그의 나라와 그의 의를 구하라" 모든 성도들이 소원하고 있고 또 따라야 할 복된 말씀입니다. 그러나 이 본문은 산상설교 속에서 가장 중요한 주제인 서기관과 바리새인의 의와 대조되는 하나님의 의라는 것을 설명하는 문맥 안에서 요구되고 있습니다. 하나님의 나라와 그의 의를 구한다는 것은 어떤 봉사나 종교적 임무보다 더 큰 것입니다. 또 그것이 어떻게 요구되는가 하는 면에서 우리의 이해를 요구하고 있다고 이야기할 수 있습니다.

이 문제는 지난 시간에 살펴본 바와 하나님과 재물로 대조되고 대표되는 사람들의 의와 하나님의 의에 관한 것에서부터 출발해야 합니다. 서기관과 바리새인의 의로 대표되는 모든 인간이 가지는 의는 결국 재물입니다. 이 재물은 하나님을 섬기는 것과 반대 자리에 처할 수밖에 없다고 성경이 가르칩니다.

하나님의 의는 우주와 역사에 나타난 하나님의 의로우심과 광대하심으로 드러나는 까닭에 인간의 의로 대표되는 재물과는 비교도 되지 않습니다. 지난 설교에서 확인했듯이 하나님의 의는 참되고 영광스럽습니다. 그런 대조를 하면서 "너희는 그의 나라와 그의 의를 구하라"고 말씀합니다. 그런데 재물로 표현되는 세상의 의는 하나의 권력이라는 차원에서 하나님의 의와 차이가 납니다. 이 권력이라는 것은 내 삶과 내 존재를 지키기 위한 수단인데 그것이 서기관과 바리새인의 의라는 것입니다. 그러나 이에 반해 하나님의 의란 그의 의로우신 통치에 자신을 맡기는 순종이라고 이야기할 수 있습니다.

재물로 대표되는 인간의 의란 자기의 필요를 채우기 위하여 자기 자신을 스스로 책임지는 자신의 권력아래 두는 수단과 힘인 반면에 그 반대편에는 하나님의 의로우심에 자신을 맡기는 신앙의 순종이라는 하나님의 의라는 것이 있습니다. 본문에서 이렇게 둘을 대조하고 있습니다.

34절에 나오는 바와 하나님의 나라와 그의 의를 구하는 것은 오늘 해야 할 일로 소개가 됩니다. 그래서 그 다음 절에 보면 "그러므로 내일 일을 위하여 염려하지 말라 내일 일은 내일이 염려할 것이요 한 날의 괴로움은 그 날로 족하니라"고 말씀합니다. 그렇다면 재물로 대표되는 인간의 의라는 것은 실력에 있어서 자신의 키를 소원대로 늘릴 수도 없는 한계를 가진 권력일 수밖에 없습니다. 세상이 추구하고 하나님 없는 인간들이 추구하는 권력이 얼마나 헛되고 무력한 것인가 그리고 내일을 확보하기 위하여 오늘을 소진할 수밖에 없는 헛된 삶을 사는가라고 지적함으로써 하나님의 의를 선포하고 있습니다.

너무 설명이 길어졌습니다. 이렇게 생각해 봅시다. "너희는 먼저 그의 나라와 그의 의를 구하라"는 요구 속에는 오늘을 하나님의 백성으로 살라는 초대가 들어 있습니다. 우리는 내일 일을 염려하고 살고 있기 때문에 오늘을 살지 못하고 내일을 확보하려고 전전긍긍하면서 오늘을 보냅니다. 오늘은 무엇입니까? 언제나 지금입니다. 인간은 어제를 살지도 못하며 내일을 살지도 못하는 언제나 오늘만 살

뿐입니다. 지금을 살 뿐인데 지금 무엇을 하면서 사느냐 하면 염려하는 것으로만 산다는 것입니다. 내일을 내가 안심할 수 있는 권력을 쥠으로써 내일을 확보했다는 마음으로 오늘을 보내고 있다는 것입니다. 성경에서는 이것을 '재물'로 표현하고 있습니다.

이것은 돈에 관한 문제가 아닙니다. 그것은 '권력'입니다. 인간이 사는 데 있어서 가장 필요한 것으로 이해하는 것이 세상 권력입니다. 권력이라는 것은 지금 우리가 우리의 생명을 지키고 보존하고 행복할 수 있고 자존심을 지킬 수 있고 남에게 굽실거리지 않아도 되고 비참해지지 않아도 되는 보장책들입니다. 그것이 세상에서는 지위고 권세고 학식이고 돈이고 건강이고 사회적인 인간관계인 것들입니다. 그러나 이런 것들이 우리에게 진정한 행복, 진정한 만족을 주는 것은 아닙니다. 우리가 그것을 알고 있습니다. 성경 표현대로 "누가 염려함으로 키를 한 자나 더 할 수 있느냐"에서 보듯이 우리가 내일을 확보하기 위해 갖는 어떤 권력들도 참된 인간성을 충족시키고 그의 영혼과 인격에 만족을 주는 것들은 없습니다.

그런 차원에서 "너희는 먼저 그의 의를 구하라"는 하나님의 초대는 참으로 고통과 절망과 비극 속에 처해있고 무력할 수밖에 없는 인간들에게 하나님이 예수를 보내어 허락하시는 복음인 것입니다. 너희는 내 통치, 내 사랑, 내 능력 안에서 살라는 이야기입니다. 아주 쉬운 흑백 논리로 그것은 세상에서 쓸데없는 먹고 사는 일에 매여 있지 말고 보다 쓸모 있는 하나님의 일꾼이 되자고 하는 것보다 더 나가는 것입니다. 하나님의 형상으로 만드신 하나님의 자녀라는 이름에 걸맞은 인격, 성품, 영혼의 충만함을 갖는 존재로 존재하는 것입니다. 이것이 오늘을 사는 것입니다. 이 문제를 사도 바울은 빌립보서 4장에서 이렇게 설명하고 있습니다.

내가 주 안에서 크게 기뻐함은 너희가 나를 생각하던 것이 이제 다시 싹이 남이니 너희가 또한 이를 위하여 생각은 하였으나 기회가 없었느니라 내가 궁핍하므로 말하는 것이 아니니라 어떠한 형편에든지 나는 자족하기를 배웠노니 나는 비천에 처할 줄도 알고 풍부에 처할 줄도 알아 모든 일 곧 배부름과 배고픔과 풍부와 궁핍에도 처할 줄 아는 일체의 비결을 배웠노라 내게 능력 주시는 자 안에서 내가 모든 것을 할 수 있느니라(빌 4:10~13)

우리가 자주 묵상하고 외우는 중요한 성경 구절입니다. "내게 능력주시는 자 안에서 내가 모든 것을 할 수 있느니라." 우리는 쉽게 이 능력은 권력이 되곤 합니다. 배고픔을 면하는 것, 고통을 면하는 것, 당면한 어떤 문제를 해결하는 것, 내게 능력 주시는 자 안에서 어떤 일도 우리가 해결할 수 있다고 종종 적용을 합니다.

그러나 이 고백을 한 사도 바울은 그 당시에 로마 옥중에 있었습니다. 그는 고통 속에 있고 자유가 박탈된 인권을 보호받지 못하던 참으로 어려운 처지에 있었습니다. 거기서 하는 고백이 "나는 비천에 처할 줄도 알고 풍부에 처할 줄도 안다. 배부른 것과 배고픈 것, 풍부와 곤핍에 아무 상관이 없다"고 이야기함으로써 지금 그가 이야기하는 능력이란 분명히 세상적인 권력은 아닙니다. 그가 가진 능력은, 그에게 베푸시는 하나님의 능력은 이런 세상적인 권력과 다른 것입니다. 하나님의 의에 관한 것, 하나님의 어떠하심으로 부름 받는 성도들만이 갖는 영적이고 인격적이고 신앙적인 차원에서 갖는 삶의 모든 자세와 내용에 관한 것입니다.

이 말씀을 근거로 해서 결론을 내리자면 하나님은 우리에게 하나님의 의를 구하고 하나님의 나라에 참여하고 순종한다고 해서 세상적인 권력으로 해결되는 문제들에 관하여 해결해 준다는 약속은 하지 않았다는 것입니다. 무슨 이야기냐 하면 세상적인 위협과 시험과 고통을 면케 하는 것을 하나님은 우선적으로 해결해 주시지 않는다는 것입니다. 하나님의 나라와 그의 의를 구한다는 것은 우리가 해결해야 할 급급하고 가장 절박하고 우선적인 어떤 문제들, 우리가 경험하는 오늘의 문제들, 배고픔과 치사한 것과 속상한 것 이런 문제들을 해결하려는 데 있지 않습니다. 그보다 더 깊은 것인 그 아들을 보냈어야만 됐던 하나님을 아는 지식, 인간의 참된 인간된 가치의 문제와 관련이 있습니다. 하나님은 예수 안에서 우리에게 그의 통치를 명하고 계십니다. 이것이 우리에게는 어렵습니다.

우리가 사는 삶의 현실 속에서 하나님이 우리에게 요구하는 것은 먹고 마시는 것, 풍족한 것과 헐벗은 것, 큰 소리 치는 것과 비명을 질러야 되는 그런 문제들을 뛰어 넘어 하나님이 누구시고 우리의 필요가 무엇이냐를 증언하라고 요구하십니다.

그래서 세상 권력과 같은 맥락에서 주어지는 초월이 아닌 것을 위하여 하나님은 우리를 언제든지 곤고한 현실 속에 놓아두십니다. 재물로는 해결되는데 신앙으로는 해결되지 않는 현실 속에 둠으로써 우리가 해결하고 순종하는 것이 재물로 해결할 수 있는 것과 상관없는 영역의 것이라고 증언케 하십니다.

오늘을 하나님 앞에 바치는 일의 어려움은 사도 바울이 이야기한 것같이 세상적으로 풍족할 때도 그것이 답이 아니라고 고백해야 되는 삶을 살아야 되고, 또 세상이 우리를 위협하고 시험하여 정말 살 소망까지 끊어진 자리에서도 우리는 소망이 넘치는 자라고 증언해야 되는 자라는 삶을 살아야 한다는 데 있습니다. 따라서 그의 나라와 의를 구하는 것은 그 일을 위하여 하나님이 예수를 보내셨다는 것과 연결시키지 않으면 불가능한 삶이어서 신앙이라고 이야기하는 것입니다.

우리는 현실 세계에서 기독교의 가장 본질적인 내용을 공격받고 있습니다. 다원주의 사회에서 기독교는 너무 배타적이고 독선적이라고 공격을 받고 있지만 그들의 공격은 무식에서 나온 것에 불과합니다. 예수 없이 인간의 가장 깊은 영적 갈증을 해결할 방법은 없으며 인간의 인격과 인간성을 회복시키고 만족시킬 수 있는 다른 대안은 없습니다. 저들을 공격하자고 이 이야기를 하는 것이 아닙니다. 기독교 신앙의 발언권과 기독교 신앙의 자랑은 예수 안에서 가장 중요한 것을 누리고 있다는 사실 때문에 우리의 신앙은 세상적인 위협과 시험과 현실적인 고통 속에서도 유지된다는 것입니다. 만일 이것을 할 수 없다면 각자의 신앙을 점검하셔야 됩니다.

그래서 하나님은 의로우시고 자비로운 성품을 갖고 계시며 우리에게 그의 통치를 요구하시고 그의 의를 우리에게 채우신다는 사실 때문에 우리의 신앙은 언제나 자랑스럽습니다. 하나님의 통치에 대한 우리의 순종이 세상적인 눈으로 볼 때는 답이 없다고 생각하는 환경과 무대에서 일어날 수밖에 없는 싸움이기 때문입니다.

우리가 만일 세상적인 눈으로 볼 때 그 사람 행복할 만하다, 하나님 믿을 만하다, 한 만큼 보상을 받았다고 이야기할 수 있다면 하나님의 진정한 통치는 가려질 수 있습니다.

지난 시간에도 욥에 대하여 잠시 이야기했는데 다시 생각해 봅시다. 어느 날 하늘에서 회의가 열렸는데 사탄이 찾아와서 기웃거리니까 하나님이 사탄에게 이렇게 말씀합니다. "너 왜 밤낮 시빗거리나 찾으려고 왔다 갔다 하고 있느냐. 욥을 봐라 넌 왜 저렇게 못하냐."

그래서 사탄이 "하나님이 복을 주시니까 쟤가 잘 믿죠. 그러지 않은 데도 쟤가 잘 믿겠습니까?"라고 반문합니다. 그러자 하나님이 사탄에게 "그래? 그럼 쟤가 보상을 받지 않고도 잘 믿나 안 믿나 한 번 내기해볼까?" 그래서 하나님이 정말 세상적인 보상을 주시지 않는데도 하나님의 백성들이 하나님을 하나님으로 모실 수 있는가를 위하여 사탄에게 욥을 손을 댈 수 있도록 허락하십니다. 그래서 하루아침에 자녀들을 잃고 재산을 다 빼앗기는 사태가 벌어지고 하나님과 사탄 사이에 대화가 오갑니다. "봐라 그래도 욥이 신앙을 지키지 않느냐." "아닙니다. 그 정도 갖고는 안 됩니다. 몸을 치는 자리까지 가야, 극한의 자리까지 가야 진정성을 알 수 있습니다." "그럼 좋다. 그렇게 해 봐라." 그래서 드디어 욥의 몸을 칩니다. 병에 들고 괴로워하고 기왓장으로 헌데를 긁는 자리까지 갑니다. 이 지경까지 이른 욥이 이제 아우성을 칩니다. "도대체 하나님 이게 뭡니까?"

이 시험은 욥이 하나님을 믿는 진정한 신앙을 갖고 있는가 보자는 데서 출발했는데 이 시험을 통해 욥이 결국 그러한 결과로 인도함을 받았다는 것으로 끝납니다. 여러분이 욥기를 잘 보시지 않는 이유를 저도 압니다. 자주 보면 자기도 그렇게 될까봐 겁이 나서 안 보는 줄 아는데 실제로 우리가 요구받고 있는 책임은 욥같이 살라는 것입니다. 욥같이 살라는 것은 그가 인내하여 믿음을 지켰다는 식의 영웅담을 한번 너도 흉내 내어 보아라는 하는 데 있지 않습니다. 그것이 아니라 하나님의 하나님 되심이 이 세상 권력과 어떻게 차원이 다른 것인가를 확인하는 데로 인도함을 받는 그런 순종과 승리의 삶을 살아 보아라 하는 데 있습니다.

그래서 우리의 신앙의 어려움은 오늘을 바쳐야 된다는 데 있습니다. 오늘이란 무엇입니까? 우리가 기대하고 소원하지 않는 현실이 언제나 오늘입니다. 오늘 기도할 때 뭐라고 기도하느냐면 오늘 같지 않게 해달라고 기도합니다. 그러나 신자의 오늘은 자신이 기도한 것과 같지 않습니다.

물론 가끔 몇 가지 일에서 믿지 않을 수 없을 만한 증거를 하나님은 주십니다. 그런 기적이 있습니다. 기도의 응답이 있습니다. 그러나 어떤 성도도 자신이 기도한 대로 이루어지는 만족스런 오늘은 거의 없습니다. 그리고 내일도 오늘과 별로 다르지 않을 것입니다. 오늘이란 뭐냐 하면 내가 원한 오늘이 아니라 하나님이 원하는 오늘입니다. 그래서 오늘을 부정하시면 안 됩니다. 왜냐하면 하나님이 원하시는 오늘이기 때문입니다. 그 고통스러운 오늘이 신적 능력과 지혜와 자비와 긍휼과 의로우심과 선하심으로 준 오늘입니다.

본문 34절에 있는 대로 "내일 일은 내일이 염려할 것이요 한 날의 괴로움은 그 날로 족하니라"는 말씀은 현재를 살라는 것입니다. 그런 까닭에 "너희는 먼저 그의 나라와 그의 의를 구하라"는 요구를 내일로 미루어서는 안 됩니다. 언제나 오늘밖에 없는 오늘을 바치셔야 합니다. 그것이 하나님이 우리에게 명한 오늘입니다. 이 환경과 조건과 처지 속에서 내 백성으로 살라는 것입니다. 믿음으로 살고 감수하며 살아야 합니다. 그것이 빌립보서 4장 10~13절의 말씀입니다.

내가 주 안에서 크게 기뻐함은 너희가 나를 생각하던 것이 이제 다시 싹이 남이니 너희가 또한 이를 위하여 생각은 하였으나 기회가 없었느니라 내가 궁핍하므로 말하는 것이 아니니라 어떠한 형편에 든지 나는 자족하기를 배웠노니 나는 비천에 처할 줄도 알고 풍부에 처할 줄도 알아 모든 일 곧 배부름과 배고픔과 풍부와 궁핍에도 처할 줄 아는 일체의 비결을 배웠노라 내게 능력주시는 자 안에서 내가 모든 것을 할 수 있느니라(빌 4:10~13)

무슨 뜻입니까? 예수 그리스도 안에서 하나님의 통치를 받는 삶에서는 무슨 꼴이라도 감수할 수 있다는 것입니다. 그 감수가 행복할 수만은 없습니다. 믿음으로 걸어야 하는 길이라서 우리는 한숨 쉴 수 있고 울 수 있고 고통스러워 비명 지를 수 있습니다. 그러나 그것을 외면하고 아니라고 부정하는 것은 하나님이 오늘이라는 현실에서 나를 통해 세상 앞에 증언하려 하는 것으로부터 도망가는 것입니다.

오늘을 사십시오. 세상은 우리를 공격할 것입니다. "네가 믿는 하나님이 왜 그런 오늘을 너에게 주셨는가"라고 우리를 조롱할 것입니다. 그러나 우리의 오늘은 욥기에서 본 바와 같은 그런 오늘입니다. 하나님이 세상적인 조건과 능력과 권력에 속한 것보다 비교할 수 없는 것으로 우리를 채우시고 하나님의 영광을 드러내어 하나님이 누구시며 우리가 누구이며 하나님이 우리에게 무엇을 만들어 가시는 분인가를 위하여 준비한 오늘입니다.

이런 질문들을 많이 하십니다. 결혼 적령기에 드신 분들이 남녀를 불문하고 결혼을 위하여 배우자를 위하여 어떻게 기도해야 합니까? 여러분이 부모로서 자녀들을 위하여 어떻게 기도해야 합니까? 오늘 할 수 있는 기도를 하십시오. 오늘 할 수 있는 기도가 무엇입니까? 믿음 좋은 사람 만나게 해주십시오. 우리 아이를 하나님의 은혜와 보호하심 속에 늘 지켜주시옵소서. 그것이 오늘 할 수 있는 기도입니다. 그러나 우리는 오늘 그것을 확보하고 싶어 합니다. 그래서 애를 잡는 것입니다. 우리는 기도를 동원하여 내일을 권력으로 확보하고 싶어서 오늘을 바치지 못하는 것입니다.

오늘 확보할 수 없는 결과, 오늘 확인할 수 없는 권력을 놓고 예수를 보내신 하나님의 통치 아래 우리를 복종시키셔야 합니다. 여러분이 드리는 기도 끝에 '예수 그리스도의 이름으로 기도합니다'를 붙일 수만 있다면 오늘 나를 다스리시고 내 기도를 들으시는 하나님이 내일도 주인이시라고 믿는 것입니다. 내 인생을 지키신 하나님께서 내 자녀도 지키시고 복을 주실 것이며 내 자녀를 위하여 기도하게 하시는 하나님이 어디선가 자신의 배우자를 위하여 기도하는 짝을 준비하고 계실 것이라고 믿는 것입니다.

그 믿음을 바울이 어디서 고백합니까? 감옥에서 고백합니다. "내게 능력 주시는 자 안에서 내가 모든 것을 할 수 있느니라." 빌립보 교인들은 기가 막혀서 말도 못하고 돌아갔습니다. 위문품 갖고 찾아갔더니 고맙다는 소리는 안하고 나는 궁핍에 처할 줄도 알고 풍부에 처할 줄도 안다고 합니다.

여기에 믿음이 동원됩니다. 이 믿음의 근거는 예수입니다. '공중 나는 새를 보라'고 예를 드신 예수님이 사실은 무슨 이야기를 하고 싶으신 것입니까? '나를 보라 빌립아, 나를 본 자는 아버지를 보았거늘'이라고 하십니다. 이 문제에 관한 여러분의 신앙고백은 분명합니다. 그 신앙고백을 오늘 사용하지 못하는 이유가 무엇입니까? 믿음이 약하기 때문입니다.

여러분이 발버둥치고 세상의 권력을 가져봤자 아무 문제도 해결할 수 없었다는 사실을 아실 것입니다. 예수 그리스도께서 당신을 보내신 하나님 아버지를 증거하라고 우리를 초대합니다. 하나님의 통치와 복과 의로움으로 살고 이것들을 즐기라고 하십니다. 이것이 하나님의 자녀 된 복된 인생이니 빼앗기지 말라고 권하십니다.

여러분 모두 성경 말씀을 근거로 신자 된 삶이 무엇인지 아시고 곤고한 오늘 속에서 어떠한 형편에서든지 일체의 비결을 배웠노라고 고백하고 승리하시는 삶을 사시기를 바랍니다.

기도

하나님 아버지 은혜를 감사합니다. 하나님을 아버지로 모신다는 것은 놀라운 것입니다. 우리는 세상의 도전과 위협과 유혹과 시험 앞에 넉넉합니다. 세상이 우리를 유혹하는 것은 저들이 진정한 답을 갖고 있기 때문이 아니요 하나님을 모르기 때문입니다. 이제 하나님을 알고 하나님의 자녀가 되었으니 하나님의 넉넉하심으로 그 의와 진리와 소망과 사랑과 생명과 부활과 거룩함과 영광으로 하나님의 자녀된 인생을 살게 하옵소서. 오늘을 살게 하옵소서. 지금을 살게 하옵소서. 우리의 모든 형편에도 불구하고 믿음을 지키게 하사 우리의 고통과 비명과 눈물과 한숨은 인내하고 순종하는 표가 되게 하여 주시옵소서. 남들이 우리를 보고 왜 그 눈물과 비명 속에 믿음을 지키는가 묻거든 하나님의 선하심과 그 아들 예수 안에서 보이신 사랑 때문이라 답할 수 있게 하옵소서.
예수님 이름으로 기도합니다. 아멘

19. 하나님의 의를 구하라

그런즉 너희는 먼저 그의 나라와 그의 의를 구하라 그리하면
이 모든 것을 너희에게 더하시리라 그러므로 내일 일을 위하
여 염려하지 말라 내일 일은 내일이 염려할 것이요 한 날의
괴로움은 그 날로 족하니라(마 6:33~34)

"너희는 먼저 그의 나라와 그의 의를 구하라"는 말씀과 신자들에게 요구되는 신앙 실천, 순종의 내용은 34절에서 보는 바와 같이 괴로움으로 묘사되고 있습니다. "그러므로 내일 일을 위하여 염려하지 말라 내일 일은 내일이 염려할 것이요 한 날의 괴로움은 그 날로 족하니라." 그렇게 되어 있습니다.

우리는 기독교 신앙을 소개할 때 대표적으로 기쁨이 있고 감격이 있고 평안이 있다고 이야기합니다. 그것은 사실입니다. 기쁨이 있고 평안이 있고 감격이 있습니다. 그럼에도 불구하고 괴로움이 많다는 것도 또한 사실입니다. 우리가 깊은 차원에서의 답들을 얻기 때문에 예를 들면 운명에 관하여, 인간의 가치에 관하여, 인생의 의미에 대하여 하나님의 계심과 하나님의 사랑, 또 그 아들을 보내신 구원이라는 측면에서 영혼의 깊은 만족이 있지만 현실은 괴롭습니다.

이 문제를 잘 이해하지 않으면 오늘 살펴보려는 한 날의 괴로움을 신앙으로 견디는 문제에서 모호해질 수 있습니다. 이 문제가 오늘 확실해지기를 바랍니다. 고린도후서 6장에 가시면 사도 바울은 고린도 교회에 보내는 편지에서 이렇게 다룹니다.

우리가 하나님과 함께 일하는 자로서 너희를 권하노니 하나님의 은혜를 헛되이 받지 말라 이르시되 내가 은혜 베풀 때에 너에게 듣고 구원의 날에 너를 도왔다 하셨으니 보라 지금은 은혜 받을 만한 때요 보라 지금은 구원의 날이로다(고후 6:1~2)

우리는 이것을 꼭 기억해야 합니다. 예수 그리스도께서 십자가로 승리하신 하나님의 통치와 하나님의 구원은 승리와 영광을 약속하고 있지만 지금은 심판의 때가 아니라는 사실입니다. 예수를 믿음으로 하나님의 통치 아래 들어가고 하나님의 인도하심과 보호 아래 들어가 약속 가운데 승리와 운명을 확보하고 있지만 우리는 아직 하나님이 구원을 베푸시고 은혜를 베푸시고 심판을 유보하고 계시는 은혜의 기간을 살아가고 있습니다. 세상은 아직도 죄와 하나님을 모르는 무지함 속에 갇혀 있습니다. 이것이 우리가 아는 믿음과 우리가 몸담고 있는 현실 간의 괴리감입니다. 여기에 갈등과 긴장이 있을 수밖에 없습니다. 바울의 편지를 계속 봅시다.

우리가 이 직분이 비방을 받지 않게 하려고 무엇에든지 아무에게도 거리끼지 않게 하고 오직 모든 일에 하나님의 일꾼으로 자천하여 많이 견디는 것과 환난과 궁핍과 고난과 매 맞음과 갇힘과 난동과 수고로움과 자지 못함과 먹지 못함 가운데서도 깨끗함과 지식과 오래 참음과 자비함과 성령의 감화와 거짓이 없는 사랑과 진리의 말씀과 하나님의 능력으로 의의 무기를 좌우에 가지고 영광과 욕됨으로 그러했으며 악한 이름과 아름다운 이름으로 그러했느니라 우리는 속이는 자 같으나 참되고 무명한 자 같으나 유명한 자요 죽은 자 같으나 보라 우리가 살아 있고 징계를 받는 자 같으나 죽임을 당하지 아니하고 근심하는 자 같으나 항상 기뻐하고 가난한 자 같으나 많은 사람을 부요하게 하고 아무 것도 없는 자 같으나 모든 것을 가진 자로다(고후 6:4~10)

이 이중적인 평가를 이해하셔야 됩니다. 세상의 눈으로 보자면 우리가 자기네들보다 더 가진 것도 없고 더 나을 것도 없고 현실로도 고달픈데 우리는 이미 가진 자이며 넉넉한 자이며 승리자이며 세상이 우리를 힘으로 누르고 있는 것 같지만 우리가 용서하고 있는 사람들이라는 것입니다. 이것이 현실적으로 괴로움으로 나타나는 것은 너무나 당연합니다.

우리는 하나님 앞에 현실적인 필요를 기도하곤 합니다. 하나님이 그 기도를 들어주시는 것은 이 세상이 우리에게 도전하고 시험하는 어떤 힘보다도 하나님이 더 크시다는 것을 가르치기 위해서 기도에 응답도 하십니다.

그러나 그런 단계를 지나가보시면 그런 어려움들과 시험들은 우리가 감수하고 가야 되는 것으로 성경은 가르치고 있습니다. 어려움과 고단함과 외로움과 무거운 짐을 지고 가야 됩니다. 그 짐들은 다 우리가 가지고 있는 해답들, 우리가 가지고 있는 약속들이 현실 속에서 세상적인 것으로 증거되거나 확보되는 것이 아니라는 것을 뜻합니다. 그래서 믿음은 신약성경에서 순종과 인내라는 이름으로 자주 묘사됩니다. 물론 이 문제에 대하여 억울할 수 있습니다. 사도 바울도 이 문제가 억울해서 교인들에게 목청을 높인 사건이 하나 있습니다. 고린도전서 4장에 가 보십시다.

사람이 마땅히 우리를 그리스도의 일꾼이요 하나님의 비밀을 맡은 자로 여길지어다 그리고 맡은 자들에게 구할 것은 충성이니라 너희에게나 다른 사람에게나 판단 받는 것이 내게는 매우 작은 일이라 나도 나를 판단하지 아니하노니 내가 자책할 아무 것도 깨닫지 못하나 이로 말미암아 의롭다 함을 얻지 못하노라 다만 나를 심판하실 이는 주시니라 그러므로 때가 이르기 전 곧 주께서 오시기까지 아무 것도 판단하지 말라 그가 어둠에 감추인 것들을 드러내고 마음의 뜻을 나타내시리니 그 때에 각 사람에게 하나님으로부터 칭찬이 있으리라(고전 4:1~5)

이렇게 잘라서 읽으면 사실 의미가 정확히 잘 드러나지 않지만, 고린도 교회는 바울이 세웠고 그로 인하여 복음을 접하게 되었고 구원을 얻어 하나님의 백성이 되었습니다. 그럼에도 불구하고 나중에 사도 바울의 사도권, 하나님의 사자가 맞냐 하는 사도권에 대하여 도전을 한 교회입니다. 바울이 하나님의 종 같지 않다고 도전을 한 것입니다.

이때의 배경은 어떠했습니까? 예수님 공생애로부터 이어지는 1세기 정치 상황은 아시다시피 로마가 서유럽을 장악하고 있고 내용적으로 그리스 사상과 문화와 종교가 로마 통치권 내에서 가장 크게 인정받을 때입니다. 그리스 로마 신화에서 보는 것과 같은 많은 신들이 있었습니다.

그런데 예수 믿는 사람들은 하나님만 유일한 신이라고 하는 것입니다. 그리고 그의 자녀가 되려면 예수를 믿어야 된다는 것입니다. 초대교회는 그것으로 인해 많은 핍박을 받습니다. 그런 속에서도 예수를 믿고 돌아오는 사람들이 생긴 것입니다. 그런데 초대교회 성도들 중에는 어떤 신이 더 우월하고 위대하고 그리고 심지어 유일한 신이라면 다른 신들보다 높은 증거가 있어야 된다고 생각했습니다. 더 복되게 하고 더 능력 있고 더 즉각적인 증거가 나타나야 된다는 것이었습니다.

그런데 바울은 외모가 보잘 것이 없었다고 성경에 나와 있습니다. 창세기에 나온 선악과만 해도 보암직도 하고 먹음직도 한데 바울은 볼품이 없었던 모양입니다. 말도 시원치 않았다고 되어 있습니다. 거기다 또 몸에 결정적인 질병을 갖고 있어서 모든 사람을 시험할 만한 약점이 있었다고 기록되고 있습니다. 그래서 고린도 교회에서 뭐라고 도전을 하냐면 당신이 가장 위대한 신의 사자라면 우리보다 나아야하고 생긴 것으로나 하는 짓으로나 볼 만한 데가 있어야 되지 않느냐고 합니다. 그런데 당신은 아무것도 없지 않느냐, 우리는 당신을 신의 사자라고 믿을 수가 없다고 이야기한 것입니다.

그러자 바울의 답이 서두에는 나는 맡긴 일을 할 뿐이니까, 내가 얼마나 잘났느냐가 중요한 게 아니라 나를 보낸 분이 누구인가를 증거하는 것이 내 책임의 전부이고 맡은 자에게 구할 것은 충성이라고 함으로써 6절 이하에서 반박합니다. 이 반박을 주의 깊게 들으셔야 됩니다.

> 형제들아 내가 너희를 위하여 이 일에 나와 아볼로를 들어서 본을 보였으니 이는 너희로 하여금 기록된 말씀 밖으로 넘어가지 말라 한 것을 우리에게서 배워 서로 대적하여 교만한 마음을 가지지 말게 하려 함이라(고전 4:6)

무슨 뜻입니까? 하나님이 하신 말씀에 집중하고, 나를 보내신 하나님이 누군가를 아는 일에 집중함으로써 다른 것으로 내용을 혼란시키지 말라는 것입니다.

누가 너를 남달리 구별하였느냐 네게 있는 것 중에 받지 아니한 것이 무엇이냐 네가 받았은즉 어찌하여 받지 아니한 것같이 자랑하느냐(고전 4:7)

너희가 받은 복음의 내용은 모두 은혜로 말미암고 하나님이 주신 것인데 마치 너희가 만든 것같이 너희가 잣대를 만드느냐, 너희가 기준을 만드느냐, 너희가 맘대로 심판하느냐 이렇게 포문을 엽니다.

너희가 이미 배 부르며 이미 풍성하며 우리 없이도 왕이 되었도다 우리가 너희와 함께 왕 노릇 하기 위하여 참으로 너희가 왕이 되기를 원하노라(고전 4:8)

고린도 교회는 두 가지 큰 자랑거리가 있었는데 하나는 저들이 매우 지적 수준이 높았다는 것과 은사가 풍성했다는 사실입니다. 성령의 나타남이 많아서 어느 시대 어느 교회나 부러워할 만한 교회였습니다. 지적 수준도 높고 초월적인 증거도 많아서 이들은 예수 믿는 것이 자랑스럽고 어려울 것이 없어 보입니다. 그러나 고린도 교회는 서신서 중에서 가장 많은 문제를 갖고 있는 교회로 지적되고 있습니다. 그러면서 너희는 정말 넉넉하고 잘났고 신나는구나 라고 비꼬는 것입니다. 그리고 9절 이하에 이렇게 말합니다.

내가 생각하건대 하나님이 사도인 우리를 죽이기로 작정된 자같이 끄트머리에 두셨으매 우리는 세계 곧 천사와 사람에게 구경거리가 되었노라 우리는 그리스도 때문에 어리석으나 너희는 그리스도 안에서 지혜롭고 우리는 약하나 너희는 강하고 너희는 존귀하나 우리는 비천하여 바로 이 시각까지 우리가 주리고 목마르며 헐벗고 매 맞으며 정처가 없고 또 수고하여 친히 손으로 일을 하며 모욕을 당한즉 축복하고 박해를 받은즉 참고 비방을 받은즉 권면하니 우리가 지금까지 세상의 더러운 것과 만물의 찌꺼기같이 되었도다(고전 4:9~13)

지금 바울이 하나님의 사자로 부름을 받아 고린도에 교회를 세우고 그들로 하여금 하나님의 자녀가 되게 했습니다. 바울이 가르친 사람으로서 세상적인 판단을 하면 고린도 교회가 아무리 훌륭해도 바울 앞에서는 어쨌든 한 수 양보해야 되는 처지인데 고린도 교회가 거꾸로 바울을 비난하고 있습니다. "당신이 하나님의 종이라면 왜 그토록 볼품이 없습니까?" 그러자 바울은 하나님의 백성이 되는 것은 세상에서는 어떤 꼴로 나타나느냐 무엇이 하나님의 위대함에 대한 증거며 하나님을 믿는 신앙의 현실적인 실체인가라고 이야기하면서 그것은 세상에서 증거되는 승리주의적 모습으로 나타나지 않는다고 이야기합니다.

우리는 하나님의 종들입니다. 바울은 아볼로를 일단 들고 있습니다. 나와 아볼로 같은 하나님의 종들은 이 시간까지 하나님이 죽이기로 작정된 자같이 끄트머리에 두셨으매 우리는 세계, 곧 천사와 사람에게 구경거리가 되었다고 말합니다. 이것은 로마가 계속 영토를 확장해가면서 어느 나라를 격파하고 항복을 받아 영토를 자기 것으로 빼앗아 올 때는 나가서 이긴 군대가 승리의 노획물들을 가지고 개선 행진을 합니다. 로마 성 밖에서 기다리고 있다가 준비된 날 시저도 나오고 로마 시민들이 다 나와 환영을 하고 군대는 멋지게 차려입고 시내를 들어옵니다. 그리고 전리품이 뒤에 따라옵니다. 이긴 군대의 대장과 군대가 앞장을 서고 뒤에 전리품이 따라오는 그 맨 끝의 전리품은 적국의 왕이나 왕족들 노예들인 겁니다. 끄트머리에 둔다는 표현은 그런 시대적인 배경을 가집니다.

바울이 하는 이야기는 우리가 하는 일의 중요함과 위대함에도 불구하고 하나님은 우리를 구경거리고 삼으시고 죽이기로 작정된 자같이 끄트머리 전리품 속에 넣어놓았다는 것입니다. 예수 믿는 것은 현실적으로 이런 길을 걷습니다. 예수 믿고 사는 것이 무엇이냐 하는 문제는 쉽게 생각하면 안 되는 것입니다. 우리는 다 가진 사람입니다. 우리를 통하여 하나님이 일하시고 복음이 전파되고 하나님을 만납니다. 그러나 하나님은 그 일을 이렇게 시키십니다. 조금 전에 이야기한 승리주의에 관한 성경의 분명한 경고입니다.

바로 이 시각까지 우리가 주리고 목마르며 헐벗고 매 맞으며 정처가 없고(고전 4:11)

비방을 받은즉 권면하니 우리가 지금까지 세상의 더러운 것과 만물의 찌꺼기같이 되었도다(고전 4:13)

우리는 본성적으로 우리가 무엇에나 우월한 것이 하나님과 복음에 도움이 된다고 생각합니다. 아주 쉽게 "하나님 나를 축복해주셔서 성공하게 해주시면 내가 주를 위하여 다 내놓겠습니다." 이런 것입니다. 이것은 할 수 있는 기도이고 물론 그 진심을 이해합니다. 그러나 하나님은 일을 그렇게 안 하십니다. 그렇게 일하기도 하시지만 다수에게 요구하는 일반적인 신앙의 길은 아닙니다.

우리가 신앙생활 하면서 확인하는 것은 어느 시대나 그랬지만 교회에서 간증을 하거나 심지어 설교에서도 영적인 승리를 세상적인 것과 자주 혼동해서 말하는 격려들입니다. 승리해서 하나님께 영광을 돌린다는 것은 그렇게 간단하지 않습니다.

사실 승리주의는 교회를 끊임없이 흔들었습니다. 첫 번째 승리주의를 도입했던 사람은 콘스탄틴입니다. 콘스탄틴 대제가 교회를 인정함으로써 대제가 되었고 기독교를 국교로 선언함으로써 교회가 세상보다 큰 권력을 갖게 됩니다. 그래서 신앙이 영향력으로 가지 않고 권력으로 갑니다. 영향력이라는 것은 인격과 영혼의 감격을 주는 것이요 권력이라는 것은 강제하는 것입니다.

여러분 자녀를 키워보시면 자녀를 강제할 수 없다는 것을 아실 것입니다. 자녀의 마음을 돌이켜야 하는데 그 일에 성공하는 부모는 없습니다. 그래서 결국 하나님께 맡기게 됩니다. "하나님 저는 두 손 들었습니다. 저 아이의 인생을 하나님께 맡깁니다." 하나님이 뭐라고 하십니까? "너도 그랬다."

하나님이 지키시니까 우리가 기독교 신앙을 이 세상 속에서 어떻게 해서든지 우월하고 자랑할 만하고 속상하지 않는 것으로 드러내고 싶은 욕심이 있습니다. 아마 제일 큰 시험은 자존심일 것이라고 생각합니다. 예수 믿는 것이 요 모양 요 꼴인 것이 나도 속상하고 하나님도 속상해 보인다는 것입니다. 하지만 하나님은 그렇게 안 해 주십니다. 그래서 콘스탄탄으로부터 시작하여 중세교회가 힘을 스스로 갖기 시작한 것입니다. 물론 교회사의 증언에 따르면 결국 성공하지 못했습니다. 이런 현실 속에서 중세를 이끈 것은 교황이 아니라 수도원이었습니다. 가장 세상 권력으로 먼 제도를 만들어 버렸습니다. 그리고 여러분이 아시는 근대가 등장합니다.

근대라는 것은 이성으로 또 하나의 권력을 만듭니다. 합리성이라는 것으로 교육도 하고 계몽, 희망을 갖게 되고 기대를 갖게 됐지만 결국 무너졌습니다. 사람은 그것으로 묶을 수 없다는 것을 알게 됐습니다.

합리성이 사람을 다 항복시키고 변화시키지 못한다는 것을 우리가 겪는 포스트모더니즘에서 알 수 있습니다. 근대 이후, 지금은 문화가 하나의 권력이 되려고 합니다. 모두의 마음에 드는 것을 하자, 모두의 마음에 드는 것은 가장 낮은, 가장 원초적인 본능으로 내려와야 된다. 훈련되지 않는 것, 절제하고 연습할 필요 없는 것으로 내려와야 된다. 그런데 이것이 맹위를 떨칠 수 있습니다. 이것은 다 권력입니다. 그러나 기독교는 권력이 아닙니다. 영향입니다. 진리와 생명의 영향이요 하나님의 은혜와 약속과 신실하심의 무서움에 관한 것입니다.

빌립보서 2장에 가면 성경은 우리에게 승리주의로 가지 말고 이런 길로 갈 것을 요구합니다. 이것이 오늘 본문에 있는 한 날 괴로움을 이해하는 말씀이 될 것입니다.

그러므로 나의 사랑하는 자들아 너희가 나 있을 때뿐 아니라 더욱 지금 나 없을 때에도 항상 복종하여 두렵고 떨림으로 너희 구원을 이루라 너희 안에서 행하시는 이는 하나님이시니 자기의 기쁘신 뜻을 위하여 너희에게 소원을 두고 행하게 하시나니 모든 일을 원망과 시비가 없이 하라 이는 너희가 흠이 없고 순전하여 어그러지고 거스르는 세대 가운데서 하나님의 흠 없는 자녀로 세상에서 그들 가운데 빛들로 나타내며 생명의 말씀을 밝혀 나의 달음질이 헛되지 아니하고 수고도 헛되지 아니함으로 그리스도의 날에 내가 자랑할 것이 있게 하려 함이라 (빌 2:12~16)

"두렵고 떨림으로 너희 구원을 이루라"고 하면서 15절에 보는 바와 같이 "세상에서 그들 가운데 빛들로 나타내며 생명의 말씀을 밝히라"고 말씀합니다. 우리는 세상 속에 있습니다. 어두움 속에 있습니다. 우리가 해야 될 것은 어두움을 걷어내는 것이 아니라 빛이 되는 것입니다. 권력을 가져 상대방에게 책임을 떠넘기고 명령을 하는 것이 아니라 내 짐을 지고 가는 것입니다. 그런데 방금 읽은 말씀 가운데 처음 12절에 나오는 '그러므로'라는 표현은 앞에 있는 2장 5절 이하의 말씀에 이어 나오는 것입니다.

너희 안에 이 마음을 품으라 곧 그리스도 예수의 마음이니 그는 근본 하나님의 본체시나 하나님과 동등됨을 취할 것으로 여기지 아니하시고 오히려 자기를 비워 종의 형체를 가지사 사람들과 같이 되셨고 사람의 모양으로 나타나사 자기를 낮추시고 죽기까지 복종하셨으니 곧 십자가에 죽으심이라 이러므로 하나님이 그를 지극히 높여 모든 이름

위에 뛰어난 이름을 주사 하늘에 있는 자들과 땅에 있는 자들과 땅 아래에 있는 자들로 모든 무릎을 예수의 이름에 꿇게 하시고 모든 입으로 예수 그리스도를 주라 시인하여 하나님 아버지께 영광을 돌리게 하셨느니라(빌 2:5~11)

예수 그리스도의 죽음을 기억하라는 것입니다. 예수 그리스도의 죽음을 기억하라는 것은 하나님이 우리를 구원하기 위하여 강제력을 동원하시지 않고 당신이 자신을 낮추어 우리를 찾아와 우리 자리에 들어와 우리를 끌어내는 하나님의 희생과 진실함으로 이 일을 이루셨다는 것을 기억하라는 것입니다. 하나님이 이 일에 권력으로 행하시지 않았다는 것을 기억하고 너희 인생을 살라는 것입니다. 그것은 하나님이 원하시는 하나님의 사랑과 은혜의 속성이요 하나님의 지혜와 능력이 있기 때문이라는 것입니다. 우리가 세상에서 정치적 사회적 권력을 갖는 것보다 이것이 더 큰 힘입니다. 하나님이 그의 아들을 그 길로 보내셨고 승리하셨기에 꾀를 부리지 말고 너도 고단한 인생을 살아라는 것입니다.

이 부분에 오면 다 의아해합니다. 위로의 말씀을 듣기 위하여 찾아오셨는데, 혹 떼러 왔다가 혹 붙이고 가는 격입니다. 그러나 이것은 복된 혹입니다. 여러분의 인생을 사십시오. 여러분의 인생이 옆에서 볼 때는 고린도후서 6장이나 고린도전서 4장에서 보는 바와 같이 무슨 길인지 아무도 모릅니다. 무명한 자 같고 속이는 자 같고 아무것도 가지지 못한 자 같습니다. 그러나 우리는 참으로 중요한 사람이고 우리의 인생은 놀라운 하나님의 손길이며 우리가 나누어주는 자 입니다. 여러분의 고통과 신음이 패배와 절망의 부르짖음이 아닌 것은 예수님이 십자가에서 "아버지여 저들을 사하소서 저들이 자기가 하는 일을 알지 못하나이다" 하시고 "내가 다 이루었다"라고 하신 말씀을 기억하고서 여러분의 인생과 현실을 하나님의 뜻 안에 붙들어 맬 줄 아셔야 됩니다. 그렇게 살면 여러분들은 기적을 경험하시게 됩니다. 매일의 삶이 기적이요 여러분이 하는 일이 어떤 일인지 아시게 됩니다.

주께서 짧은 생애를 사시는 동안 가는 곳마다 만나는 사람마다 하나님의 의를, 하나님의 통치를 나누고 증거하고 허락하신 것처럼 여러분의 생애와 존재가 그렇게 될 것입니다. 이 신자의 생활을 하는 복된 여러분의 신앙과 현실과 인생이기를 바랍니다.

기도

하나님 아버지 은혜를 감사합니다. 하나님을 아버지라 부름으로써 우리의 존재와 인생과 우리의 형편 속에 더 이상 필요한 다른 조건은 없습니다. 우리는 어느 곳 어느 형편에서나 예수의 이름으로 기도할 수 있고 우리 하나님은 우리를 위하여 그의 아들을 십자가에 매다신 분입니다. 우리는 모든 것을 가진 자입니다. 우리의 걷는 길의 어려움, 하나님이 우리를 가장 낮은 곳으로 그 비참함 속에 있는 영혼들에게 우리를 보냈기 때문입니다. 우리 인생과 환경을 짊어질 믿음을 주시옵소서. 그 길을 순종할 믿음을 주시옵소서. 그리하여 우리와 우리 인생에 하나님이 어떻게 함께 하사 일하시는지 보는 기적과 기쁨을 허락하옵소서. 예수님 이름으로 기도합니다.
아멘

마태복음 **7**장

20. 비판하지 말라(1)

비판을 받지 아니하려거든 비판하지 말라 너희가 비판하는
그 비판으로 너희가 비판을 받을 것이요 너희가 헤아리는 그
헤아림으로 너희가 헤아림을 받을 것이니라 어찌하여 형제
의 눈 속에 있는 티는 보고 네 눈 속에 있는 들보는 깨닫지
못하느냐 보라 네 눈 속에 들보가 있는데 어찌하여 형제에게
말하기를 나로 네 눈 속에 있는 티를 빼게 하라 하겠느냐 외
식하는 자여 먼저 네 눈 속에서 들보를 빼어라 그 후에야 밝
히 보고 형제의 눈 속에서 티를 빼리라(마 7:1~5)

오늘 본문에 나오는 비판하지 말라는 예수님의 말씀은 하나님의 의와는 다른 서기관과 바리새인의 의로 대표되는 인간의 의에 결정적 결함이 있다고 지적하는 내용을 담고 있습니다.

오늘 본문에 등장하는 중요한 세 가지 단어가 있는데 비판과 들보와 외식입니다. 이 모든 것들은 인간의 비판 정신이 의를 추구하지만 어떻게 자기에게는 아무 쓸모가 없고, 남의 눈의 티나 볼 뿐 자기 눈의 들보는 보지도 못하고 빼낼 수도 없는, 그래서 겉치장밖에 할 수 없는 의인가를 지적하는 데에 본문이 쓰이고 있습니다. 이 문제를 좀 더 자세히 이해하기 위해서 마태복음 23장으로 가봅니다.

이에 예수께서 무리와 제자들에게 말씀하여 이르시되 서기관들과 바리새인들이 모세의 자리에 앉았으니 그러므로 무엇이든지 그들이 말하는 바는 행하고 지키되 그들이 하는 행위는 본받지 말라 그들은 말만 하고 행하지 아니하며 또 무거운 짐을 묶어 사람의 어깨에 지우되 자기는 이것을 한 손가락으로도 움직이려 하지 아니하며 그들의 모든 행위를 사람에게 보이고자 하나니 곧 그 경문 띠를 넓게 하며 옷술을 길게 하고(마 23:1~5)

화 있을진저 외식하는 서기관들과 바리새인들이여 너희가 박하와

회향과 근채의 십일조는 드리되 율법의 더 중한 바 정의와 긍휼과 믿음은 버렸도다 그러나 이것도 행하고 저것도 버리지 말아야 할지니라(마 23:23)

복음서에서 예수님이 누구를 정죄하거나 심하게 꾸짖는 적이 없는데 서기관과 바리새인들에 대해서는 굉장히 목소리를 높이시고 정면으로 반박하십니다. 그것은 예수님의 오심과 예수 그리스도 안에서 허락하신 하나님의 의가 모든 사람에게 열려 있고 꼭 필요한 것임에도 불구하고 서기관과 바리새인의 의로 대표되는 인간의 자기 주장, 자기 자존성이라는 것이 하나님의 의와 은혜를 받아들이는 일에 가장 큰 걸림돌이 되기 때문입니다.

가장 중요한 표현은 1절에 있는 바와 같이 저들은 모세의 자리에 앉아 있습니다. 모세의 자리에 앉아 있다는 것은 모세의 순종은 따라 하지 않고 모세의 지위만 누리려고 합니다. 저들이 말하는 바는 옳지만 저들이 그것을 행하지 않습니다. 그것은 언행이 일치하지 않는다는 간단한 지적이 아니고 자기들이 하는 말을 지킬 능력은 없으면서 그렇게 말함으로써 마치 지키는 자같이 군다는 뜻입니다.

오늘 본문으로 택하고 있는 마태복음 7장의 비판하지 말라는 이야기는 우리가 옳은 것을 알아서 남을 판단하고 심판하고 정죄한다고 해서 그 지식을 본인의 실력으로 갖고 있는 것과는 다르다는 이야기입니다. 이 문제의 어려움은 이런 지적과 이해와 또는 깨우침들이 마치 자신이 그것을 생산해내고 적용할 수 있는 것으로 스스로 기만하기 때문에 서기관과 바리새인들의 비판하는 의가 위험하다는 지적입니다.

세계 역사 속에서 사실 지난 이천 년 동안에 가장 크게 영향을 미친 것은 '근대'일 것입니다. 산업혁명이라는 것과 지성으로의 이상이라는 것이 아직까지도 인류 역사에 가장 큰 영향을 미친 사건인데 지성이 발달되고 합리주의와 인본주의가 주장되면서 인류는 그때 아주 큰 꿈을 가졌습니다. 인간이 진보하고 이상적인 사회를 만들 수 있다고 믿었습니다. 그러나 그렇게 되지 않았습니다. 지식이라는 것이 또는 지성이라는 것이 또는 문명이라는 것이 인간성에는 아무런 영향을 미치지 못했다고 확인한 것이 지난 몇 세기 동안에 가장 중요한 역사의 교훈이었을 것입니다.

그럼에도 불구하고 이 문제는 인간적 본성과 묶여 있는 것이어서 즉, 인간의 자존성에 관한 고집과 묶여 있는 것이어서 우리는 지금까지도 이 영향에서 자유롭지 않습니다. 죄의 본성과 엮여 있기 때문입니다. 우리는 아는 것이 힘이고 실력이라고 믿고 있습니다. 그러나 아는 것이 실력이냐 아니냐 하는 문제는 설명과 지식이 사람을 변화시키느냐 하는 것으로 가려집니다.

우리는 보통 어려운 문제가 생기거나 견해를 달리할 때는 논리성으로 또는 명분으로 상대방을 설득합니다. 토론에 대해서 "토론은 안하는 게 좋다"는 유명한 말이 있습니다. 왜냐하면 지면 바보가 되고 이기면 원한만 사기 때문입니다. 사람은 맞다 틀리다로 항복하지 않습니다. 여러분이 자녀를 길러 봐도 알고 여러분이 자라나는 동안에도 경험하셨을 것입니다.

제가 가끔 당구를 하수들과 같이 쳐보면 그들은 결정적인 기본기에 흠이 있습니다. 어느 한 분은 샷을 할 때마다 눈을 감습니다. 그것은 결정적인 흠입니다. 그래서 "눈을 떠야 된다"고 여러 번 충고했습니다. 너무나 당연한 충고인데 그가 어느 날 이렇게 대꾸 했습니다. "목사님 용서하세요. 저 아버지 말도 안 듣고 컸습니다." 아마 본인도 눈을 뜨고 하고 싶을 것입니다. 물론 즐기러 올 수는 있지만 그것을 못해서 잘 치지 못하는 것입니다.

그러나 우리는 그것밖에 할 줄 모릅니다. 그래서 우리는 논쟁을 합니다. 설득을 하고 설명을 해서 내 말이 맞는 것으로 상대방을 제압하려고 합니다. 논리성이나 명분에서 이겨서 내가 이긴 것 같은 큰 오해를 갖습니다. 내가 무엇을 갖고 있는 것 같습니다.

여러분 살아보면 기독교 신앙에서 용서와 사랑의 어려움은 용서를 하거나 사랑을 하면 지는 것 같다는 데 있습니다. 싸웠을 때 가장 어려운 것은 싸움을 끝내는 것입니다. 왜냐하면 마지막 말을 내가 하고 싶기 때문입니다. 하다못해 "좋아 오늘은 내가 참는다." 이 말이라도 해야 됩니다. 그냥 질 수는 없습니다. 이것은 근대성이 우리에게 준 것입니다. 우리의 자존심을 지켜야만 되는 것으로 인간 교육을 시켰습니다. 그래서 마지막 말을 해야 됩니다. 서로 마지막을 해야 되니까 끝까지 옆에서 친구들이 붙잡고 갈라놓고 끌려가면서도 고함을 질러야 되는 현실을 낳았습니다. 그리고 이긴 것으로 생각하고 가진 것으로 생각합니다. 우리는 들보를 빼내지는 못하고 있는 것입니다. 티를 가려낼 수는 있는데 티를 뽑는 것과 들보를 빼는 것 중, 들보를 빼는 게 훨씬 쉽습니다. 눈 속에 기둥이 하나 들어가 있는 것인데 금방 꺼낼 수 있는데 그것이 안 빠지더라 하는 사실입니다. 그래서 예수 안에 있는 하나님의 의라는 것은, 어떻게 다른 것이냐라는 문제에 대하여 우리가 분명한 이해를 이 시점에서 대조하여 확인해야 됩니다. 로마서 7장으로 갑시다.

그런즉 우리가 무슨 말을 하리요 율법이 죄냐 그럴 수 없느니라 율법으로 말미암지 않고는 내가 죄를 알지 못하였으니 곧 율법이 탐내지 말라 하지 아니하였더라면 내가 탐심을 알지 못하였으리라 그러나 죄가 기회를 타서 계명으로 말미암아 내 속에서 온갖 탐심을 이루었나니 이는 율법이 없으면 죄가 죽은 것임이라 전에 율법을 깨닫지 못했을 때에는 내가 살았더니 계명이 이르매 죄는 살아나고 나는 죽었도다 생명에 이르게 할 그 계명이 내게 대하여 도리어 사망에 이르게 하는 것이 되었도다 죄가 기회를 타서 계명으로 말미암아 나를 속이고 그것으로 나를 죽였는지라(롬 7:7~11)

여러분이 알고 이해한다고 해서 그것이 자기 것이 되지 않는다는 것은 누구나 경험하셨을 것입니다. '이러면 안 되는데'라고 하면서 성질을 부려본 적 있었을 것이고 우리의 우리 됨을 확인하는 것들에게 제일 많이 논리적으로 앞뒤가 맞지 않는 것은 "이 말은 하면 안 되는데"로 시작하는 말을 많이 합니다. 그 말을 참을 수가 없습니다. 이래서는 안 되는 줄 알면서 밥상을 엎습니다. 아무 소용이 없습니다. 성질이 났다는 것 외에는 아무런 내용이 전달될 것이 없는데 그것을 할 수밖에 없는 것이 인간의 의입니다. 율법이 우리에게 가르친 것이 무엇이냐면 율법으로 말미암아 무엇이 옳고 틀린가를 알지만 그렇다고 그것을 행하도록 율법이 돕지도 못할 뿐만 아니라 우리가 그것을 행할 능력을 갖고 있지 않다는 사실입니다. 그래서 이 문제를 같은 로마서 7장 21절 이하에서 바울은 이렇게 고백적으로 자기 육성을 통하여 말합니다.

그러므로 내가 한 법을 깨달았노니 곧 선을 행하기 원하는 나에게 악이 함께 있는 것이로다 내 속사람으로는 하나님의 법을 즐거워하되 내지체 속에서 한 다른 법이 내 마음의 법과 싸워 내 지체 속에 있는 죄의법으로 나를 사로잡는 것을 보는도다 오호라 나는 곤고한 사람이로다이 사망의 몸에서 누가 나를 건져내랴(롬 7:21~24)

"오호라 나는 곤고한 사람이로다"라는 비명은 왜 나옵니까? 아는데 할 수가 없다는 것입니다. 그래서 해답이 이렇게 제시됩니다. 25절, "우리 주 예수 그리스도로 말미암아 하나님께 감사하리로다." 예수 안에서 이 문제가 해결되더라는 것입니다. "그런즉 내 자신이 마음으로는 하나님의 법을 육신으로는 죄의 법을 섬기노라." 이 25 절 후반부는 가끔 오해 되는데 앞에 있는 "우리 주 예수 그리스도로 말미암아 하나님께 감사"한다는 답이 먼저 나오고 그 뒤에 나오는 이 표현 때문에 답과 연결되는 것으로 아는데 그것이 아닙니다. 답이 왜 필요한가를 한 번 더 짚는 것입니다. 마음으로는 하나님의 법을 육신으로는 죄의 법을 섬기는데 그 둘이 갈등을 일으킨다는 뜻이 아니라 알고 있고 소원하는데 늘 진다는 말입니다. 그 해결책은 예수밖에 없더라는 말입니다. 그래서 어떻게 해결했느냐 하면 8장 1절에 나온 대로입니다.

그러므로 이제 그리스도 예수 안에 있는 자에게는 결코 정죄함이 없나니 이는 그리스도 예수 안에 있는 생명의 성령의 법이 죄와 사망의 법에서 너를 해방하였음이라(롬 8:1~2)

꽹장히 심오하고 경이로운 구절입니다. 예수 안에서 이제 정죄함이 없답니다. 정죄함이 없다는 것은 이제 더 이상 하나님은 우리에게 법을 근거로 하여 관계하는 분이 아니라 예수로 관계하는 분이라는 뜻입니다. 법으로 관계한다는 것은 잘잘못의 책임을 묻는 관계를 말하고 법이 아니라 예수 안에서 관계한다는 것은 우리를 혈육적인 관계에서 대하겠다는 뜻입니다.

이해하기 좋게 자녀들을 생각하면 됩니다. 여러분은 자녀를 무법하고 무질서하게 키우시지 않을 것입니다. 명분이나 도리나 해야 할 책임을 가르치실 것입니다. 그러나 그것을 법으로 묶어 책임을 백 프로 묻는 부모는 없습니다. 그 이상으로 묻습니다. 사랑으로 묻습니다. 목숨을 걸고 헌신과 희생으로 그것을 묻습니다. 여기서 묻는다는 것은 그 책임과 완성을 위하여 여러분이 기꺼이 희생할 것과 노력할 것과 넘어갈 것을 책임 위에 더한다는 말입니다. 이것이 여기서 말하는 그리스도 예수 안에 있는 자에게는 결코 정죄함이 없다는 선언입니다. 그리스도 예수 안에 있는 생명의 성령의 법이 우리를 죄와 사망의 법에서 해방하였기 때문입니다.

우리 자녀들이 우리에게 큰 소리 치는 무기가 무엇입니까? 법이 아니고 사랑으로 대접 받는다는 것을 아는 것이 무기입니다. 사랑을 담보로 해서 "나 밥 안 먹어"라고 공갈을 합니다. 자신이 먹지 않는데 왜 부모가 집니까? 부모가 자녀를 자기보다 더 사랑하기 때문입니다. 맨 마지막 공갈은 "나 집 나갈 거야"라는 말입니다. 나가는 게 무슨 이익이며 무슨 위협이 됩니까? 그것은 부모가 자녀를 사랑하기 때문입니다.

예수 안에 있는 하나님의 법은, 율법을 주신 하나님의 뜻은 법으로 우리를 대우하고 책임지우는 하나님이 아니라 법을 주신 하나님이 그것으로 우리를 정죄하고 심판하시겠다는 뜻이 아니라 우리로 하여금 하나님의 사랑으로 부르시는 하나님이라는 것을 드러내는 것이 율법을 주실 때에도 나타나는 하나님의 의요 예수 그리스도 안에서도 나타내신 하나님의 의인 것입니다.

예수님이 율법을 이렇게 정의하십니다. 율법이 뭐냐 하면 그것은 하나님 사랑이요 네 이웃을 네 몸같이 사랑하라고 하셨습니다. 우리는 법이 잘잘못을 판정하는 것이라고 생각합니다. 누구의 잘잘못을 판단하는 것으로 내가 의로운 자라고 생각을 합니다. 성경은 하나님이 예수 안에 허락하신 의가 하나님의 의로움을 나타낼 때 그것은 당신의 희생과 기다리심과 넘어가심으로 세운 의라고 합니다. 그래서 로마서 3장에서 구원 자체에 관한 설명에서 이렇게 소개되고 있습니다.

모든 사람이 죄를 범하였으매 하나님의 영광에 이르지 못하더니 그리스도 예수 안에 있는 속량으로 말미암아 하나님의 은혜로 값없이 의롭다 하심을 얻은 자 되었느니라 이 예수를 하나님이 그의 피로써 믿음으로 말미암는 화목제물로 세우셨으니 이는 하나님께서 길이 참으시는 중에 전에 지은 죄를 간과하심으로 자기의 의로우심을 나타내려 하심이니 곧 이 때에 자기의 의로우심을 나타내사 자기도 의로우시며 또한 예수 믿는 자를 의롭다 하려 하심이라(롬 3:23~26)

예수 안에 있는 하나님의 의는 무엇이 다릅니까? 우리를 의롭게 하시는 의입니다. 자기 혼자 옳으신 의가 아닙니다. 로마서 3장에서 보는 하나님의 사랑이 가지는 아주 중요한 문제는 법으로 사람을 잡지 않는 의라고 합니다. 사람을 살리는 법, 사람을 완성시키는 은혜를 하나님의 의라고 합니다. 실제로 마태복음 12장에 가시면 그 유명한 안식일 논쟁이 나오는데 예수님께서 안식일 논쟁을 이렇게 잠재우십니다.

> 그 때에 예수께서 안식일에 밀밭 사이로 가실새 제자들이 시장하여 이삭을 잘라 먹으니 바리새인들이 보고 예수께 말하되 보시오 당신의 제자들이 안식일에 하지 못할 일을 하나이다 예수께서 이르시되 다윗이 자기와 그 함께 한 자들이 시장할 때에 한 일을 읽지 못하였느냐 그가 하나님의 전에 들어가서 제사장 외에는 자기나 그 함께 한 자들이 먹어서는 안 되는 진설병을 먹지 아니하였느냐 또 안식일에 제사장들이 성전 안에서 안식을 범하여도 죄가 없음을 너희가 율법에서 읽지 못하였느냐 내가 너희에게 이르노니 성전보다 더 큰 이가 여기 있느니라 나는 자비를 원하고 제사를 원하지 아니하노라 하신 뜻을 너희가 알았더라면 무죄한 자를 정죄하지 아니하였으리라 인자는 안식일의 주인이니라 하시니라(마 12:1~8)

예수 그리스도는 안식일의 주인이십니다. 안식일의 진정한 의미와 목적은 예수 그리스도 안에 실현되어 있습니다. 예수 그리스도에게서 나타나는 하나님의 의는 우리를 구원하기 위한 당신의 죽으심입니다. 의를 지키기 위하여 사람을 잡는 의가 아니라 사람을 살려내기 위하여 자신이 죽는 의입니다. 우리의 의는 법을 지키기 위하여 정의를 실현하기 위하여 사람을 잡습니다. 20세기 내내 인류가 여러 가지 시험을 했습니다. 이상을 실현하기 위하여 많은 정치적 실험을 했습니다. 나치 제국이 있었고 소련 공산주의가 있었고 폴 포트 정권이 있었습니다. 그들이 정의 사회를 구현하기 위하여 인간성을 외면했다는 역사적 사실을 기억하셔야 됩니다. 부모가 자식을 죽이고 자식이 부모를 죽일 수 있는 이념을 정의를 실현하기 위하여 저들이 사용했다는 사실입니다. 인간성이 말살되는 의라는 것은 어디에 쓰겠습니까? 모든 악을 제거하고 부정을 제거하고 정의 사회를 구현하기 위해서 사람을 잡는 것으로 끝나고 맙니다.

우리의 신앙을 점검하는 데 있어서 우리의 의가 본질상 어떤 의이냐는 것을 알아야 됩니다. 우리는 이웃도 죽이고 자신도 죽이는 의밖에 가지고 있는 것이 없습니다. 예수 안에서 발견되는 의라는 것은 참으로 놀라운 것입니다. 우리 모두를 살리는 것이요 참다운 해답을 주는 것입니다.

그래서 우리가 이 문제를 우리의 의가 정죄하는 의이고 죽이는 의라면 하나님의 의는 살리는 의고 또 성경적인 표현으로 사랑하는 의입니다. 사랑하는 문제에 대하여 성경의 가르침을 제대로 이해해서 이 비판하는 의를 넘어서야 합니다. 고린도전서 13장입니다.

내가 사람의 방언과 천사의 말을 할지라도 사랑이 없으면 소리 나는 구리와 울리는 꽹과리가 되고 내가 예언하는 능력이 있어 모든 비밀과 모든 지식을 알고 또 산을 옮길 만한 모든 믿음이 있을지라도 사랑이 없으면 내가 아무 것도 아니요 내가 내게 있는 모든 것으로 구제하고 또 내 몸을 불사르게 내줄지라도 사랑이 없으면 내게 아무 유익이 없느니라(고전 13:1~3)

이 초반 3절 가운데 나타난 중요한 사랑의 무게를 알아야 됩니다. 말하자면 진심, 이상, 가치, 의미, 명분, 윤리 이런 것들이 사랑과 붙어 있지 않으면 그 자체로는 아무 가치가 없다는 것입니다. 좀 더 확대해봅시다. 정의, 평화, 자유, 행복, 진리, 이런 것들이 사랑과 분리되면 공허한 것입니다. 여러분이 인간관계 속에서나 특별히 신앙적인 관계를 맺을 때 꼭 신경 써야 할 것은 사람이 배제된 명분에 조심하셔야 됩니다.

신자들 사이에 제일 빨리 이해하고 빨리 훈련해야 되는 것은 신앙 현실을 걷는 어떤 신자도 다 갈등과 염려 속에 있다는 것입니다. 그 하소연을 받아줄 줄 알아야 됩니다. "어렵구나. 오늘 내가 냉면 살게." 이것을 하십시오. "이건 이렇고 저건 저렇고. 너는 지금 이렇고 이렇고 이래서 네가 지금 이렇게 된 건 당연한 결론 아니야?" 이렇게 이야기하시면 안 됩니다. 그것은 답이 되지 않습니다. 현실 속에서 우리가 무엇이 옳은가를 증명해서 결론을 내리다 보면 틀린 자를 다 배제시키고 법만 남고 명분만 남게 됩니다. 사람은 하나도 못 살려내고 법만 남게 됩니다.

그래서 사도 바울은 환상이 있을지라도, 능력이 있을지라도, 열정이 있을지라도 그것이 사랑과 아무 관계가 없다면 사랑과 묶여 있는 것이 아니라면 그것 자체로는 아무 의미가 없다고 합니다. 신앙이 좋다는 것도 신앙만 좋으시면 안 됩니다. 사랑이라는 본체가 신앙을 가져야지 사랑은 없고 신앙이라는 명분과 어떤 열심만 가지면 그 사람을 다룰 방법이 없습니다. 옆에 있는 사람을 다 죽일 뿐입니다. 그 이야기입니다.

그래서 사랑은 뭐냐, 사랑은 넘쳐나고 억제할 수 없는 감동이 아닙니다. 그런 것들이 아니고 사랑이라는 완성의 자리에 가려면 시작해서 도달해야 하는 긴 여정이 있는 것입니다. 과정이 있습니다. 4절에서 이렇게 소개합니다. 사랑은 우선 오래 참아야 됩니다. 오래 참는다는 것은 상대방의 모습을 인정하셔야 됩니다. 내 맘에 들라고 하지 마십시오. 계속 평행법적으로 나오는데 사랑은 오래 참고 사랑은 온유하며 시기하지 아니하며 사랑은 자랑하지 아니하며 교만하지 않습니다. 내 맘에 들라고 하지 마십시오. 사랑은 여기서부터 시작입니다.

사랑은 넘쳐나는 희열과 감동이 아니고 억제해야 되는 것입니다. 판단하고 물리치고 고함지르고 싶은 강제력을 억제하는 것입니다. 뒤에도 나오지만 "무례히 행하지 아니하며 자기의 유익을 구하지 아니하며 성내지 아니하며 악한 것을 생각하지 아니하"는 것입니다. 우리는 다 이렇게 생각합니다. "저 사람은 왜 여기 있나." 이 생각을 버리셔야 됩니다. "저 사람은 왜 예수를 믿나", "저 사람은 하필 왜 우리 교회 나오나", "저 사람은 왜 한국에 태어나서 나를 속 썩이나." 이것을 지우셔야 됩니다. 그것이 사랑입니다. 만나면 막 눈에 불이 켜지는 것은 사랑이 아닙니다. 얼른 고개를 돌리고 싶은 것을 참는 것입니다. 웃고 인사하셔야 됩니다. 그것이 신앙입니다.

예수님께서 우리를 위하여 죽으셨습니다. "아버지여 저들을 사하소서" 하시고 죽습니다. "나의 하나님 나의 하나님 어찌하여 나를 버리시나이까"라는 고통의 죽음을 견디시는 것입니다. 웃으면서 죽지 않으셨습니다. 우리는 가끔 이 문제를 오해하지 않나 싶습니다.

계속해서 보면 "불의를 기뻐하지 아니하며 진리와 함께 기뻐하고"라고 하는데 그 다음이 참 재밌습니다. "모든 것을 참으며 모든 것을 믿으며 모든 것을 바라며 모든 것을 견디느니라." 이 모든 것은 무엇입니까? 어느 한 구석도 맘에 드는 구석이 없는 것을 다 기다려야 되는 것입니다. "한 구석이라도 맘에 드는 게 있어야지" 그것마저도 없는 것을 참아야 됩니다. 그것마저 없는 것을 믿어야 되고 그것마저 없는 것을 바라고, 그 최소한의 조건마저 없는 것을 견뎌야 됩니다.

여러분 자신이 아시지 않습니까? 우리가 어떤 존재인지 얼마나 치졸하고 비겁한 존재인지 아시지 않습니까? 우리 안에서는 선한 것이 나오지 않습니다. 예수 안에 있는 하나님의 의라는 것은 상대적으로 높은 정도가 아니라 치명적이고 본질적이고 다른 무엇과도 대신할 수 없는 우리 필요입니다. 이 은혜를 입은 것입니다. 이 은혜를 이해하지 못하면 사실 신자의 신앙생활에 있어서의 감격이라는 것은 찾을 데가 없습니다. 비겁함과 못난 것과 한심한 데서 구원을 받았다는 것을 아는 것이 나로 하여금 나의 비열함과 치졸함과 부끄러움을 우선적으로 인식하게 하여 자기 들보를 빼는 작업으로 인도해 갑니다. 그것만으로 인간은 인간답습니다. 그것만으로 사람은 커다란 힘을 발휘합니다. 그것만으로 우리는 세상에서 빛입니다. 자기 들보를 빼려는 자는 없기 때문입니다. 우리만이 예수 안에서 은혜를 확인하고 삶 속에서 그 작업을 하며 그 순종을 하며 그 필요를 구하는 자로서의 겸손을 가지고 있기 때문입니다. 여러분이 가지신 예수 안에서의 의를 여러분 자신을 위하여 여러분과 인생에 실현하시고 누리시는 그래서 복된 인생이 되기를 바랍니다.

기도

하나님 아버지 은혜를 감사합니다. 하나님의 자녀가 되고 그 사랑을 받는다는 것이 얼마나 놀라운 것인지요. 우리는 비로소 비참한 인생에서 벗어날 수 있습니다. 부끄럽고 비열한 인생을 면할 수 있습니다. 이 구원과 복을 누리는 저희들이 되게 하사 우리의 존재와 인생으로 참다운 하나님의 자녀에 사랑을 받는 것과 사랑을 하는 자로서의 책임 있는 신앙인이 되게 하여 주시옵소서.
예수님의 이름으로 기도합니다.
아멘

21. 비판하지 말라(2)

비판을 받지 아니하려거든 비판하지 말라 너희가 비판하는 그 비판으로 너희가 비판을 받을 것이요 너희가 헤아리는 그 헤아림으로 너희가 헤아림을 받을 것이니라 어찌하여 형제의 눈 속에 있는 티는 보고 네 눈 속에 있는 들보는 깨닫지 못하느냐 보라 네 눈 속에 들보가 있는데 어찌하여 형제에게 말하기를 나로 네 눈 속에 있는 티를 빼게 하라 하겠느냐 외식하는 자여 먼저 네 눈 속에서 들보를 빼어라 그 후에야 밝히 보고 형제의 눈 속에서 티를 빼리라(마 7:1~5)

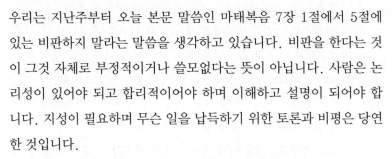

21.

우리는 지난주부터 오늘 본문 말씀인 마태복음 7장 1절에서 5절에 있는 비판하지 말라는 말씀을 생각하고 있습니다. 비판을 한다는 것이 그것 자체로 부정적이거나 쓸모없다는 뜻이 아닙니다. 사람은 논리성이 있어야 되고 합리적이어야 하며 이해하고 설명이 되어야 합니다. 지성이 필요하며 무슨 일을 납득하기 위한 토론과 비평은 당연한 것입니다.

그러나 여기 등장한 내용은 그런 차원의 비평을 비판하는 것이 아니고 비판이 가지는 어떤 정죄감과 심판성 같은 것을 경계하라고 말씀합니다. 정죄하고 심판하는 것이 무엇이 잘못이냐고 이야기할 때 비평을 함으로써 마치 자기가 어떤 흠을 잡아내고 잘못된 것을 찾아낼 수 있는 그 수준, 그 안목이 내용이라고 오해하지 말라 하는 것이 지난주 내용이었습니다.

예를 들어 말하자면 예전에 처칠이 어떤 미술대회 심사위원을 맡은 적이 있습니다. 그러자 누가 "아니 처칠이 무슨 그림을 안다고 미술대회 심사위원을 하느냐"라고 하자 우리가 잘 아는 "나는 달걀을 낳지 못한다. 그러나 그 달걀이 곯았는지는 내가 안다"라는 답을 남겼습니다. 그것은 맞는 말입니다.

그러나 오늘 읽은 본문에서 하고 싶은 이야기는 처칠이 당했던 형국과 약간 다른 관점, 즉 달걀을 낳는 사람이 되라는 관점에서 보면 달걀이 곯았는지 곯지 않았는지를 안다고 해서 달걀을 낳는 것은 아니라는 것이 첫 번째 주님의 경고였습니다.

오늘 하나 더 살펴보려는 것은 이 비판을 하는 근거와 목적이 무엇이냐에 관한 것인데 이것도 우리 모두의 신앙을 점검하고 또 특별히 교회 공동체를 이끌어나가는 데 있어서 아주 필요한 가르침이기 때문에 오늘은 완전주의적 비판을 잠깐 생각해보려고 합니다. 에베소서 4장입니다.

> 우리가 다 하나님의 아들을 믿는 것과 아는 일에 하나가 되어 온전한
> 사람을 이루어 그리스도의 장성한 분량이 충만한 데까지 이르리니 이
> 는 우리가 이제부터 어린 아이가 되지 아니하여 사람의 속임수와 간사
> 한 유혹에 빠져 온갖 교훈의 풍조에 밀려 요동하지 않게 하려 함이라
> (엡 4:13~14)

여기 내용을 보시면 완성으로 가는 것은 시간이 걸리는 과정이라는 말씀과 그 완성으로 가는데 가장 중요한 핵심 되는 내용은 사랑이라고 가르칩니다.

무슨 이야기냐 하면 오늘 마태복음 7장의 비판하지 말라는 가르침과 연결해서 말하자면 현실 속에서 기독교 신앙이란 어떤 완제품과는 다르다는 것입니다. 생산된 제품과 다르다는 말은 모든 제품은 만들어졌을 때 완벽해야 됩니다. 그 용도와 기능에 있어서 완벽해야 됩니다. 부족함이 있으면 그것은 불량품입니다. 고치거나 폐기처분해야 됩니다. 그러나 기독교 신앙은 완제품으로, 물건으로 만들어지

는 것이 아니라 자라나는 것, 낳고 자라나는 것, 만들어지는 것이 아니라 생명에 관한 것입니다.

그래서 어린아이들을 보면 알다시피 어린아이들의 부족은 어디에 결함이 있어서가 아니라 아직 어려서 그런 것입니다. 기독교 신앙에서 비평이란 완제품을 근거로 해서 결함을 지적하는 것이냐 아니면 자라난다는 개념을 알고 그 잘못을 파악하느냐 하는 것과는 전혀다른 문제가 됩니다. 제품의 경우에는 불량처리를 하거나 고쳐야 되지만 자라나는 것에 관한 문제로 안다면 우리는 함께 애를 써야 됩니다. 이 문제를 갈라디아서 6장에서는 이렇게 가르칩니다.

형제들아 사람이 만일 무슨 범죄한 일이 드러나거든 신령한 너희는 온유한 심령으로 그러한 자를 바로잡고 너 자신을 살펴보아 너도 시험을 받을까 두려워하라 너희가 짐을 서로 지라 그리하여 그리스도의 법을 성취하라 만일 누가 아무 것도 되지 못하고 된 줄로 생각하면 스스로 속임이라(갈 6:1~3)

잘못하거든 죄를 범하거든 바로 잡으라고 나오는데 이 바로잡는다는 것이 완제품의 결함을 고치는 문제가 아니라 유기적인 생명체의 회복을 도우라는 뜻입니다. 몇 번 제가 예를 들고 설명했는데 팔이 부러지면 병원에 가서 뼈를 맞추고 깁스를 해서 목에다 한 달 이상 매달아 둡니다. 회복되기를 원해서 그렇게 합니다. 그런데 부러졌다고 해서 팔을 잘라버리는 사람은 없습니다. 물론 의료적인 도움을 받긴 해야 하지만 가장 중요한 것은 자체 회복력입니다. 목에 부러진 팔을 매달고 기다려줘야 되는데 목으로서는 어려운 일입니다.

왜냐하면 사고나 나지 않았더라도 목은 신체에서 가장 무거운 머리를 이고 있기 때문입니다. 머리가 무거운 이유는 이 안에 돌이 들어 있기 때문에 그렇습니다. 이것을 우리의 목이 바치고 있는데 부러진 팔을 무겁게 깁스를 해서 목에 걸어놓으면 불평하지 않을 목이 없을 것입니다. 그러나 우리가 기꺼이 견디는 것은 팔이 회복되기 때문입니다. 그런 차원에서 짐을 서로 지라는 권고가 있고 그리스도의 법을 성취하라는 말씀이 나옵니다.

그리스도의 법은 틀린 것을 정죄하고 결함을 고치라는 데 있는 것이 아니라 생명을 낳고 기르라는 데 있습니다. 예수 그리스도께서 우리를 죄와 사망으로부터 구원하여 하나님의 자녀로 우리를 낳으셔서 우리와 당신을 묶으시고 우리를 기르십니다. 그것이 조금 전에 봤던 에베소서 4장이었습니다. 그런 개념을 갖지 못하면 공동체의 신앙에서 아주 커다란 판단 실수를 하게 됩니다. 자라나고 회복시키고 짐을 나누어야 하는 문제인 것을 모르면 3절에 지적된 대로 "만일 누가 아무 것도 되지 못하고 된 줄로 생각하면 스스로 속임이라" 라는 말씀에 걸리게 됩니다.

우리가 잘잘못을 구별할 실력이 있고 누구의 결함과 부족을 판단할 안목이 있는 것이 실력이 아니라 그리스도의 법을 성취하기 위해 짐을 지는 것이 있을 때에 비로소 그는 실력 있는 자인 것입니다. 지적하고 판단하고 비평하는 것은 실력이 아닙니다. 짐을 지는 실력이 실력입니다. 그래서 4절에 보시면 "각각 자기의 일을 살피라 그리하면 자랑할 것이 자기에게는 있어도 남에게는 있지 아니하리니 각각 자기의 짐을 질 것이라." 각각 자기 자리를 지키라고 합니다. 자기 자랑을 이런 식으로 하라고 합니다. 팔이 부러졌을 때는 목이라도 튼튼해야 됩니다. 다리가 부러졌으면 팔이라도 튼튼해야 지팡이를 짚고 다닐 수 있습니다. 누구의 실패나 부족을 지적하는 것이 자기의 내용이거나 자기 자리는 아니라는 것입니다. 팔 부러졌다고 말하는 다리는 튼튼해야 되는데 그것이 자기 몫이고 자기 자리고 자기 책임이고 자기 실력인 것입니다. 그러나 우리는 이 비평이 혹은 비판이 자기 자리는 없고 자기 일은 없고 자기 몫은 없을 수 있다는 사실에 대하여 비판하지 말라는 예수님의 말을 이해하고 받아들여야 합니다. 그래서 다시 에베소서 4장에 보시면 이렇게 나와 있습니다.

> 오직 사랑 안에서 참된 것을 하여 범사에 그에게까지 자랄지라 그는 머리니 곧 그리스도라 그에게서 온 몸이 각 마디를 통하여 도움을 받음으로 연결되고 결합되어 각 지체의 분량대로 역사하여 그 몸을 자라게 하며 사랑 안에서 스스로 세우느니라(엡 4:15~16)

사랑이 매우 강조되고 있는데, 지난주 설교를 잠깐 되돌아보시면 사랑은 감격과 희열이나 어떤 절정의 문제가 아니라 그 시작이 있고 거기에 도달하는 중간 단계가 있다고 말씀드렸습니다. 사랑의 시작이란 무엇이 아닌 것으로부터 출발합니다. 사랑하여 감동과 감격과 기쁨이 있는 것보다 그 입구는 오래 참는 것, 온유한 것, 무례히 행치 않는 것, 성내지 않는 것이었습니다. 그것이 사랑으로 가는 길입니다.

사랑 안에서 큰다는 것은 우리가 가장 중요하게 누군가 상대방에게 내가 해야 할 일에 대하여 책임을 묻지 않는 것입니다. 내가 할 일을 상대방에게 책임을 묻지 않는다는 것은 너 때문에 우리 공동체가 힘이 들고, 너 때문에 우리나라가 요 모양 요 꼴이라고 화를 내지 않는다는 뜻입니다. 나는 내 자리를 지키는 싸움을 하는 것입니다. 그것이 오래 참는 것이요 무례히 행치 않는 것입니다.

한 개인으로나 교회 공동체로나 기독교 신앙의 어려움은 완전주의라는 것인데 그것은 사실 우리에게 본성적인 하나의 시험거리가 됩니다. 개인으로 생각해보십시오. 예수를 믿고 감격이 있고 신앙생활을 잘하고 싶은 데 잘 되지 않습니다. 보통 잘 하는 사람들은 신앙의 소원이 대단히 간단한 것일 때만 잘 됩니다. 그것이 더 커지고 모든 삶의 깊이와 크기를 담아내려고 하면 신앙이라고 하는 것은 그렇게 간단하게 성취되지 않습니다.

교회 공동체도 마찬가지입니다. 멋있고 완전한 교회는 없습니다. 교회는 부족한 사람들이 은혜를 입어 하나님의 부름을 받은 것입니다. 많이 오해하는 것 중에 하나는 교회를 생각할 때 신앙을 고백하고 같은 신앙 칼라를 가진 사람들이 모여 합의해서 만든다고 하는데 그게 아니라 교회는 하나님이 세워 부르는 것입니다. 그 부름은 어떤 특별한 목적이나 관심으로 공통분모가 되는 것이 아니라 하나님이 예수 안에서 부르시는 은혜의 무한성을 오직 유일한 근거로 가집니다. 그래서 늘 놀라는 것이 "저 사람 왜 우리 교회 왔을까" 그 생각을 저도 합니다. "저 사람은 다른 어느 교회를 가면 더 좋을 텐데"라고 말입니다. 그런데 옛날엔 좀 철없이 '저 사람 왜 봉은사를 가지 않았을까' 라고 쓰곤 했습니다.

하나님의 부르심입니다. 그리고 우리보고 나와 관심이 다르고 성격이 다르고 취향이 다른 사람들과 함께 신앙생활을 하게 한다는 사실입니다. 왜냐하면 사랑만이 신앙을 기르고 교회 공동체를 지키기 때문입니다. 사랑만이 신앙의 본질이고 하나님이 원하시는 목적입니다. 기능이나 어떤 명분이 개인의 신앙과 교회 공동체의 목적이 아님니다. 마태복음 5장에서 이미 확인해본 내용이지만 오늘의 내용과 연결해보시면 그 뜻을 더 잘 알 수 있습니다.

또 네 이웃을 사랑하고 네 원수를 미워하라 하였다는 것을 너희가 들었으나 나는 너희에게 이르노니 너희 원수를 사랑하며 너희를 박해하는 자를 위하여 기도하라 이같이 한즉 하늘에 계신 너희 아버지의 아들이 되리니 이는 하나님이 그 해를 악인과 선인에게 비추시며 비를 의로운 자와 불의한 자에게 내려주심이라 너희가 너희를 사랑하는 자를 사랑하면 무슨 상이 있으리요 세리도 이같이 아니하느냐 또 너희가 너희 형제에게만 문안하면 남보다 더하는 것이 무엇이냐 이방인들도 이같이 아니하느냐 그러므로 하늘에 계신 너희 아버지의 온전하심과 같이 너희도 온전하라(마 5:43~48)

하나님은 우리와의 관계를 아버지와 자녀로 요구하십니다. 법적이고 윤리적이고 기능적이고 이해 관계적이지 않습니다. 부모와 자식의 관계입니다. 그래서 우리에게 아버지를 닮으라고 합니다. 원수를 사랑하라고 합니다. 왜 원수를 사랑해야 하냐면 우리 아버지가 용서와 관용의 하나님이기 때문입니다. 왜 원수를 사랑하고 왜 박해하는 자를 위하여 기도해야 되느냐면 45절 말씀처럼 "이같이 한즉 하늘에 계신 너희 아버지의 아들이 되리니"이기 때문입니다.

우리가 배워야 하는 신앙의 가장 중요한 본질은 사랑이고 사랑으로 가는 그 모든 계단들은 관용과 용서로 되어 있습니다. 관용과 용서라는 것은 하나님이 질서가 없거나 책임을 요구하지 않으신다는 것과는 다릅니다. 하나님은 거룩하신 분이고 당연히 우리에게 책임을 묻기도 하고 질서도 요구하시며 벌을 내리시는 때도 있고 징계하시는 때도 있습니다. 그것은 소극적이고 부정적인 측면에서 이야기할 때도 그렇고 긍정적이고 적극적으로 이야기하자면 기독교 신앙은 이것이 본질입니다.

여러분이 자녀를 길러보시면 다 경험하시는 것입니다. 자녀를 사랑하기 때문에 매도 들고 꾸중도 하고 협박도 합니다. 그러나 우리가 가끔 놓치는 게 있습니다. 그러나 이것으로 자녀를 기르는 것이 아니라 더 많은 것이 있다는 사실입니다. 한숨과 걱정과 눈물이 그런 것들입니다. 그것으로 기르는 것입니다. 그래서 자녀를 길러보시면 자녀가 부모의 보호와 사랑 속에서 크는 것만이 아닙니다. 부모가 자식을 길러봐야 비로소 인간 같아집니다. 한없이 용서할 수 있고 한없이 인내할 수 있고 한없이 희생할 수 있는 사람이 됩니다. 비판 문제에서 우리에게 가장 큰 위협이 되는 것은 우리가 옳고 그른 것을 따지느라고 우리 자신이 하나님의 백성으로서 깊어져야 되고 채워져야 되는 내용들을 놓치게 된다는 사실입니다. 이에 대한 예수님의 지적을 우리가 놓칠 수 있다는 사실입니다.

여러분, 우리가 몸담고 있는 교회가 완벽하면 서로 좋습니다. 다 같은 뜻을 가지고 그 뜻이 높고 그 뜻이 분명하고 그 뜻을 실천할 수 있으면 좋습니다. 그러면 사람이 깊어지지 않습니다. 실력이 붙지 않습니다. 인생을 살면서 여러분의 삶의 어려움은 여러분이 준비하고 기대하고 선택하고 좋아하고 감당할 수 있는 것으로만 현실이 엮어지지 않는다는 것입니다. 예상치 않은 것, 준비되어 있지 않은 것, 가장 싫어한 것, 끔찍한 것이 우리에게 도전합니다. 그래서 우리는 당황합니다. 또 그 모든 것을 다 극복해야만 그 문제를 해결하게 되는 것이라고 믿습니다. 그러나 비판하지 말라고 성경이 우리에게 가르치는 가장 중요한 핵심은 당하라는 것입니다. 그 문제를 다 해결함으로써 사람이 훌륭해지는 것이 아니라 그 일을 당함으로써 더 깊어질 수 있다고 말합니다.

이것이 그리스도의 법입니다. 예수님께서 우리를 구원하기 위하여 수모를 당하시고 고통을 당하시고 억울하게 죽으셨습니다. 우리의 인생 현실 속에서 우리가 변명할 수 없고 자랑할 수 없고 누구에게 말할 수 없는 일을 당한다는 것은 비로소 우리 속에 비밀을 갖게 된다는 뜻입니다. 누구에게 털어놓아 날려버릴 수 없는 혼자 져야 되는 짐을 질 실력이 생기게 됩니다. 그래서 누군가와 대화를 하거나 이해가 안 가는 사람을 만났을 때 그가 나와 말할 수 없는 비밀을 가졌을 것이라고 비로소 깨우치기 시작하는 관용이 생기는 것입니다. 우리는 솔로몬의 재판에서 이런 중요한 사건을 봅니다. 솔로몬이 왕이 되고 하나님 앞에 지혜를 구하여 크게 칭찬을 받습니다. 그가 어떻게 지혜로운 사람인지 이 사건을 통하여 드러납니다. 어느 두 여인이 동시에 애를 낳았는데 애를 잘 기르다가 한 어머니가 자다가 애를 깔아 죽였습니다. 그러자 깨어나서 얼른 옆에 아직 자고 있는 여인의 애와 자기 애를 서로 바꿨습니다. 그 깨어난 여인이 자기가 안고 있는 죽은 애를 보고 또 보아도 자기 애가 아닙니다. 보니 상대방 여인이 자기 애를 안고 있습니다. 그래 살아 있는 애가 자기 애라고 서로 주장하여 솔로몬 왕 앞에 왔습니다.

솔로몬이 묻습니다. 누가 진정한 어미이냐 물어도 서로 자기가 맞다고 합니다. 둘 다 서로 자기가 어미라고 하니 둘을 반으로 나누어 주라고 판결을 내렸습니다. 그러자 생모가 "아닙니다. 제가 잘못했습니다. 저 아이는 저 여인의 것입니다. 죽이지 말아주십쇼." 이 지혜의 뜻을 아시겠습니까? 하나님은 우리에게 그런 아버지입니다.

애를 낳기 전에는 이 경지에 아무도 가지 못합니다. 엄마가 되지 않고는 애를 살리기 위해서 자기가 범죄자가 되고 자기가 거짓말한 자가 되는 것을 감당해내지 못합니다. 이것이 성경이 하고 싶은 이야기입니다. 우리는 비판이 옳고 그른 문제라고 생각합니다. 완전을 지켜내는 것이라고 생각합니다. 성경의 완전은 사랑입니다. 사랑으로 가라는 것입니다. 고린도전서 8장에 가면 갈라디아서 6장 3절에서 보는 바와 같은 성경이 지적하는 신앙의 본질에 관한 가르침을 만납니다.

우상의 제물에 대하여는 우리가 다 지식이 있는 줄을 아나 지식은 교만하게 하며 사랑은 덕을 세우나니 만일 누구든지 무엇을 아는 줄로 생각하면 아직도 마땅히 알 것을 알지 못하는 것이요 또 누구든지 하나님을 사랑하면 그 사람은 하나님도 알아 주시느니라(고전 8:1~3)

지식과 사랑은 다르다고 합니다. 지식으로 아는 것은 아직 다 아는 것이 아닙니다. 누구든지 무엇이든 아는 줄로 생각하는 것은 아직도 마땅히 알 것을 알지 못하는 것입니다. 이것은 고린도 교회의 당시 현실 문제와 연결되어 있었습니다. 고린도 교회 교인들은 지성적으로 높은 수준의 사람들이었고 또 여러 가지 성령의 역사와 은사와 체험을 가진 사람들이었습니다. 굉장히 자신들의 신앙을 자랑했고 대단히 확신에 차 있었습니다. 그래서 고린도 교회 교인들의 확신과 자랑이 어떤 부작용을 낳았느냐 하면 우상의 제물을 먹을 수 있다가 된 것입니다. 간단치 않은 문제입니다. 우상의 제물 먹는 문제는 사도 바울도 괜찮다고 한 문제입니다. 이것도 또 복잡한 문제입니다.

우상은 원래 없는데 없는 것을 있다고 믿으면 사람들이 스스로 속는 것입니다. 없는 것을 있다고 믿음으로써 허구 속에 빠져든 것이니 돌이나 나무의 조각상 앞에 음식을 갖다놨다가 그 다음에 먹는 게 무슨 상관이냐 하는 게 기독교적인 깊은 이해입니다. 그래서 고린도 교회 교인들 중에는 우상은 원래 없는 것이니까 우상 제물 먹는 것은 아무 상관이 없다고 한 것입니다.

그러나 바울의 지적은 무엇을 말하는 것입니까? 그 이해에 이르지 못한 성도들이 우상 제물을 먹는 것을 보면 하나님을 믿으면서도 다른 우상을 섬길 수 있다고 생각해서 하나님만 유일한 신이 아니고 여러 신들 중의 하나라고 오해하는 일이 생긴다면 너와 같은 지식을 갖지 못한 성도를 시험에 들게 하는 것이 아니냐. 그건 사랑으로 행하는 것이 아니다. 사랑이란 믿는 네 이웃과 또는 믿지 않는 자들일지라도 세상의 모든 영혼들을 위하여 자신이 가진 권리를 다 쓰지 않는 것이다. 그래서 지식은 교만하게 하며 너 잘났다는 것밖에는 증명할 게 없다. 사랑은 다른 사람을 끌어안는 것이다 이렇게 가르칩니다.

여러분의 인생이 고달픈 것은 기도하여 해결할 문제로만 되는 것은 아닙니다. 그 고달픔이 여러분을 만드는 것입니다. 우리 마음에 들지 않는 많은 것이 있습니다. 자기 자신도 있고 가족도 있고 교회도 있고 이 시대도 있고 이 나라도 있습니다. 그러나 어떤 조건 속에 있더라도 가만히 보면 하나님이 우리 안에서 이루려고 하는 것이 있습니다. 가장 나쁜 환경과 조건과 이웃 가운데 있더라도 원수를 사랑하고 핍박하는 자를 위하여 기도하라고 하심으로 만들어내야 하는 것이 있습니다. 그래서 사실 우리는 그런 것에 대하여 불평할 필요가 없습니다.

억울함 속에 있고 고통 속에 있습니까? 무엇을 만들어야 되는 싸움인가 보십시오. 상대방을 고치는 싸움이 아니라 내가 되는 싸움이라는 것을 아십시오. 이 팔을 고치는 데에 내가 무엇을 할 수 있는 것이 아니라 짐을 지는 것입니다. 짐 지는 연습, 짐 지는 실력을 만들어내는 것이 기독교 신앙의 가장 중요한 내용입니다. 그것이 사랑으로 가는 길입니다. 여러분 모두가 지금 처한 자신의 신앙의 수준이나 여러분이 몸담고 있는 이 시대와 사회와 교회 공동체에 대하여 하나님이 인도하실 것을 인정하시고 여러분 자신의 신앙 훈련과 순종을 하십시오. 믿음의 싸움을 하십시오. 환경을 바꿔 달라고 함으로써 아무 책임도 지지 않는 생각 없는 사람이 되겠다는 날강도 같은 생각을 털어버리십시오. 감사함으로 여러분의 인생을 사시고 여러분의 조건을 감내하시기 바랍니다.

기도

하나님 아버지 은혜를 감사합니다. 하나님을 아버지라 부르고 하나님의 자녀가 되었으니 우리 인생에 부족할 것이 없습니다. 억울할 것이 없습니다. 어떤 상황 어떤 조건 속에서도 하나님이 우리의 아버지시고 예수 이름으로 기도할 수 있는 우리입니다. 하나님이 우리 안에 그리스도의 형상을 이루시는 것과 우리가 믿음으로 승리해야 되는 책임 이외에 다른 아무것도 우리에게 필요한 것이 없고 또 손해 볼 것도 억울할 것도 없는 현실입니다. 그리스도께서 십자가를 지신 길을 따르는 자이며 그것이 비장함과 무슨 능력의 싸움이 아니고 하나님의 자녀가 되는 싸움인 것 기억하여 충성하게 하시옵소서. 인내하게 하옵소서. 믿음을 가지게 하옵소서.

예수님 이름으로 기도합니다.

아멘

22. 하나님의 의를 힘입는 삶

거룩한 것을 개에게 주지 말며 너희 진주를 돼지 앞에 던지지 말라 그들이 그것을 발로 밟고 돌이켜 너희를 찢어 상하게 할까 염려하라(마 7:6)

이 말씀은 가치를 모르는 자에게 값진 것을 주어 쓸모없는 결과를 초
래하지 말라는 것으로 읽힙니다. 요한복음 8장에 가면 바로 이 문제
가 예수님의 생애 속에서도 드러납니다. 요한복음 8장 31절 이하의
말씀을 봅시다. 좀 길지만 거룩한 것을 개에게 던져 어떤 일이 벌어
지는가 한 번 봅시다.

그러므로 예수께서 자기를 믿은 유대인들에게 이르시되 너희가 내 말
에 거하면 참으로 내 제자가 되고 진리를 알지니 진리가 너희를 자유
롭게 하리라 그들이 대답하되 우리가 아브라함의 자손이라 남의 종이
된 적이 없거늘 어찌하여 우리가 자유롭게 되리라 하느냐 예수께서 대
답하시되 진실로 진실로 너희에게 이르노니 죄를 범하는 자마다 죄의
종이라 종은 영원히 집에 거하지 못하되 아들은 영원히 거하나니 그
러므로 아들이 너희를 자유롭게 하면 너희가 참으로 자유로우리라 나
도 너희가 아브라함의 자손인 줄 아노라 그러나 내 말이 너희 안에 있
을 곳이 없으므로 나를 죽이려 하는도다 나는 내 아버지에게서 본 것
을 말하고 너희는 너희 아비에게서 들은 것을 행하느니라 대답하여 이
르되 우리 아버지는 아브라함이라 하니 예수께서 이르시되 너희가 아
브라함의 자손이면 아브라함이 행한 일들을 할 것이거늘 지금 하나님

께 들은 진리를 너희에게 말한 사람인 나를 죽이려 하는도다 아브라함은 이렇게 하지 아니하였느니라 너희는 너희 아비가 행한 일들을 하는도다 대답하되 우리가 음란한 데서 나지 아니하였고 아버지는 한 분뿐이시니 곧 하나님이시로다 예수께서 이르시되 하나님이 너희 아버지였으면 너희가 나를 사랑하였으리니 이는 내가 하나님께로부터 나와서 왔음이라 나는 스스로 온 것이 아니요 아버지께서 나를 보내신 것이니라 어찌하여 내 말을 깨닫지 못하느냐 이는 내 말을 들을 줄 알지 못함이로다 너희는 너희 아비 마귀에게서 났으니 너희 아비의 욕심대로 너희도 행하고자 하느니라 그는 처음부터 살인한 자요 진리가 그 속에 없으므로 진리에 서지 못하고 거짓을 말할 때마다 제 것으로 말하나니 이는 그가 거짓말쟁이요 거짓의 아비가 되었음이라 내가 진리를 말하므로 너희가 나를 믿지 아니하는도다 너희 중에 누가 나를 죄로 책잡겠느냐 내가 진리를 말하는데도 어찌하여 나를 믿지 아니하느냐 하나님께 속한 자는 하나님의 말씀을 듣나니 너희가 듣지 아니함은 하나님께 속하지 아니하였음이로다 유대인들이 대답하여 이르되 우리가 너를 사마리아 사람이라 또는 귀신이 들렸다 하는 말이 옳지 아니하냐 예수께서 대답하시되 나는 귀신 들린 것이 아니라 오직 내 아버지를 공경함이거늘 너희가 나를 무시하는도다 나는 내 영광을 구하지 아니하나 구하고 판단하시는 이가 계시니라 진실로 진실로 너희에게 이르노니 사람이 내 말을 지키면 영원히 죽음을 보지 아니하리라 유대인들이 이르되 지금 네가 귀신 들린 줄을 아노라 아브라함과 선지자들도 죽었거늘 네 말은 사람이 내 말을 지키면 영원히 죽음을 맛보지 아니하리라 하니 너는 이미 죽은 우리 조상 아브라함보다 크냐 또 선지자들도 죽었거늘 너는 너를 누구라 하느냐 예수께서 대답하시되 내가 내게 영광을 돌리면 내 영광이 아무 것도 아니거니와 내게 영광을 돌리시는 이는 내 아버지시니 곧 너희가 너희 하나님이라 칭하는 그이시라 너희는 그를 알지 못하되 나는 아노니 만일 내가 알지 못한다 하면 나도 너희같이 거짓말쟁이가 되리라 나는 그를 알고 또 그의 말씀을 지키노라 너희 조상 아브라함은 나의 때 볼 것을 즐거워하다가 보고 기뻐하였느니라 유대인들이 이르되 네가 아직 오십 세도 못되었는데 아브라함을 보았느냐 예수께서 이르시되 진실로 진실로 너희에게 이르노니 아브라함이 나기 전부터 내가 있느니라 하시니 그들이 돌을 들어 치려 하거늘 예수께서 숨어 성전에서 나가시니라(요 8:31~59)

이 대목을 전부 보시면 예수님이 유대인들을 향하여 저들의 형편과 결함과 문제를 지적하시고 예수님만이 답인 것을 제시하는 장면인 것을 알 수 있습니다. 그러나 유대인들의 반응은 의외로 모든 문제에 참여하지 않고 계속 자기를 방어하기에 바쁘고 자존심을 지켜 아무 문제도 없는 것같이 굴고 그러기 위하여 이 문제를 지적하는 예수를 공격합니다. 그래서 이 대목에서 예수님이 친히 너희가 나를 죽이려 한다는 말을 두 번이나 하셨고 마지막에 실제로 그들이 돌을 들어 치려하자 예수님께서 피하여 성전에서 나가십니다. 진리를 얘기하고 생명을 전하며 구원하기 위한 예수님의 증언과 설득에 대하여 유대인들의 반응은 전혀 다른 것이었습니다.

그 필요와 지적에 동참하지 않으며 관심도 없으며 오직 자존심을 지키기에 급급하여 진리와 생명과 호의와 구원을 거부하는 모습을 봅니다. 그러나 요한복음 8장의 장면은 오늘 읽은 마태복음 7장 6절에 나오는 "거룩한 것을 개에게 주지 말고 돼지 앞에 진주를 주지 말라"라는 말씀과는 다릅니다. 알 만한 사람한테 얘기하고 알아듣는 사람한테 말해라는 뜻은 아닙니다. 왜냐하면 마태복음 27장에 가면 예수님이 죽으시는 장면이 나오는데 그 죽으심에서 우리가 요한복음 8장과 전혀 다른 예수님을 만나기 때문입니다. 마태복음 27장입니다.

> 예수께서 총독 앞에 섰으매 총독이 물어 이르되 네가 유대인의 왕이냐 예수께서 대답하시되 네 말이 옳도다 하시고 대제사장들과 장로들에게 고발을 당하되 아무 대답도 아니하시는지라 이에 빌라도가 이르되 그들이 너를 쳐서 얼마나 많은 것으로 증언하는지 듣지 못하느냐 하되 한 마디도 대답하지 아니하시니 총독이 크게 놀라워하더라(마 27:11~14)

예수님의 죽으심을 보면 그가 억울한 무고로 지금 이 자리에 서 있는 것을 봅니다. 그러나 그가 당신에게 쓰인 잘못된 고소와 억울함 들에 대하여 변명하지 않으며 그것을 벗으려고 하지 않는 것을 봅니다. 그는 이 죽음을 이미 감수하기로 작정하시고 그 목적을 위해서 오신 분으로 그려지고 있습니다.

요한복음 8장에서 예수님과 유대인들 간의 격렬한 논쟁이 설득과 설명에 관한 것이라면 주님은 이 자리에 서서 잠잠하실 수 없습니다. 예수님이 당신이 누구고 우리의 결함이 무엇인가를 공격하여 상대방을 항복시키기 위하여 오신 분이라면 그는 잠잠히 죽으실 수 없습니다. 그러나 이 잠잠히 죽는 장면이 이사야 53장 7절의 예언에 따르면 "털 깎는 자 앞에 잠잠함 같이 그 입을 열지 아니 하셨도다"라고 예언된 메시아의 모습으로 그가 그의 죽음과 고난에 대하여 변명하거나 벗어나거나 도망가려 하시지 않는다는 것을 이미 예언하고 있습니다.

예수님은 이렇게 억울함을 감수하셨는데 누구에게 설명하여 납득시키려고 이 땅에 오신 것이 아니라는 것을 우리는 얼마든지 확인할 수 있습니다. 그는 우리를 구원하기 위하여 억울한 죽음을 각오하고 오셨지 우리를 납득시켜 당신의 오심이 공정하게 객관적으로 증명될 것을 바라고 오신 것이 아니라는 뜻입니다.

그렇다면 오늘 마태복음 7장 6절에 나타나는 "거룩한 것을 개에게 주지 말고 진주를 돼지 앞에 두지 말라"는 얘기는 개, 돼지를 경멸하라는 그런 말이 아니라 개, 돼지에게 필요한 것은 진주보다 더 급한 무엇이 있다는 뜻입니다. 우리 식으로 하면 진주 팔아서 자기 필요한 것을 사면 됩니다. 그러나 개와 돼지는 그런 개념이 없습니다. 개와 돼지를 위해서 필요한 것은 먹을 것이 가장 급한 것입니다. 진주로 자기네가 먹는 것을 얼마나 많이 살 수 있는지를 모릅니다.

스누피라는 만화 속에 나오는 개가 있습니다. 그 만화를 통하여 작가가 이런 말을 한 적이 있습니다. "그들에게 너 가서 그들에게 일어난 일이 그들 자신 때문에 일어난 것이라고 얘기해봐. 그러면 그들이 너를 잡아먹으려고 할 거야." 그렇습니다. 오늘 이 문제가 우리에게 제시하는 건 바로 이 문제입니다. 우리가 누구에게 찾아가서 "너 지금 이렇게 살아서 지금 요 모양 요 꼴이야"라고 얘기하면 탁 자빠지면서 "그랬소? 내가 뭘 고쳐야 돼?" 이렇게 이야기하는 인간은 아무도 없습니다. "네가 뭔데? 너 할 일이나 해. 내가 살다가 지금 이 꼴이라도 내가 내 운명을 살 테니까 너 와서 얼씬거리지 마. 한 번만 더 오면 죽여 버릴 거야." 그것은 우리 모두가 갖고 있는 우리의 실상, 인간된 현실을 가장 잘 드러내는 늘 반복되는 우리 현실입니다.

7장 6절의 핵심은 이것입니다. 서기관과 바리새인의 의가 나름

대로 옳습니다. 그것은 하나의 진리일 수 있고 도덕일 수 있고 또 저들이 그것을 진심과 호의로 얘기할 수 있습니다. 그러나 문제는 그것을 지켜야하고 그 말을 들어야하는 사람들을 변화시킬 능력은 없습니다. 여러분은 옳으면 다 항복합니까? 그렇지 않습니다. 몰라서 죄를 짓는 것이 아니라 알아도 죄는 짓습니다.

우리가 누구에게 얼마나 잘못했고 지금 어떻게 해야 되는가를 얘기한다고 해서 그가 나의 말에 귀를 기울이고 합의하고 감사해 하는 정도의 수준의 존재가 아니라는 것은 우리 모두가 잘 알고 있습니다.

여러분 평생에 가장 친하게 지내는 친구들은 대부분은 고등학교 친구들입니다. 왜 그럴까요. 고등학교 때는 싸우고 다음날 또 만날 수밖에 없게 돼 있어서 그렇습니다. 꼴 같지 않은 꼴을 보고도 다음날 똑같은 교실에서 마주쳐야 돼서 우리가 소위 말하는 미운정이 듭니다. 미운정이 든다는 건 뭐냐 하면 넘어가게 되는 것입니다. 더 이상 안 싸우기로 하는 것입니다. 저 친구는 말을 늘 밉게 한다는 것을, 성격이 그렇다는 것을 늘 내가 감수하는 것입니다. 이것이 친구 지간을 지속시킵니다.

마음이 다 합하고 일정한 성실과 능력과 도덕성이 있고 인격이 고매하면 친구가 안 됩니다. 자기 하나가 그런 것만도 사람은 감당할 수가 없습니다. 그런 사람이 모여 있는 관계란 없습니다. 사람은 훌륭하려면 가능한 한 자신을 감추고 누구에게 보여주는 시간을 줄여야지 오래 있으면 결국 실력 없는 것이 드러나게 돼 있습니다. 우리 모두가 알고 있는 문제입니다. 성격이 그러니까 늘 잘못을 할 수밖에 없습니다. 얼마나 우리 가슴을 치는 얘기입니까? 그것을 우리가 모르는 것이 아니라 아는데 우리는 언제나 죄송합니다. "제 성격이 그렇습니다"라는 말을 여러분은 다 해보셨지만 고쳐지지가 않습니다.

여기에 서기관과 바리새인의 의와 대비되는 예수 안에서의 하나님의 의가 왜 필요한자가 등장하는 것입니다. 그 의는 요한복음 6장에 이렇게 소개되고 있습니다.

예수께서 이르시되 내가 진실로 진실로 너희에게 이르노니 인자의 살을 먹지 아니하고 인자의 피를 마시지 아니하면 너희 속에 생명이 없느니라 내 살을 먹고 내 피를 마시는 자는 영생을 가졌고 마지막 날에 내가 그를 다시 살리리니 내 살은 참된 양식이요 내 피는 참된 음료로다 내 살을 먹고 내 피를 마시는 자는 내 안에 거하고 나도 그의 안에 거하나니 살아 계신 아버지께서 나를 보내시매 내가 아버지로 말미암아 사는 것같이 나를 먹는 그 사람도 나로 말미암아 살리라(요 6:53~57)

대단한 말씀입니다. 진주를 던지지 않고 진주를 팔아 음식을 주기로 하십니다. 당신이 우리를 설득하러 오거나 정죄하러 오시지 않고 당신을 우리의 양식으로 내주시기로 하신 것입니다. 그래서 그의 살을 먹고 그의 피를 마시라고 권함으로써 우리라는 존재가 우리의 살과 피가 예수로 재구성되는 것입니다. 그 일을 위하여 오신 것입니다. 이렇게 하나님의 자녀가 되며 하나님의 사랑을 받는 백성이 되어 하나님의 보호하심과 넉넉하심 속에서 비로소 우리는 누구의 말을 들을 수 있고 호의를 받아들일 수 있고 비판을 감수할 수 있고 화해할 수 있고 용서할 수 있고 사랑할 수 있게 됩니다.

왜 이런 얘기를 '예수 안에서만'이라고 얘기를 해야 됩니까? 우리 자연인들이 현실에서 가장 많이 갈등을 겪는 대목이기 때문입니다. 상대방을 납득하기 위해 우리가 할 수 있는 것은 호의와 진심과 희생입니다. 그런데 그것으로 납득되는 사람은 없습니다. 상대방이 몰라서 그러지 않습니다. 아는데 그것을 받아들일 어떤 가장 근본적인 그릇이나 자세나 근거가 우리 안에 없습니다. 갈증은 있지만 어떤 그릇이 만들어지질 않습니다. 인격이 있고 영성이 있음에도 불구하고 진리와 행복과 생명과 옳음과 용서와 화목과 이런 모든 것들을 받아들일 뭐가 우리 안에 없습니다. 그런 것들이 오면 우리는 그것을 치워버리지 그것이 우리에게 양식이 되고 안에 쌓아 우리를 만들 어떤 것으로 삼지 않습니다.

부모와 자식 관계에 제일 가장 잘 나타납니다. 부모는 자식 앞에 거의 애원합니다. "네가 이번에 십 등 안에 들기만 하면 잠옷 바람에 삼성동을 뛰마." 자식이 그 말을 못 알아듣지 않습니다. 어머니가 정말 자기를 위해서가 아니라 나를 위해서 그렇게 한다는 것을 아는데 할 수가 없습니다. 해보신 분들은 표정의 변화가 없는데 전 못해본 쪽입니다. 알지만 안 됩니다. 그러면 결국 뭐라고 답할 수밖에 없냐면 "잠옷 바람으로 왜 뛰어요." 이처럼 정말 그 진심과 희생에 전혀 어울리지 않는 말을 해야 됩니다. 어머니는 기절합니다. "저 새끼가 내가 자기를 위하여 잠옷 바람에 뛰겠다는데 잠옷 바람으로 왜 뛰냐고 그래?" 아니에요 지금 서로서로 어긋나고 있는 것이 무엇인지를 알아야 됩니다.

우리는 신앙인이니까 더합니다. 믿음으로 이 말을 합니다. 성경이 그렇게 말한다는 조건을 붙이면 우린 더 변명과 회피를 할 수 없습니다. 그런데 안 됩니다. "나 예수 안 믿을 거야." 이 멋대가리 없는 대답밖에 할 게 없습니다. "너 신앙생활 그따위로 해도 되겠어?" "내가 어때서? 아니 성경에도 일하기 싫어하거든 먹지도 말라 그러잖아. 그래 나 굶을래." 이런 멋대가리 없는 얘기가 나오는 이유를 알아야 합니다.

우리 안에 예수가 들어오시지 않으면 그로 말미암아 풍성한 하나님의 은혜를 입어 넉넉한 인격과 영적인 부요함을 가지지 않으면 무엇을 담을 수도 무엇을 받을 수도 없습니다. 여기에 바로 오늘 얘기하는 "거룩한 것을 개에게 주지 말며 너희 진주를 돼지 앞에 던지지 말라"(마 7:6)라는 말씀이 가지는 뜻이 있습니다. 예수 없이는 어떤 호의도 어떤 진심도 어떤 옳음도 무용합니다. 그것은 이미 우리가 사랑에서 확인한 것이었습니다.

사랑장에 나오는 이 말씀 기억하십니까? "천사의 말을 할지라도 산을 옮길 만한 믿음이 있을지라도 자기 몸을 불사르게 내어주는 열정이 있을지라도 사랑이 없으면 아무것도 아닙니다." 사랑이 그 일을 해야 됩니다. 환상, 능력, 열정 그것 자체로는 아무 가치가 없습니다. 아무 힘이 없습니다. 사랑이 그 일을 해야 됩니다. 사랑을 가지고 환상으로 능력으로 정렬로 표현할 때만 그것은 가치가 있고 유용합니다.

마찬가지로 옳다는 것은 예수가 우리를 위하여 십자가를 지사 당신의 귀한 백성으로 우리를 부활시키시는 예수의 생명으로 새로 빚으시는 일이 전제되지 않으면 우리에게 진리나 진심이나 헌신이나 무슨 의미나 가치나 이상이 모두 힘을 잃게 됩니다. 그것은 그냥 관념입니다. 그것은 그냥 하나의 생각입니다. 실체가 되지를 않습니다.

그래서 우리는 어느 때나 바로 이 문제를 마음에 두어야 합니다. 예수를 전제해야 됩니다. 예수라는 이름으로 내가 나가서는 안 되고 예수 안에서 내가 나감으로써 상대방으로 예수를 만나게 해야 됩니다. 어려운 일이지만 예수를 만나게 해야 됩니다. 예수를 동원하여 내가 상대방을 만나지 않도록 조심해야 됩니다. 그것이 하나님의 의입니다. 그래서 에베소서 4장에는 이런 중요한 권면이 나옵니다.

> 무릇 더러운 말은 너희 입 밖에도 내지 말고 오직 덕을 세우는 데 소용되는 대로 선한 말을 하여 듣는 자들에게 은혜를 끼치게 하라 하나님의 성령을 근심하게 하지 말라 그 안에서 너희가 구원의 날까지 인치심을 받았느니라 너희는 모든 악독과 노함과 분냄과 떠드는 것과 비방하는 것을 모든 악의와 함께 버리고(엡 4:29~31)

여기까지는 기독교 신앙이 대단히 윤리적으로 이해됩니다. 그러나 이것이 윤리와 도덕 이상인 것은 그 다음 절을 보시면 드러납니다.

> 서로 친절하게 하며 불쌍히 여기며 서로 용서하기를 하나님이 그리스도 안에서 너희를 용서하심과 같이 하라(엡 4:32)

여기서 불쌍히 여기라는 것은 우월감을 가지고 동정하라는 뜻이 아닙니다. 우리가 대책이 없다는 걸 알아야합니다. 우리가 어느 한 사람의 변화를 위하여 아무런 도움도 줄 수 없다는 걸 알아야 합니다. 우리 스스로에게도 그렇습니다.

우리는 설명을 잘하면, 내가 다른 무슨 음흉한 생각을 가지고 내 욕심을 위하여 상대방을 이용하는 것이 아니라는 것이 증명이 되면 상대방이 납득하리라고 생각하게 됩니다. 그러나 사람은 그것으로 납득되지 않습니다. 지금 우리의 영혼의 갈증은 하나님과의 관계에 관한 것입니다.

예수 안에서 하나님이 베푸시는 영적 풍요로움을 받지 않고는 인간은 살도 피도 뼈도 있을 수 없게 됩니다. 우리가 이것에 대하여 "비판하지 말라"에서부터 출발한 것임을 기억해야 합니다. 우리에게 시급한 것이 무엇입니까? 우리가 예수 안에서 하나님의 자녀로 영적으로 살찌는 문제인 것입니다. 예수 안에서만 허락되는 것이요 그 일이 허락되었을 때에만 우리는 비로소 예수 안에 있다는 것을 자신과 이웃에게 그 책임을 할 수 있습니다.

그래서 우리는 내가 예수 안에서 얻은 해답들과 넉넉함과 이제 주고받고 용서하고 기다리고 이해할 수 있는 일들을 개인적인 차원에서는 불쌍히 여기는 것으로 친절하게 하는 것으로 용서하는 것으로 합니다. 이것들은 다 상대방을 내 마음에 들게끔 명분과 논리로 강제하는 것과 다르다는 것을 알아야 합니다.

오늘날 한국 교회의 성령 운동이 그렇습니다. 기적과 성령으로 조급하게 확인하려 하기 때문에 한국 교회 성도들은 기다리지를 못합니다. 그래서 더 긴 훈련이 요구되는데도 거기서 자꾸 도망을 갑니다. 하나님이 누구신가를 아는 것은 참으로 지루하면서도 반복되는 평범한 일상 속에서 하나님이 만들어 가신다는 것을 알아야 됩니다.

한 영혼을 채우고 신앙 인격을 만들어 내는 것은 우리가 살고 있는 범상한 일 속에서 하나님이 신비롭게 만들어 가는 것들입니다. 보약 먹고 크지 않고 그 밥에 그 나물 먹고 크는 것과 같습니다. 좋은 약 먹으면 아이큐가 100씩 올라가는 것이 아닌 것과 같습니다. 예수 그리스도 안에 있는 의, 하나님이 우리를 만들어 가시고 채우시는 방법과 거기에서 특별히 기다려야 하고 용서해야 되고 비판하지 말아야하고 명분으로 조급하게 상대방을 요구하지 않아야 되는 이 의가 여러분들 신자 된 인생 속에서 꼭 필요한 실천의 내용들이요 원칙들이라는 것입니다. 넉넉한 마음으로 여러분의 삶을 살고 여러분이 만나는 사건과 이웃들 앞에 이 의를 드러내시는 하나님의 사람이기를 바랍니다.

기도

하나님 아버지 은혜를 감사합니다. 돌이켜보면 우리의 핍절함과 갈증과 우리의 분노는 다 우리 영혼의 가난함 때문이었습니다. 우리는 그것을 이웃에게 책임을 씌우고 분노하고 억울해 했습니다. 예수 안에서 하나님의 사랑이 이렇게 나타나고 새 생명이 주어졌고 예수로 말미암는 십자가의 그 무한한 은혜가 베풀어졌는데도 우리는 아직도 부요하지 못합니다. 오늘도 말씀으로 우리를 깨우치셨으니 우리 자신을 위하여 우리의 신자 된 인생을 위하여 하나님의 의를 힘입어 승리하는 자 되게 하시옵소서. 그리할 때만 우리는 우리 이웃 앞에 참다운 빛과 소금으로 설 것이기 때문입니다.
예수님의 이름으로 기도합니다.
아멘

23. 하나님의 충만으로 채워지는 삶

구하라 그리하면 너희에게 주실 것이요 찾으라 그리하면 찾
아낼 것이요 문을 두드리라 그리하면 너희에게 열릴 것이니
구하는 이마다 받을 것이요 찾는 이는 찾아낼 것이요 두드리
는 이에게는 열릴 것이니라 너희 중에 누가 아들이 떡을 달
라 하는데 돌을 주며 생선을 달라 하는데 뱀을 줄 사람이 있
겠느냐 너희가 악한 자라도 좋은 것으로 자식에게 줄 줄 알
거든 하물며 하늘에 계신 너희 아버지께서 구하는 자에게 좋
은 것으로 주시지 않겠느냐 그러므로 무엇이든지 남에게 대
접을 받고자 하는 대로 너희도 남을 대접하라 이것이 율법이
요 선지자니라(마 7:7~12)

23.

오늘 본문 말씀에서 결론이 되는 12절 말씀은 매우 유명한 구절입니다. 우리 주님의 가르치심을 따르고 있는 예수 믿는 신자들만이 아니라 기독교 신앙을 받아들이지 않는 세상에서도 이 구절을 황금률이라 지칭하고 있습니다. 가장 놀랍고 귀한 교훈이라 그렇게 받고 있습니다.

"남에게 대접을 받고자 하는 대로 너희도 남을 대접하라"고 합니다. 그러나 세상이 가지는 이해는 예수 믿는 사람이 가지는 이해와 같을 수가 없습니다. 우리는 이 구절이 갖는 깊은 내용을 구체적으로 살펴보겠습니다만, 피상적으로 읽으면 세상 사람들이 말하는 것같이 "가는 말이 고와야 오는 말이 곱다"라는 뜻으로 이해하기 꼭 좋게 되어 있습니다. 물론 본문은 단순히 그런 내용이 아닙니다.

우리가 7절 내용부터 구하고 찾고 문을 두드리라 이렇게 한 다음에 대접 이야기가 나온다는 것을 마음에 두고서 그 깊은 이해를 위해서 이 결론부터 확인해보려고 합니다.

대접을 받는다는 문제는 상대방에게 어떻게 나라는 존재가 이해되고 납득되면 좋겠는가 하는 문제입니다. 그런데 자기가 존귀한 존중함을 받으려면 상대방을 존중해야 된다고 가르치면서 그것이 율법이고 선지자라고 이야기함으로써 그것이 갑작스럽고 돌연한 교훈이 아니라 성경 전체의 사상과 맥을 같이 한다고 가르치고 있습니다. 이 문제를 해결할 수 있는 한 실마리가 마태복음 22장에 이렇게 소개되고 있습니다.

예수께서 사두개인들로 대답할 수 없게 하셨다 함을 바리새인들이 듣고 모였는데 그 중의 한 율법사가 예수를 시험하여 묻되 선생님 율법 중에서 어느 계명이 크니이까 예수께서 이르시되 네 마음을 다하고 목숨을 다하고 뜻을 다하여 주 너의 하나님을 사랑하라 하셨으니 이것이 크고 첫째 되는 계명이요 둘째도 그와 같으니 네 이웃을 네 자신같이 사랑하라 하셨으니 이 두 계명이 온 율법과 선지자의 강령이니라(마 22:34~40)

여기서 말하는 계명은 십계명을 지칭하고 있습니다. 십계명은 이스라엘에게 주어진 모든 율법의 요약이라고 이야기할 수 있습니다. 첫째 되는 계명이란, 하나님이 모세에게 십계명을 주셨을 때 두 돌판에 계명을 써서 주셨는데 첫 번째 돌판에는 1계명부터 4계명까지, 두 번째 돌판에는 5계명부터 10계명까지 있습니다. 첫 번째 돌판에 있는 1계명에서 4계명은 "여호와만 섬겨라, 우상을 만들지 마라, 여호와의 이름을 망령되이 일컫지 마라, 안식일을 거룩히 지켜라" 하는 하나님께 대한 계명입니다. 그리고 5계명부터는 "부모를 공경하라, 살인하지 마라, 도둑질하지 마라, 간음하지 마라, 이웃에게 거짓증거하지 마라, 이웃의 것을 탐내지 마라" 그렇게 되어 있습니다.

얼핏 보기에는 이 계명들이 다 매우 부정적인 명령으로 되어 있는데 예수님은 이것을 굉장히 긍정적으로 설명하십니다. 하나님 사랑, 이웃 사랑이라고 가르치고 있습니다.

우리가 이해하는 율법 혹은 십계명에서는 그것이 범법의 경계선을 가르친 것으로 보이는데 하나님은 그런 두려운 하나님, 벌주시는 하나님이 아니라 거룩하신 하나님입니다. 예수님은 그 하나님이 사랑을 요구하시는 하나님, 사랑하기를 바라시는 하나님으로 소개하고 있습니다. 그것이 어떻게 서로 연결됩니까? 성경 전체를 통하여 가르치는 율법과 예수 그리스도를 보내심으로 가르치는 하나님의 뜻은 "너희에게 하나님은 이 한 분으로 충분하다"는 이것이 첫째 계명입니다.

하나님의 사랑은 우리의 필요와 만족과 감격에 충분한 하나님이라는 그런 뜻입니다. 우리의 필요를 채우시고 우리를 만족하게 하시고 우리를 감격케 하시는 하나님입니다.

5계명부터 10계명까지는 둘째 계명이라고 해서 그 내용은 네 이웃을 약탈해서 네 필요를 채울 필요가 없다는 뜻입니다. 너는 하나님으로 충분하기 때문에 네 이웃하고 경쟁하거나 싸우거나 시기하거나 증오할 필요가 없다는 것이 둘째 계명입니다.

이 계명을 이해하는 예수님의 가르치심을 놓고 보자면 남에게 대접을 받고자 하는 대로 남을 대접하라는 이런 결론으로 갈 수밖에 없습니다. 우리는 이웃과의 관계에서 이웃을 이기거나 이용할 필요 없이 하나님 안에서 충분해야 합니다. 내가 이웃과 경쟁하고 싸우고 증오하는 데서 벗어날 때 이웃은 나를 존귀하게 여길 것입니다. 우리도 이웃을 약탈의 대상이나 이해관계로 보지 않고 하나님이 저들의 필요를 채우고 내가 저들의 필요를 채워줄 수 없다는 사실 속에서 이웃을 내 손 안에 넣고 경멸하고 멸시하고 수단으로 삼으려는 흉악한 생각에서 비로소 벗어날 수 있을 것입니다. 그것이 여기서 이야기하는 대접입니다. 왜냐하면 본문으로 돌아오셔서 이 대접 이야기는 이런 문맥 속에 있습니다. 7장 1절은 비판하지 말라로 시작하면서 이렇게 이야기합니다.

> 너희가 비판하는 그 비판으로 너희가 비판을 받을 것이요 너희가 헤아리는 그 헤아림으로 너희가 헤아림을 받을 것이니라(마 7:2)

즉 우리가 우리 이웃의 흠을 잡아내면 이웃은 그것으로 우리를 존귀히 여기거나 우리에게 항복하지 않는다는 겁니다. 우리가 이웃을 정죄하면 동일한 이유와 잣대로 이웃도 우리를 공격할 것입니다. 사실 그렇습니다. 왜냐하면 6절에 나오는 "거룩한 것을 개에게 주지 말며 너희 진주를 돼지 앞에 던지지 말라"에서 드러난 대로 우리가 진주를 가지고 있다고 해서 그것이 상대방에게 도움이 되는 것은 아니기 때문입니다.

우리가 지식적으로나 능력적으로나 도덕적으로 앞서 있다고 해서 그것이 상대방에게 도움이 되지는 않습니다. 우리가 누구의 흠을 잡고 정죄를 하는 것이 내가 상대방을 교정할 수 있고 항복시킬 수 있는 능력을 갖고 있다는 뜻은 아닙니다. 우리는 누굴 흉볼 수 있습니다. 그러나 그런다고 해서 그 사람을 흉본 만큼 그 내용을 고쳐낼 수 있는 능력을 갖고 있는 것은 아닙니다. 우리가 도덕을 기준으로 할 때 내가 옳을 수 있습니다. 그냥 옳을 뿐이지 도덕과 율법이 사람을 변화시키지는 못합니다.

이번 여름 내내 비 많이 왔는데 한강 수위가 얼마만큼 올라오면 잠수교가 통제됩니다. 수위가 7미터가 되었다는 눈금과 그것이 물을 더 이상 올라오지 못하게 하는 기능과는 아무런 관련이 없습니다. 법이란, 율법이란 그런 것입니다. 사람을 고쳐내는 방법이 아닙니다. 우리가 누구를 비판할 날카로운 안목을 갖고 있다고 해서 그 날카로움이 상대방을 살려낼 실력이 되는 것은 아닙니다. 그것은 진주를 개와 돼지에게 주었을 때 아무런 도움이 되지 않는다는 표현에서 명백해졌었습니다.

그래서 우리는 이 전체 문제가 자기의 정체성을 확인하는 것과 대조되는 우리의 의와 예수 안에서 드러난 하나님의 의의 대조라는 것을 놓쳐서는 안 됩니다. 서기관과 바리새인의 의로 대표됐던 우리의 의의 약점이 무엇입니까? 옳은 것은 알지만 옳게 만들 수 없는 의입니다. 다만 비판하고 흠잡고 흉을 볼 수밖에 없는 의, 고쳐낼 능력이 없는 의, 참으로 답답한 의입니다.

여러분 살면서 제일 고달픈 것이 무엇입니까? 아는 데 안 되는 것입니다. 그때 제일 귀찮은 친구가 누굽니까? "열심히 해봐. 이렇게 해봐. 저렇게 해봐." 이렇게 내 곁에 와서 정답 이야기 해주는 사람입니다. 그것이 분명 6절에 나옵니다.

거룩한 것을 개에게 주지 말며 너희 진주를 돼지 앞에 던지지 말라 그들이 그것을 발로 밟고 돌이켜 너희를 찢어 상하게 할까 염려하라(마 7:6)

진심이고 옳고, 호의를 가지면 되는 것이 아닙니다. 그것으로 문제가 해결되는 것은 아닙니다. 한 인간의 영혼과 인격을 만족시키는 것은 그 정도 가지고는 되지 않습니다. 거기에 이제 예수 그리스도의 필요성이 요구되는 것입니다.

그런 차원에서 "구하라 찾으라 문을 두드리라"라는 말은 결코 기도를 이야기하는 것이 아닙니다. 우리가 보통 이야기하는 신앙 실천의 한 방법을 논하는 것이 아니라 너희가 의를 만들어 낼 실력이 없음을 인정하고 너희의 한계를 확인하라는 것입니다. 너희 안에서는 이 의를 만들어낼 수 없고 너희가 만들 수 있는 의는 서기관과 바리새인의 의일 뿐이라고 합니다. 그것은 명분이 있고 잘난 척을 할 수 있지만 실제적인 능력은 가지지 못하는 것입니다. 외식을 한다 그랬습니다. 겉치레를 할 수밖에 없고 한 영혼을 회복시킬 수 없고 채울 수 없고 살려낼 수 없으니 그러니 구하라는 것입니다. 그것이 너희 밖에 있고 너희 안에는 없다는 것입니다.

그리고 무슨 이야기가 등장하느냐 하면 "너희 중에 누가 아들이 떡을 달라 하는데 돌을 주며 생선을 달라 하는데 뱀을 줄 사람이 있겠느냐"라는 말씀이 나옵니다. 왜 갑자기 아들이 나옵니까? "너희가 악한 자라도 좋은 것으로 자식에게 줄 줄 알거든"이 나옵니다.

왜 여기서 갑자기 아버지가 등장합니까? 하나님이 우리에게 아버지가 되시는 길은 딱 하나입니다. 그것은 예수 그리스도 안에서 뿐입니다. 이스라엘 백성들에게 하나님은 아버지가 아니었습니다. 무서운 신이었습니다. 거룩한 하나님입니다. 그러나 예수님이 하나님을 아버지라 부르시고 당신이 하나님의 아들로 이 땅에 오시며 우리를 끌어 모아 당신 안에서 하나님을 아버지로 부르게끔 하십니다.

이 기독론 속에는 예수로 말미암은 하나님과의 관계 개선이라는 중요한 내용이 들어 있습니다. 우리는 우리의 의를 홀로 만들어 자신에게나 이웃에게 답을 줄 수 없었던 존재였습니다. 그러나 예수 안에서 아버지의 자녀로 삼아 우리의 필요를 아버지로부터 얻을 수 있는 자리로 옮겨놓으신 것입니다. 여기에 기독교 신앙의 핵심이 있습니다. 오죽하면 기독교 신앙이라 하겠습니까? 기독이라는 말은 그리스도의 한문역입니다. 예수 그리스도입니다. 그리스도교를 한문으로 써서 기독교가 된 것입니다.

예수 그리스도로 말미암아 하나님을 아버지로 모시게 된 이 사실과 관련하여 구하고 찾고 문을 두드리라는 것이 요한복음 17장에서 이렇게 연결되어 있습니다.

그들을 진리로 거룩하게 하옵소서 아버지의 말씀은 진리니이다 아버지께서 나를 세상에 보내신 것같이 나도 그들을 세상에 보내었고 또 그들을 위하여 내가 나를 거룩하게 하오니 이는 그들도 진리로 거룩함을 얻게 하려 함이니이다 내가 비옵는 것은 이 사람들만 위함이 아니요 또 그들의 말로 말미암아 나를 믿는 사람들도 위함이니 아버지여, 아버지께서 내 안에, 내가 아버지 안에 있는 것같이 그들도 다 하나가 되어 우리 안에 있게 하사 세상으로 아버지께서 나를 보내신 것을 믿게 하옵소서 내게 주신 영광을 내가 그들에게 주었사오니 이는 우리가 하나가 된 것같이 그들도 하나가 되게 하려 함이니이다 곧 내가 그들 안에 있고 아버지께서 내 안에 계시어 그들로 온전함을 이루어 하나가 되게 하려 함은 아버지께서 나를 보내신 것과 또 나를 사랑하심 같이 그들도 사랑하신 것을 세상으로 알게 하려 함이로소이다(요 17:17~23)

예수님의 기도에서 중요한 내용이 오늘의 본문과 연결되어 있습니다. 예수님은 세상을 의지하여 살고 있지 않다고 자신을 구별합니다. 내가 거룩하고 너희도 거룩하여야 된다고 합니다. 이 거룩함은 구별된다는 뜻입니다. 이 세상의 것으로 근거하거나 내용을 삼지 않고 하나님만 근거하고 내용 삼는 것을 말합니다. 아버지 안에서 충만케 하기 위하여 하나님이 자기를 보냈다고 이야기합니다. 하나님이 그렇게 하시는 것은 하나님이 예수를 사랑하신 것같이 너희를 사랑하기 때문에 나를 보내신 것이라고 말씀합니다.

기독교 신앙에서 예수 그리스도의 위치라는 것은 다른 무엇으로도 대체할 수 없습니다. 그것은 유일한 근거고 유일한 시작이고 유일한 목적이고 내용입니다. "예수 안에서"라는 이야기는 비로소 하나님이 우리에게 누구신가를 밝히는 것입니다. 그는 창조주시며 우리의 아버지가 되기로 결심하신 분입니다. 그래서 그 아들을 보내십니다. 그 아들을 보내심으로 우리를 하나님 안에서 충만케 하고 승리케 하기로 약속하시고 일 하시는 하나님이 드러납니다. 그것이 예수 그리스도입니다.

그래서 우리 기독교 신자들은 우리의 필요가 다 하나님 손에 있으며 그것이 우리에게 얼마나 넉넉한 것이며 그리고 그 일이 하나님께서 신적 의지로 이루고야 말 운명인 것을 깨우쳐야 합니다. 골로새서 1장에는 이렇게 소개됩니다.

그는 몸인 교회의 머리시라 그가 근본이시요 죽은 자들 가운데서 먼저 나신 이시니 이는 친히 만물의 으뜸이 되려 하심이요 아버지께서는 모든 충만으로 예수 안에 거하게 하시고 그의 십자가의 피로 화평을 이루사 만물 곧 땅에 있는 것들이나 하늘에 있는 것들이 그로 말미암아 자기와 화목하게 되기를 기뻐하심이라 전에 악한 행실로 멀리 떠나 마

음으로 원수가 되었던 너희를 이제는 그의 육체의 죽음으로 말미암아
화목하게 하사 너희를 거룩하고 흠 없고 책망할 것이 없는 자로 그 앞
에 세우고자 하셨으니 만일 너희가 믿음에 거하고 터 위에 굳게 서서
너희 들은 바 복음의 소망에서 흔들리지 아니하면 그리하리라 이 복음
은 천하 만민에게 전파된 바요 나 바울은 이 복음의 일꾼이 되었노라
(골 1:18~23)

이 복음의 내용이 우리가 믿고 있는 기독교 신앙입니다. 이 복음
의 핵심이 무엇입니까? 예수 안에서 하나님이 우리를 자신의 자녀와
백성으로 세우기를 원하신다는 사실입니다. 22절에서 보듯이 "거룩
하고 흠 없고 책망할 것이 없는 자"로 세우고자 하십니다. 이것은 도
덕성을 벗어나는 것입니다. 기능성을 벗어나는 것입니다.

우리 예수 믿는 사람들이 이런 사회적 시대적 비판을 할 수 있어
야 됩니다. 하나님 없는 세상의 죄악된 것과 무지한 것과 그 부패성
과 잘못된 것을 지적할 수 있어야 됩니다. 그리고 그 지적이 자신의
정체성이 되면 안 됩니다. 여기서 말하는 거룩하고 흠 없는 것은 예
수 그리스도 안에 사는 자의 하나님의 백성으로서의 자기 자리를 지
키는 것을 말합니다. 그것은 내가 사는 사회나 내가 사는 시대에 의
해서 도움을 받거나 그들을 비판해서 확보되는 자리가 아니라 환경
과 조건에 상관없이 영원무궁토록 하나님의 신실하심으로 확보된 자
리에서 안타까움과 사랑으로 나올 수는 있지만 그것이 빈약한 정체
성이 되는 그런 말일 수는 없습니다. 우리는 이 실수를 자주합니다.

종종 뜻밖의 정치적 발언을 하는 예들이 있습니다. 그러나 저는
그런 점에서 그들과 견해를 약간 달리하고 있습니다. 그것이 아마 목

사들의 사회적인 책임일 수는 있습니다. 그러나 그렇게 이야기하는 것으로써 마치 교회가 또는 신앙이 가장 중요한 자기 의무를 갖는다고 생각한다면 오늘 본문과는 거리가 있습니다.

여러분은 이웃이나 세상과 상관없이 하나님 안에서 충분해야 됩니다. 그것만이 평화를 만들어내고 그것만이 우리 이웃들로 하여금 우리가 우리의 필요를 무엇으로 채웠는가 묻게 하는 유일한 방법입니다. 무관심하자는 것과 다릅니다. 우리는 어쨌든 이 현실 속에 있어야 하고 우리가 사는 시대와 사회의 영향을 받을 수밖에 없지만 그것은 근거도 아니고 내용도 아닙니다. 그 조건 속에 있을 뿐입니다. 빌립보서 3장에 가봅시다.

> 그러나 무엇이든지 내게 유익하던 것을 내가 그리스도를 위하여 다 해로 여길뿐더러 또한 모든 것을 해로 여김은 내 주 그리스도 예수를 아는 지식이 가장 고상하기 때문이라 내가 그를 위하여 모든 것을 잃어버리고 배설물로 여김은 그리스도를 얻고 그 안에서 발견되려 함이니 내가 가진 의는 율법에서 난 것이 아니요 오직 그리스도를 믿음으로 말미암은 것이니 곧 믿음으로 하나님께로부터 난 의라 내가 그리스도와 그 부활의 권능과 그 고난에 참여함을 알고자 하여 그의 죽으심을 본받아 어떻게 해서든지 죽은 자 가운데서 부활에 이르려 하노니 내가 이미 얻었다 함도 아니요 온전히 이루었다 함도 아니라 오직 내가 그리스도 예수께 잡힌 바 된 그것을 잡으려고 달려가노라(빌 3:7~12)

사도 바울의 고백은 이런 대조를 갖고 있습니다. 그리스도의 죽으심을 본받아 어떻게 해서든지 죽은 자 가운데서 부활을 이루려고 합니다. 죽은 자의 삶에서 산 자의 삶으로 자기 인생을 바꾸겠다는 것입니다. 죽은 자의 삶은 예수 없이 살던 삶이고 부활한 삶은 예수를 믿어 갖게 된 삶입니다. 말하자면 예수 없이 살 때는 나의 의로 살던 때입니다. 예수를 믿고 난 다음에는 예수의 의로 살기 때문입니다. 내가 나의 의로 살 때 우리가 할 수 있는 것은 내가 누구를 죽이는 것밖에는 할 줄 모르던 때입니다. 마태복음 7장에서 보는 바와 같이 그것은 비판하는 것 외에 아무것도 할 수 없는 것입니다. 부활 생명 속에 산다는 것은 내가 살고 또 남을 살리는 것입니다.

우리는 이 문제들이 신앙적으로나 도덕적으로나 기능적으로 완성을 의미한다고 생각하지 않습니다. 전혀 안목과 이해가 달라지는 것입니다. 기독교 신앙인들의 현실을 보면 가장 괴로운 것이 자기가 마땅히 되어야 될 신앙의 수준을 이루지 못한다는 것입니다. 그것이 가장 괴로운 현실입니다. 그 문제에 대해서 우리는 그 아들을 보내신 하나님 아버지께서 우리를 그의 은혜와 사랑으로 인도하신다는 것을 믿고 자기를 용서하고 사는 것을 믿음이라고 알고 있습니다. 남을 용서하기 전에 우리 자신을 용서할 수 있어야 됩니다. 나의 못난 것으로 인하여 여러분이 할 수 있는 것이 있다면 자폭하는 것밖에 없습니다. 양심이 있다면 자폭해야 됩니다. 예수를 보내심은 그런 뜻이 아닙니다. 내가 자폭할 마음을 가지면 이웃에 있는 모두도 다 죽일 수밖에 없습니다. "신앙이 그게 뭐야. 사람이 그게 뭐야." 이 말은 예수 안에서는 하지 않아야 할 이야기입니다. 우리가 해야 할 이야기는 예수 안에서 용서하고 이해하고 기다리는 것입니다.

여러분은 금방 혼돈스러워지실 것입니다. 보이는 기준, 보이는 눈금, 보이는 잣대 이것이 언제나 우리에게는 자기 의입니다. 책임질 수 있는 것, 할 수 있는 그런 것입니다. 그러나 산상설교에서 하나님의 의의 놀라움은 예수 그리스도로 나타나는 것입니다. "너희가 악한 자라도 좋은 것으로 자식에게 줄 줄 알거든 하물며 하늘에 계신 너희 아버지께서 구하는 자에게 좋은 것으로 주지 않겠느냐." 못난 대로 갚지 않으시는 하나님이라는 것을 믿으셔야 됩니다. 그것이 우리를 신앙인으로 만드는 것입니다. 그것을 믿음으로 지켜야 됩니다.

우리가 이웃을 해하지 않고 이웃을 이용하지 않고 이웃을 약탈하지 않고 넉넉하다는 것은 우리가 고통스럽지도 않고 소원이 다 이루어지고 아쉬울 것이 없는 경지에 이른다는 뜻이 아닙니다. 그렇게 안 됩니다. 우리는 우리가 채워야 할 것이 많은 부족한 자라는 것을 인식하지만 그것을 채워줄 수 있는 이가 예수밖에 없다는 것을 알기 때문에 내 못난 것을 이웃에다가 쏟아 붓지 않는 자라는 말입니다. "하나님 도와주십시오. 사랑한다고 하시지 않았습니까?" 이렇게 하나님 앞에 나아가지 내 괴로움과 내 고통을 인하여 옆 사람을 볶지 않는 것입니다.

우리가 자식을 기를 때도 많이 해봤습니다. 자식을 위해서 뿐 아니라 이대로 놔두면 틀림없이 평생 나를 고달프게 하니 그러지 말고 내 말을 듣든지 아니면 죽어라 이것이 우리에게 있습니다.

그것이 우리에게도 늘 나타납니다. 자폭적으로 나타납니다. 하나님 이 문제에 오늘 답을 주시든지 아니면 저를 죽여 달라고 이렇게밖엔 할 줄 모릅니다.

우리의 필요와 우리의 내용과 목표는 하나님에게 있습니다. 그 하나님은 그 아들을 보내어 우리의 아버지가 되기로 한 분입니다 여기에 우리의 믿음이 있습니다. 아버지와 자식의 사이는 법이나 다른 어떤 규칙이나 다른 어떤 잣대로 갖다 댈 수 없습니다. 떼를 쓸 수 있습니다. 그것이 사랑이라고 합니다.

여러분이 기독교 신앙을 가졌다는 것이 무엇을 의미하는지, 하나님이 예수를 보냈다는 것이 무엇을 의미하는지, 여러분의 필요를 이웃하고 싸울 필요 없다는 것이 무슨 뜻인지 아신다면 여러분의 신앙생활은 보다 넉넉해질 것입니다. 그리고 우리가 예수를 믿는다는 의미도 세상 앞에 다르게 비춰질 것입니다. 이 믿음과 내용을 간직하시고 승리하시는 여러분들 되시기를 바랍니다.

기도

하나님 아버지 은혜를 감사합니다. 하나님을 아버지라 부른다는 것은 얼마나 놀라운 일입니까? 그리고 우리는 얼마나 못난 자식들입니까? 그러나 아버지의 사랑은 우리 못난 것보다 큽니다. 이 사실을 기억하게 하옵소서. 우리가 날카로움을 자랑하며 판단하며 우월감을 확인하며 자존심을 세우며 진심과 호의를 가지고 진주를 만들어내는 그 자리에서 이제 벗어나 예수 안에 있는 넉넉함으로 무장하게 하사 우리 자신과 우리 이웃들 앞에서 하나님의 자녀이게 하여 주시옵소서. 그것이 빛이고 소금인 우리의 사명이며 우리의 복입니다. 우리의 고단한 인생, 부족하고 연약한 자신이라고 회개하고 가슴을 치지만 하나님의 사랑이 보다 크다고 믿는 믿음으로 승리하게 하시옵소서. 예수님의 이름으로 기도합니다.
아멘

24. 좁은 문과 좁은 길

좁은 문으로 들어가라 멸망으로 인도하는 문은 크고 그 길이 넓어 그리로 들어가는 자가 많고 생명으로 인도하는 문은 좁고 길이 협착하여 찾는 자가 적음이라(마 7:13~14)

우리는 지난주에 12절에 있는 "남에게 대접을 받고자 하는 대로 남을 대접하라"는 사실을 확인했습니다. 우리가 인간으로서 가치가 있고, 진정한 존귀함을 소유하려면 하나님이 우리의 주인이시어야 하고 우리는 그가 지은 사랑하는 자녀로서 하나님으로부터 우리의 필요를 공급 받아야만 합니다. 그러할 때 우리는 우리 이웃을 약탈할 필요가 없게 됩니다. 우리는 비로서 빼앗아 올 필요가 없고 우리는 비로소 내가 하나님 안에서 충분하다는 것과 우리 이웃도 내가 무엇을 줄 수 있는 존재가 아니라 하나님 안에서 하나님의 백성으로만 충분할 수 있다는 것을 인정할 수 있게 된다고 했습니다.

그것이 진정한 인간의 인간된 자리이고 서로 간에 대접을 주고받을 수 있는 자리라 했습니다. 이럴 때에만 우리는 이웃과 비로소 전쟁을 종식하게 됩니다. 우리는 화해할 수 있고 우리 이웃이 두렵지 않고 증오할 필요가 없고 경쟁할 필요가 없고 싸울 필요가 없다는 것을 알게 됩니다.

그러나 이 문제는 이웃과 화해가 이루어지고 평화가 온다는 데에 핵심이 있는 것은 아닙니다. 그 평화와 화목은 모두가 다 예수 그리스도 안에서 하나님의 통치에 순응하여 하나님의 의로 채워질 때만 가능한 것입니다. 그리고 그 길은 오늘 본문에서 보듯이 좁은 문으로 들어가야 하고 좁은 길로 가야 하는 길입니다. 이 문제에 대한 진정한 이해를 위해 마태복음 19장으로 가봅니다.

어떤 사람이 주께 와서 이르되 선생님이여 내가 무슨 선한 일을 하여야 영생을 얻으리이까 예수께서 이르시되 어찌하여 선한 일을 내게 묻느냐 선한 이는 오직 한 분이시니라 네가 생명에 들어 가려면 계명들을 지키라 이르되 어느 계명이오니이까 예수께서 이르시되 살인하지 말라, 간음하지 말라, 도둑질하지 말라, 거짓 증언 하지 말라, 네 부모를 공경하라, 네 이웃을 네 자신과 같이 사랑하라 하신 것이니라 그 청년이 이르되 이 모든 것을 내가 지키었사온대 아직도 무엇이 부족하니이까 예수께서 이르시되 네가 온전하고자 할진대 가서 네 소유를 팔아 가난한 자들에게 주라 그리하면 하늘에서 보화가 네게 있으리라 그리고 와서 나를 따르라 하시니 그 청년이 재물이 많으므로 이 말씀을 듣고 근심하며 가니(마 19:16~22)

자주 오해되는 본문입니다. 청년이 재물을 포기할 수 없어서 결국 주를 따르는 일에 실패했습니다. 그리고 뒤이어 나오는 부자가 하늘나라에 갈 수 없는 비유, 낙타가 바늘귀로 들어갈 수 없다고 비유한 것 때문에 더욱 더 부자는 하늘나라에 들어갈 수 없다, 그 부를 다 나누어 이웃들을 구제해야 된다고 쉽게 생각합니다. 그 자체에 가치가 없는 것은 아니지만 성경이 하고 싶은 이야기는 그것보다 훨씬 더 깊고 다릅니다. 좁은 문으로 들어가야 하고, 좁은 길로 가야 하는 이유를 마태복음 19장에서 이 비유가 잘 보충하고 있다고 생각합니다.

우리는 마태복음 6장 24절에서 사람이 두 주인을 섬기지 못한다, 너희가 하나님과 재물을 겸하여 섬길 수 없다는 말씀을 살펴보고 지나왔습니다. 여기서 말하는 재물은 부에 관한 문제가 아니라 하나님을 대신하는 주인입니다. 하나님을 대신하는 주인으로서 재물은 어떤 문제가 있습니까? 실제적인 주인은 나입니다. 내가 내 욕심과 내 소원을 이루기 위한 수단으로 재물이 신이 되는 것입니다. 그래서 싸움은 언제나 내가 나의 주인이 될 것이냐 하나님이 나의 주인이 될 것이냐는 문제입니다.

이 길이 좁은 이유는 이 길에는 우리라는 이름으로 걸을 수 있는 여지가 없습니다. 여기는 다 예수 안에 들어가야 됩니다. 이것이 좁은 문이고 좁은 길인 이유는 예수 안에 들어가야만 되는, 그래서 이 길은 예수님만 서 있는 길로 보이고 저 넓은 문, 넓은 길은 각각 자기 이름으로 존재하는 길입니다. 성경적으로 표현하면 "각각 자기 소견에 옳은 대로 행하였더라"의 길입니다. 그래서 거기에는 다수가 있습니다.

여기는 예수 안에 들어가 있어서 우리가 누군지가 예수 안에 있는 것으로만 정체성이 확인되고 저 바깥에서는 예수만 문이고 예수만 길입니다. 그러니 우리에겐 어렵습니다. 어떤 의미에서 어렵냐면 마태복음 19장에서 보는 이야기와 같이, 예수님이 구체적으로 요구하는 결정은 재물을 나눠 주라는 데 있는 것이 아니라 재물을 놓고 나를 따르라는 것입니다. 그런데 나를 따르라와 재물을 나눠 주라가 서로 반대되는, 둘을 겸하여 섬길 수 없는 문제로 등장하는 것을 놓치고 재물을 팔아 가난한 자를 돕는 것이 신앙으로 대체될 수 있습니다.

우리가 불쌍한 자를 돕고 가난을 돕는 것은 기독교 신앙이 가지는 큰 기본적인 책임입니다. 이웃을 불쌍히 여겨야 된다는 내용 속에다 들어있는 책임들입니다. 그러나 그것이 예수를 쫓기 위한 선택적 문제이지 기본을 벗어나서 이웃을 돕고 봉사를 하는 것이 기독교 신앙으로 대체되어서는 안 됩니다.

재물을 놓고 예수를 붙잡으라는 싸움 이야기하는 것이지 재물로 가난한 자를 구제하고 불쌍한 자를 돕는 것이 기독교가 되면 우리는 다시 서기관과 바리새인의 의로 가게 됩니다. 하나님이 유일한 주인으로서, 우리의 창조주요 아버지로서 우리의 필요를 하나님만 채워 주실 수 있고 그래서 갈 수 있는 영광의 자리를 제쳐놓고 우리가 할 수 있는 윤리와 도덕적 차원의 만족에 머물고 만다는 것입니다. 이것을 경계하시는 것입니다. 이것은 예수가 필요하냐 필요치 않느냐의 문제를 논하는 것이지 선행을 논하고 있는 문제가 아닙니다. 뒤에 나오는 23절 이하를 봅시다.

예수께서 제자들에게 이르시되 내가 진실로 너희에게 이르노니 부자는 천국에 들어가기가 어려우니라 다시 너희에게 말하노니 낙타가 바늘귀로 들어가는 것이 부자가 하나님의 나라에 들어가는 것보다 쉬우니라 하시니(마 19:23~24)

이것은 부자를 흉보거나 정죄하고 심판하는 것이 아닙니다. 그 부가 너에게 무슨 의미냐고 묻는 것입니다. 그 부가 신이고 유일한 수단이면 안 됩니다. 부와 가난의 문제가 아니라 예수를 붙들어야 할 것을 부로 대신하고 있다면 그것은 안 됩니다. 그래서 부자가 하늘나라에 들어가는 것이 낙타가 바늘귀로 들어가는 것보다 어렵다는 것은 예수 없이는 구원이 없다는 말을 그렇게 푼 것입니다. 그래서 다음과 같이 말씀하십니다.

제자들이 듣고 몹시 놀라 이르되 그렇다면 누가 구원을 얻을 수 있으리이까 예수께서 그들을 보시며 이르시되 사람으로는 할 수 없으나 하나님으로서는 다 하실 수 있느니라(마 19:25~26)

예수를 믿어야 되는 것입니다. 기독교 신앙을 제대로 가지기 위해서 필요한 것은 예수입니다. 윤리, 도덕, 능력, 진심, 이상 그 어떤 것도 아닙니다. 예수로부터 출발해야 합니다. 그러나 우리는 잘못하면 선행으로 출발할 수 있습니다. 그래서 이 문제가 마태복음 16장에서는 이렇게 소개되고 있습니다.

이 때로부터 예수 그리스도께서 자기가 예루살렘에 올라가 장로들과 대제사장들과 서기관들에게 많은 고난을 받고 죽임을 당하고 제삼일에 살아나야 할 것을 제자들에게 비로소 나타내시니 베드로가 예수를 붙들고 항변하여 이르되 주여 그리 마옵소서 이 일이 결코 주께 미치지 아니하리이다 예수께서 돌이키시며 베드로에게 이르시되 사탄아 내 뒤로 물러 가라 너는 나를 넘어지게 하는 자로다 네가 하나님의 일을 생각하지 아니하고 도리어 사람의 일을 생각하는도다 하시고 이에 예수께서 제자들에게 이르시되 누구든지 나를 따라오려거든 자기를 부인하고 자기 십자가를 지고 나를 따를 것이니라(마 16:21~24)

자기를 부인하고 자기 십자가를 지고 예수를 따라야 합니다. 자기를 주장하고 동시에 예수를 따를 수는 없습니다. 그것은 아까 비교한 재물과 십자가를 겸하여 섬길 수 없듯이 자기 부인과 하나님을 따르는 것은 연속선상에 있는 것이라서 자기를 주장하고 예수를 따를 수는 없는데 자기 부인은 예수를 따르기 위한 전제 조건입니다.

그러나 우리는 우리가 신앙생활을 하면서 내가 이해관계를 넘어서 있다든가 개인적인 욕심에서 이야기할 때가 아니라고 할 때는 이미 주를 따르고 있다고 스스로 믿는다는 것입니다.

갑자기 너무 어려운 데로 확 넘어왔지만, 재물을 나누어주는 것이 신앙이 아니듯이 자기를 부인하는 것도 신앙이 아닙니다. 재물이든 자기든 둘을 동시에 섬길 수 없습니다. 지금 산상설교에서 서기관 및 바리새인의 의와 대비되는 그리스도 안에 있는 하나님의 의가 있는데 우리는 그 가운데 어느 하나만 선택해야 합니다. 두 주인을 섬길 수 없기 때문입니다.

자기 부인이란 자신이 주인인 것을 거부하고 주를 섬기기 위한 소극적이고 부정적이고 우선적인 순서일 뿐입니다. 그것이 전부는 아닙니다. 재산을 나누어 주는 것도 전부가 아닙니다. 바로 그 문제에서 내 생각이 진심이고 옳다 하는 것만으로는 부족하다는 것입니다. 에베소서 4장으로 가면 이에 대하여 성경이 잘 설명하고 있습니다.

그러므로 내가 이것을 말하며 주 안에서 증언하노니 이제부터 너희는 이방인이 그 마음의 허망한 것으로 행함같이 행하지 말라 그들의 총명이 어두워지고 그들 가운데 있는 무지함과 그들의 마음이 굳어짐으로 말미암아 하나님의 생명에서 떠나 있도다 그들이 감각 없는 자가 되어 자신을 방탕에 방임하여 모든 더러운 것을 욕심으로 행하되 오직 너희는 그리스도를 그같이 배우지 아니하였느니라 진리가 예수 안에 있는 것같이 너희가 참으로 그에게서 듣고 또한 그 안에서 가르침을 받았을진대 너희는 유혹의 욕심을 따라 썩어져 가는 구습을 따르는 옛 사람을 벗어 버리고 오직 너희의 심령이 새롭게 되어 하나님을 따라 의와 진리의 거룩함으로 지으심을 받은 새 사람을 입으라(엡 4:17~24)

우리는 20절을 기준으로 해서 그 앞에는 불신자들을 거론하고 있고 20절 이후에는 신자들을 말하고 있는데 이렇게 그 양자를 대조하고 있습니다. 그 앞의 불신자들의 생활 양태와 20절 이후에 나타나는 신자들의 생활의 모습이 굉장히 도덕적으로 비교된 상태입니다.

기독교 신앙이 도덕성을 가지는 것은 당연합니다. 도덕성을 벗어난다는 것은 있을 수 없습니다. 그러나 이 문제는 도덕성을 비교하자는 문제가 아닙니다. 그것보다 더 큰 것입니다. 20절 앞에 있는 17절 18절 19절의 핵심은 자신이 자기의 주인이기 때문에 썩어져감과 죽음에서 도망갈 수 없다는 것을 가르치는 것입니다. 피조물인 각 개인이 자신이 주인이 되어 자기의 필요를 만들고 자신의 욕심과 자기의 소원을 이루는 과정에서 생명과 진리는 만들어낼 수 없다는 것이 가장 중요한 지적입니다.

그러나 우리는 저들과 다릅니다. 예수를 믿어서 도덕성을 가지거나 어떤 가치 있는 것을 생산한다는 뜻이 아니라 우리는 예수 안에 있기 때문에 우리에게 거룩한 것과 생명된 것과 영광된 것을 만들어내라고 합니다. 그래서 18절에서 보듯이 그들의 총명이 어두워지고 그들 가운데 있는 무지함과 그들의 굳어짐으로 말미암아 하나님의 의에서 떠나 있어서 감각 없고 방탕에 방임되어 모든 더러운 것을 행하는 것과 비교되는 우리는 예수 안에서 하나님의 통치와 은혜와 붙드심에 따라 새로운 사람이 된 것입니다. 예수를 믿으면 도덕적이어야 된다가 아니라 예수를 믿는다는 것은 내가 나의 주인이 아니라 예수 안에서 하나님의 통치에 순종해야 한다는 것입니다.

우리의 신앙이 거짓말을 하지 않아야 되는 것은 신자의 책임이고 신앙의 내용이기 때문이 아니라 예수 그리스도 안에서 하나님의 통치에 순종해야 하는 자이기 때문입니다. 그것은 내가 훌륭해지는 것이 아니라 내가 그것을 지킬 도덕성과 영성이 늘고 능력이 생겨서가 아니라 예수 안에서 하나님의 통치에 붙잡혀 있기 때문에 부도덕한 일을 거부하고 성경이 요구하는 거룩한 삶을 받아들여야 됩니다. 마음의 넉넉함과 능력이 생겨야만 이 일을 할 수 있는 것이 아니라 그 전에라도 해야 된다는 것입니다.

우리가 우리의 신앙에서 무슨 오해가 있느냐 하면 신앙의 성숙과 실력이 생겨야 한다고 생각하기 때문에 신앙의 실천에 실패를 하게 되면 나는 왜 신앙이 늘지 않는가 하는 문제에 빠져들게 됩니다. 그런데 우리의 신앙 실력이라는 것은 누구를 사랑하고 누구를 용서하는 문제를 이루어내는 실력으로 크는 게 아니라, 성경이 너 그렇게 사나운 눈으로 쳐다보지 말라고 해서 참음으로 용서의 길로 들어서는 것입니다.

기독교 신앙의 모든 덕목들과 실천들은 순종이라는 문제로, 예수라는 근거로부터 출발하고 가능해지는 것이지 거룩한 마음과 넘치는 마음이 생기기를 기다렸다간 끝이 없는 것입니다. 이것이 좁은 길인 이유가 여기 있습니다. 죽었다 깨어나도 이 길에 내가 들어서지 못하는 것입니다. 좁은 문에 끼이고 말 뿐입니다. 우리는 아직도 정욕이 있고 탐욕이 있고 더러운 생각이 있고 이기심이 있습니다. 늘 들어가려고 하면 이것에 걸려서 못 들어갑니다. 재물을 하나님 대신에 주인으로 삼으면 못 들어갈 뿐 아니라 예수 그리스도 안에서 순종을 하지 않고 실력이 커져서 이 문을 들어가려 할 때도 도저히 들어갈 수가 없습니다. 그 길을 들어갈 방법이 없습니다. 우리가 우리 자신의 실력을 압니다. 사랑하는 마음이 없고 용서할 수 없고 기다려줄 수 없는 마음을 우리가 압니다. 그러나 들어가는 방법이 있습니다. 예수께서 들어가신 길이고 열어놓으신 길인데 예수의 명령에 순종하는 것입니다. 마음이 그렇게 되기를 바라는 것은 그렇게 하려고는 하지 마십시오. 그것은 훨씬 오래 걸립니다.

우리는 이미 사랑 장에서, 사랑이 넘쳐나서 모든 것을 품는 사랑으로 소개되어 있지 않고 오래 참음으로부터 시작했다는 것을 압니다. 사랑은 오래 참고 사랑은 무례히 행치 않고 사랑은 성내지 않고 이 세 가지에 이미 다 걸려 있습니다. 여러분은 사랑해서 부부싸움을 합니다. 사랑과 진심을 가지기에 믿음의 충고를 합니다. 그래서 얼마나 성질을 부립니까? "내 말대로 하라니까, 가서 기도해봐"라고 성질을 부립니다. 안타까워서, 답을 주려고 성질을 부립니다. "내 말 안 들으려면 다신 내 앞에 나타나지마"까지 갑니다. 그러나 그것이 다가 아니라는 것입니다. 성경이 무엇이라고 하는지 에베소서 4장을 봅시다.

그런즉 거짓을 버리고 각각 그 이웃과 더불어 참된 것을 말하라 이는 우리가 서로 지체가 됨이라 분을 내어도 죄를 짓지 말며 해가 지도록 분을 품지 말고 마귀에게 틈을 주지 말라 도둑질하는 자는 다시 도둑질하지 말고 돌이켜 가난한 자에게 구제할 수 있도록 자기 손으로 수고하여 선한 일을 하라 무릇 더러운 말은 너희 입 밖에도 내지 말고 오직 덕을 세우는 데 소용되는 대로 선한 말을 하여 듣는 자들에게 은혜를 끼치게 하라 하나님의 성령을 근심하게 하지 말라 그 안에서 너희가 구원의 날까지 인치심을 받았느니라 너희는 모든 악독과 노함과 분냄과 떠드는 것과 비방하는 것을 모든 악의와 함께 버리고 서로 친절하게 하며 불쌍히 여기며 서로 용서하기를 하나님이 그리스도 안에서 너희를 용서하심과 같이 하라(엡 4:25~32)

이것을 순종하십시오. 좁은 문, 좁은 길은 우리에게 이 순종을 요구합니다. 예수 안에 있는 하나님의 의에 순종하십시오. 거룩해지고 실력이 있으라고 요구하지 않겠습니다. 여러분이 여러분의 주인이 아니면 여러분에게서 만들려고 하는 어떤 과정이나 어떤 단계나 어떤 경지에 연연하지 마시고 성경이 예수 안에서 요구하는 하나님의 백성들의 당연한 어떤 신앙적 실천들을 따라 하셔야 됩니다. 순종에 관한 싸움입니다.

우리는 자신에 대하여 불만을 가질 수 있습니다. 우리 마음에 우리 신앙이 이것보다 더 커서 우리가 넉넉히 용서하고, 사랑하고, 이해하기를 바랍니다. 그러나 그렇게 시작하지 않습니다. 순종하라고 합니다. 우리가 마음에 확 불이 붙지만 그래도 좋은 말을 해야 됩니다. 그러나 한국 교회는 옳기 때문에 늘 불평만 했습니다. 성경은 모든 악독과 노함과 떠드는 것과 비방하는 것을 모든 악의와 함께 버리라고 합니다. 자기는 옳기에 그 말을 하지만 그러나 교회만큼 속 털어놓을 수 없는 데가 어디 있습니까? 모든 충고가 명분으로 다가오기 때문에 아무 위로가 안 된다는 것을 아십니까?

우리는 그렇게 하는 것이 신앙이고 신앙의 진보라고 생각을 합니다. 하지만 웃으시고 귀기울이시고 그 처지에 동참하시고 편을 드시고 같이 우시고 하고 싶은 말을 감추십시오. 예수님이 떨 깎는 양같이 잠잠하게 그 입을 열지 아니하셨다고 했습니다. 입 다물고 죽어가십니다. 변명하지 않고 분내지 않고 보복하지 않으시고 그것이 당신이 걸어야 되는 길인지 알고 담담히 걸어가셨습니다.

우리는 우리가 가야 할 길이 무엇인지 모릅니다. 아직도 자신을 주인이 아니라 하나님을 예수 안에서 주인으로 섬기겠노라 하고서도 순종하지 않습니다. 에베소서 4장에서 나온 대로 그런 감각 없는 자, 방탕에 방임한 자, 성질을 부리는 자로 이 좁은 문을 통과할 수 있다고 생각합니다.

우리가 예수 그리스도 안에서 하나님의 의를 발견하여 확인한 것을 제쳐놓고, 우리는 그 길에 홀로 들어갈 수 없습니다. 그래서 고린도후서 5장에 이런 이분법을 내놓습니다.

그가 모든 사람을 대신하여 죽으심은 살아 있는 자들로 하여금 다시는 그들 자신을 위하여 살지 않고 오직 그들을 대신하여 죽었다가 다시 살아나신 이를 위하여 살게 하려 함이라 그러므로 우리가 이제부터는 어떤 사람도 육신을 따라 알지 아니하노라 비록 우리가 그리스도도 육신을 따라 알았으나 이제부터는 그같이 알지 아니하노라 그런즉 누구든지 그리스도 안에 있으면 새로운 피조물이라 이전 것은 지나갔으니 보라 새 것이 되었도다(고후 5:15~17)

모든 사람을 어떻게 이분법화 하느냐면 예수 안에 있는 자와 예수밖에 있는 자로 나눕니다. 예수 믿는 자와 믿지 않는 자, 천국 가는 자와 지옥 가는 자, 이 이분법이 아니라 자기가 주인인 자와 예수를 주인으로 하는 자 둘을 나누는데 이 구별은 예수를 믿는 즉시 주어지는 구별입니다.

누구든지 그리스도 예수 안에 있으면 새로운 피조물입니다. 거기에는 우리가 가진 것으로 갖고 들어갈 수 있는 것이 아무것도 없습니다. 예수를 믿음으로 말미암아 그가 가진 어떤 사회적 지위나 지식 혹은 권력 어떤 것도 여기에 들어와서 그의 지위와 내용에 어떤 힘을 발휘할 수 없습니다.

예수 안에 있는 자와 예수 밖에 있는 자로 구분됩니다. 예수 안에 있는 자는 하나님의 통치 아래 있는 자입니다. 모두에게 요구되는 것은 오직 순종입니다. 그가 얼마만큼 순종하느냐의 문제이지 그가 얼마만큼 유효하냐 하는 문제는 여기에 없습니다. 물론 얼마나 자격이 있느냐 하는 문제도 여기에는 없습니다. 그래서 우리가 예수를 믿는다는 문제 외에 신자들을 정의할 수 있는 다른 기초나 다른 내용도 없습니다. 우리 각각의 존재가 물론 다양하고 다 가치가 있고 그 개성을 인정받아야 하지만 예수를 믿는다는 이 일에는 예수 그리스도로 말미암지 않고 우리의 개성이나 우리의 다양함이 근거를 이루거나 내용을 대체할 수 없습니다. 그것은 우리의 신자 된 모습에 대하여 이런 이해를 촉구합니다. 갈라디아서 2장 20절입니다.

내가 그리스도와 함께 십자가에 못 박혔나니 그런즉 이제는 내가 사는 것이 아니요 오직 내 안에 그리스도께서 사시는 것이라 이제 내가 육체

가운데 사는 것은 나를 사랑하사 나를 위하여 자기 자신을 버리신 하나님의 아들을 믿는 믿음 안에서 사는 것이라(갈 2:20)

오늘 우리가 이해하는 이 맥락 속에는 신자가 자신을 무엇으로 이해하느냐면 자기가 예수로 산다는 것입니다. 우린 다 예수인 것입니다. 하나님의 통치아래 있는 백성이라는 의미에서 우린 다 예수인 것입니다.

우리를 보면 다 누구나 우리가 예수를 돕는 자가 아니라 예수 안에서 하나님의 통치와 인도 속에 있는 자로 우리를 보고, 우리도 자신을 그렇게 이해하기 때문에 사람들이 우리를 보면 "다 똑 같아, 다 예수쟁이야"라고 합니다. 그 예수쟁이는 한국교회에서는 '열심'이 공통점이었지만 지금 오늘 성경의 가르침대로 하면 이 길에는 아무도 다수가 없고 예수만 있는 것입니다. 예수 안에 우리가 있지 예수를 벗어나 존재하는 자가 없어서 좁은 문과 좁은 길, 찾는 이가 적은 길이 된 것입니다. 여러분이 자신을 스스로 그렇게 이해하셔야 됩니다.

예수 안에서 하나님의 통치를 누리는 자와 그 통치에 순종하는 자로서 자신을 이해하고 순종하지 않으면 우리가 신자 된 어떤 특권이나 어떤 영광도 제대로 누릴 수가 없게 됩니다. 이 길은 획일성을 요구하는 길도 아니요 강요를 요구하는 것이 아닙니다. 우리가 스스로 욕심을 내는 그 어떤 것보다도 천지를 지으시고 우리를 사랑하시는 하나님이 우리를 만드신 당신의 영광과 목적을 이루시는 길로 불렀다는 사실을 기억하는 것이 중요합니다.

인간이 얼마나 영광스러울 수 있는가, 인간이 얼마나 멋지고 놀랍고 감사할 수 있는가를 이 길을 따라서 여러분이 예수 안에서 직접 누리시는 오늘의 말씀이요 여러분의 신앙고백이 되시기를 바랍니다.

기도

하나님 아버지 은혜를 감사합니다. 하나님을 아버지라 부르며 그 자녀로 사는 복을 그리고 그 중요한 구분을 예수 그리스도로 말미암아 확인했습니다. 서기관과 바리새인이 가진 의, 죽고 죽이는 의가 아닌 살고 살리는 의, 그리스도 예수 안에 있는 하나님의 통치의 영광과 승리를 누리는 일을 믿음으로 지켜내게 하옵소서. 우리의 인생에 펼쳐내게 하옵소서.
예수님 이름으로 기도합니다.
아멘

25. 하나님의 의의 정체성

거짓 선지자들을 삼가라 양의 옷을 입고 너희에게 나아오나
속에는 노략질하는 이리라 그들의 열매로 그들을 알지니 가
시나무에서 포도를, 또는 엉겅퀴에서 무화과를 따겠느냐 이
와 같이 좋은 나무마다 아름다운 열매를 맺고 못된 나무가
나쁜 열매를 맺나니 좋은 나무가 나쁜 열매를 맺을 수 없고
못된 나무가 아름다운 열매를 맺을 수 없느니라 아름다운 열
매를 맺지 아니하는 나무마다 찍혀 불에 던져지느니라 이러
므로 그들의 열매로 그들을 알리라(마 7:15~20)

하나님의 의와 인간의 의를 어떻게 구별할 수 있는가 하는 문제가 오늘의 본문입니다. 그것은 열매를 보라는 것입니다. 열매를 보아서 그 나무가 어떤 나무인지 알라는 것입니다. 이 본문에 소개되는 말을 이렇게 오해하시면 안 됩니다. 19절에 있는 바와 같이 "아름다운 열매를 맺지 아니하는 나무마다 찍혀 불에 던져지느니라"를 아름다운 열매를 맺자라는 식으로 이해하시면 안 됩니다. 그러면 나무와 열매가 정체성을 확인하는 증거라는 핵심에서 벗어나게 됩니다. 갈라디아서 5장에 가면 바로 이 정체성을 확인하는 증거에 관한 대표적인 말씀이 나옵니다.

내가 이르노니 너희는 성령을 따라 행하라 그리하면 육체의 욕심을 이루지 아니하리라 육체의 소욕은 성령을 거스르고 성령은 육체를 거스르나니 이 둘이 서로 대적함으로 너희가 원하는 것을 하지 못하게 하려 함이니라 너희가 만일 성령의 인도하시는 바가 되면 율법 아래에 있지 아니하리라 육체의 일은 분명하니 곧 음행과 더러운 것과 호색과 우상 숭배와 주술과 원수 맺는 것과 분쟁과 시기와 분냄과 당 짓는 것과 분열함과 이단과 투기와 술 취함과 방탕함과 또 그와 같은 것들이라 전에 너희에게 경계한 것같이 경계하노니 이런 일을 하는 자들은 하나님의 나라를 유업으로 받지 못할 것이요 오직 성령의 열매는 사랑과 희락과 화평과 오래 참음과 자비와 양선과 충성과 온유와 절제니 이 같은 것을 금지할 법이 없느니라(갈 5:16~23)

성령의 열매를 맺자는 말은 그 자체로 옳은 것이지만 본문에서 뜻하는 바는 그런 뜻이 아니라 성령을 쫓고 있는지 육체를 쫓고 있는지를 가늠하는 일종의 판별식은 열매를 보는 것이라는 말입니다. 신앙생활에서 그 문제가 늘 혼동하는 것 중의 하나인데 기독교적 신앙의 명분과 기독교적 신앙의 형태를 가지면 성령을 쫓는 것으로 속단하지 말라는 것입니다. 늘 하는 얘기지만 옳은 얘기를 하는데 성질부리면 아니라는 것입니다. 옳은 일을 하는 데 성질을 부릴 수 있습니다. 그러나 그것은 육체를 쫓고 있는 것이라고 성경은 얘기합니다.

열매와 나무를 지금 어떻게 사용하고 있느냐 하면 사과와 감과 배를 사다가 전봇대에다 주렁주렁 걸어놓지 말아라 그겁니다. 성령의 열매로 나열된 것을 목표로 하여 열매를 긁어모으고 사려고 하지 마라. 그것이 열리는 나무가 되라는 것입니다. 오늘 중요한 것은 자기 의에 있느냐 예수 안에서 하나님의 의의 통치아래 있느냐를 대조하는 산상설교에서, 열매로 나무를 안다는 것은 내가 하나님의 의에 참여하고 있다면 예수 그리스도 안에 있는 하나님의 의의 정체성을 증명할 열매로써 자신을 확인해야 된다는 뜻입니다. 마태복음 5장에 가시면 산상설교 첫 부분에서 우리가 이미 이런 하나님의 의의 정체성을 잘 드러내준 내용을 만났었습니다.

또 네 이웃을 사랑하고 네 원수를 미워하라 하였다는 것을 너희가 들었으나 나는 너희에게 이르노니 너희 원수를 사랑하며 너희를 박해하는 자를 위하여 기도하라(마 5:43~44)

원수를 사랑하라는 것은 예수를 믿지 않는 세상 사람들도 기독교 신앙이 갖는 가장 고급한 윤리로 그 가치를 인정하고 있습니다. 그러나 기독교 신앙인에게 있어서는 이것이 윤리적으로 가치가 있기 때문에 따라야 하는 것은 아닙니다. 예수 안에 있는 하나님의 의의 통치가 이것을 요구하기 때문에 원수를 사랑해야 합니다. 이어 나오는 말씀을 보면 확실해집니다.

이같이 한즉 하늘에 계신 너희 아버지의 아들이 되리니(마 5:45)

예수 안에서 우리를 불러 자신의 자녀로 삼으시려는 우리 아버지가 자비롭고 용서하는 분이며 우리에게 당신의 성품과 속성으로 채우라고 부르시기 때문에 원수를 사랑하는 것입니다. 원수를 사랑해야 된다는 것이 예수도 없고 아버지도 없고 그 자체로 가치를 가져서 기독교 신앙의 명분이 되면 그것은 비판하는 의가 됩니다.

나는 했다 넌 못했다가 되고 나는 더 많이 했다 넌 조금밖에 못했다가 되고 자신이 가진 것으로 상대방을 비판하고 정죄하는 데밖에 써먹을 수 없는 의가 됩니다. 그러나 우리가 살펴보겠지만 예수 안에 있는 하나님의 의는 그와는 전혀 다릅니다.

이같이 한즉 하늘에 계신 너희 아버지의 아들이 되리니 이는 하나님이 그 해를 악인과 선인에게 비추시며 비를 의로운 자와 불의한 자에게 내려주심이라 너희가 너희를 사랑하는 자를 사랑하면 무슨 상이 있으리요 세리도 이같이 아니하느냐 또 너희가 너희 형제에게만 문안하면 남보다 더하는 것이 무엇이냐 이방인들도 이같이 아니하느냐(마 5:45~47)

이방인과 다른 것은 하늘 하나님을 아버지로 모신 자의 구별됨입니다. 그것이 그들과 다른 것인데 결론인 5장 48절에 "그러므로 하늘에 계신 너희 아버지의 온전하심과 같이 너희도 온전하라"는 말씀 속에 요구된 바요 이미 45절에서 "이같이 한즉 하늘에 계신 너희 아버지의 아들이 되리니"라는 말씀 속에서도 요구되고 있습니다.

우리가 가지는 기독교 신앙, 예수 안에서 허락되는 하나님의 의의 본질, 신자 된 정체성이라는 것은 예수가 누구냐에 다 달려있습니다. 예수가 누구냐는 것은 예수를 보내신 하나님이 누군가에 대한 우리의 이해에 달려 있습니다. 예수가 누구시며 예수로 하나님이 무엇을 하시려고 하느냐에 기독교 신앙의 가장 중요한 특징과 본질이 있습니다. 대표적으로 마태복음 11장에 가시면 이 문제를 예수님 자신의 메시아 된 정체성과 그를 보내신 하나님의 정체성을 드러내는 발언을 하십니다.

요한이 옥에서 그리스도께서 하신 일을 듣고 제자들을 보내어 예수께 여짜오되 오실 그이가 당신이오니이까 우리가 다른 이를 기다리오리이까 예수께서 대답하여 이르시되 너희가 가서 듣고 보는 것을 요한에게 알리되 맹인이 보며 못 걷는 사람이 걸으며 나병환자가 깨끗함을 받으며 못 듣는 자가 들으며 죽은 자가 살아나며 가난한 자에게 복음

이 전파된다 하라(마 11:2~5)

우리가 잘 아는 구절입니다. 복음이 전파되는 곳에 치유의 역사와 기적이 있습니다. 당연하고 옳은 말씀입니다. 그러나 이 기적의 핵심 되는 내용은 자격이 없는 자에게 복이 주어진다는 것입니다. 못 듣고 못 일어나고 못 보고 죽을병에 걸려 있는데 그것을 고칠 능력이 없는 자에게 회복과 고침이라는 복이 자격과 조건 없이, 유일한 조건이 있다면 그를 보내신 하나님의 자비하심과 사랑이 이런 결과를 초래하더라는 것입니다.

예수 그리스도 안에 있는 하나님의 의는 관용과 용서와 사랑입니다. 이것이 육체의 일과 대조되는 성령의 열매에서 나타난 바와 같이 기독교 신앙의 본질적 특징이며 신자 된 정체성입니다. 예수를 믿는다는 말을 하려면 예수가 누구냐라는 정체성과 그 본질적 특성의 연속성을 가져야 될 것입니다. 이사야 61장 말씀입니다.

주 여호와의 영이 내게 내리셨으니 이는 여호와께서 내게 기름을 부으사 가난한 자에게 아름다운 소식을 전하게 하려 하심이라 나를 보내사 마음이 상한 자를 고치며 포로 된 자에게 자유를, 갇힌 자에게 놓임을 선포하며 여호와의 은혜의 해와 우리 하나님의 보복의 날을 선포하여 모든 슬픈 자를 위로하되 무릇 시온에서 슬퍼하는 자에게 화관을 주어 그 재를 대신하며 기쁨의 기름으로 그 슬픔을 대신하며 찬송의 옷으로 그 근심을 대신하시고 그들이 의의 나무 곧 여호와께서 심으신 그 영광을 나타낼 자라 일컬음을 받게 하려 하심이라(사 61:1~3)

메시아 예언입니다. 하나님이 장차 구원자를 보내실 것인데 그 구원자가 와서 가난한 자에게, 갇힌 자에게, 희망이 없는 자에게, 자격이 없는 자에게, 능력이 없는 자에게 하나님의 은혜와 하나님의 복과 하나님의 영광으로 채우실 것이라고 말씀합니다. 예수 안에서 나타나는 하나님의 의는 은혜롭고 자비롭고 용서하시고 불쌍히 여기시고 사랑하시고 복 주시려는 아버지라는 것이 가장 큰 특징입니다.

예수를 믿는다고 고백함으로써 가지게 되는 기독교 신앙의 가장 중요한 특징은 용서와 사랑입니다. 우리는 자꾸만 기능적으로 도전을 받습니다. 예수를 믿어 쓸모 있기를 바랍니다. 교회에 요청하는 것도 교회가 쓸모 있기를 바랍니다. 어떤 쓸모가 있으면 좋겠습니까? 남북통일에 한 건 했으면 좋겠습니까? 모든 세상 사람들이 놀라는 어떤 사회봉사를 했으면 좋겠습니까? 이런 것들이 우리를 속입니다.

우리는 세상을 향하여 세상이 가진 가난을 없애고 불의를 없애는 싸움에서 본질적 문제에 들어가 있습니다. 우리가 만들어 낼 수 없는 것, 우리의 본성과 죄의 권세 때문에 이룰 수 없는 각 개인의 변화, 용서할 수 있는 사람으로의 변화를 통해 용서 받은 자로서 현실과 세상과 사회와 시대를 책임지는 개인으로 서게 됩니다. 교회는 이런 일로 부름을 받은 자들입니다.

예수 그리스도의 은혜와 긍휼과 기적에 의해서 부름을 받은 자로서 한 믿음의 공동체를 이루게 되는데 그 유일한 공통점이 있다면 예수 한 분입니다. 예수님이 나를 불러줘서 와 있는 것입니다. 그러나 우리는 공동체가 조직이 되면 그 조직이 힘을 갖기를 바라고 능률이 있기를 바라고 명분이 있기를 바랍니다. 그래서 이 문제에서 틀리면 마음에 이런 생각이 들게 됩니다. "저 사람은 왜 교회에 왔을까? 저 사람은 왜 기독교인이 됐을까? 다른 교회에 갔으면 하나님께 더 영광이 됐을 텐데." 이것은 기독교적인 이해에서 가장 벗어나는 것입니다. 쓸모 있기를 바라는 것이나 사회적인 공감을 받아내는 것이 그런 것들입니다. 요한일서 4장을 보겠습니다.

> 사랑하는 자들아 우리가 서로 사랑하자 사랑은 하나님께 속한 것이니 사랑하는 자마다 하나님으로부터 나서 하나님을 알고 사랑하지 아니하는 자는 하나님을 알지 못하나니 이는 하나님은 사랑이심이라(요일 4:7~8)

하나님을 알면 대표적으로 드러나는 현상이 사랑이랍니다. 고린도전서 13장에 있는 것같이 사랑은 무엇입니까? 사랑은 천사의 말을 하는 것이나 산을 옮기는 믿음이나 자기 몸을 불사르게 내어주는 열정과도 다른 것입니다.

사랑이 없이 그것이 시행되면 그것은 자기 의에 불과합니다. 사랑으로 가는 첫 번째가 무엇이었습니까? 오래 참는 것이었습니다. 성내지 않는 것이었습니다. 무례히 행치 않는 것입니다. 모든 것을 참고 바라고 견디고 믿는 것입니다. 교회는 우리가 기대하는 것같이 같은 신앙고백을 했으니 일사분란하고 한마음이 되어 보란 듯이 움직이는 세력이 아니라, 모일 수 없는 사람들이 서로 모여 서로를 용납하는 곳입니다. 따라서 얼마나 많은 사람을 용납할 수 있느냐가 그 교회의 교회 된 기쁨이지 얼마나 보란 듯이 일을 할 수 있느냐는 한국교회가 직면한 시험일 것입니다. 에베소서 4장입니다.

무릇 더러운 말은 너희 입 밖에도 내지 말고 오직 덕을 세우는 데 소용되는 대로 선한 말을 하여 듣는 자들에게 은혜를 끼치게 하라 하나님의 성령을 근심하게 하지 말라 그 안에서 너희가 구원의 날까지 인치심을 받았느니라 너희는 모든 악독과 노함과 분냄과 떠드는 것과 비방하는 것을 모든 악의와 함께 버리고 서로 친절하게 하며 불쌍히 여기며 서로 용서하기를 하나님이 그리스도 안에서 너희를 용서하심과 같이 하라(엡 4:29~32)

"하나님이 그리스도 안에서 너희를 용서하심과 같이"라는 이 말씀에 밑줄을 그으셔야 됩니다. 이것이 기독교 신앙의 정수입니다. 이것을 벗어나면 싸움밖에 나지 않습니다. 교회 안에 어려움이 있는 것은 당연한 일입니다. 왜냐하면 믿음의 차이가 있을 수 있고 믿음의 관심이 다를 수 있기 때문에 여러 가지 견해차나 시끄러운 일이 있을 수 있지만 그럼에도 불구하고 교회는 그 모든 걸 수용하고 포용하는 것으로 유지하는 것입니다. 한마음이 되어야 교회가 멋있어지는 것은 결단코 아닙니다.

한국교회는 성공함으로써 본질에서 벗어난 위험한 관심을 여러 개 갖기 시작했습니다. 민족과 국가 앞에 쓸모 있기를 바라고 있습니다. 그러나 교회는 민족과 국가를 초월하는 곳입니다. 하나님의 힘을 국가로서 독점하고 싶었던 것이 이스라엘입니다. 그러나 배우고 못 배우고 하는 차별이 없이 하나로 묶이는 데가 교회입니다. 교회는 끊임없이 이 싸움을 해야 합니다. 성경식으로 얘기하면 성령의 하나 되게 하신 것을 힘써 지키는 것이 교회가 해야 할 일입니다.

이것이 별거 아닌 것 같지만 결국 세상에서는 사람들이 자기 의 밖에 만나지 못합니다. 인간의 의에서 모두가 답을 얻지 못해 그 영혼의 갈증을 풀 곳이 없어서 교회에 왔는데 종교성의 의만 있고 도덕성의 의만 있다면 그 실망한 사람이 교회 와서 완전히 절망할 것입니다. 여기서 예수를 만나야 합니다. 용서하는 분, 회복시켜 주시는 분, 사랑하시는 분을 만나야 됩니다. 그것이 교회입니다. 우리 교회가 영원무궁하기를 바라십니까? 그것은 모릅니다. 하나님의 일하심은 어느 교회와 어느 나라로 하시지 않습니다. 그 공동체 안에서 훈련시킨 신앙인들과 그들의 신앙고백과 그들의 삶을 통하여 교회사가 이어오고 있습니다. 교회사 속에 어느 집단, 어느 단체, 어느 조직이 기독교 교회의 신앙을 지금까지 이어오고 있는 곳은 아무 데도 없습니다. 잊지 않으셔야 합니다. 같은 얘기를 골로새서 3장에선 이렇게 얘기합니다.

> 그러므로 너희는 하나님이 택하사 거룩하고 사랑 받는 자처럼 긍휼과 자비와 겸손과 온유와 오래 참음을 옷 입고 누가 누구에게 불만이 있거든 서로 용납하여 피차 용서하되 주께서 너희를 용서하신 것같이 너희도 그리하고 이 모든 것 위에 사랑을 더하라 이는 온전하게 매는 띠니라(골 3:12~14)

첫 절을 조심하셔야 됩니다. "그러므로 너희는 하나님이 택하사 거룩하고 사랑받는 자처럼." 이것이 여러분의 모든 것이어야 됩니다. 이것으로 부족하면 안 됩니다. 이것으로 충분해야 됩니다. 그래야 예수 안에 있는 하나님의 의에 참여한 것이 됩니다. 그것으로 부족하다는 것은 아직도 자기 의에 대한 욕심을 끊지 못하고 있다는 뜻입니다. 이 조건 속에서 긍휼과 자비와 겸손과 온유와 오래 참음을 옷 입고 피차 용서하고 불쌍히 여기고 사랑해야 합니다. 이것이 기독교 신앙입니다.

우리가 사랑하고 용서하다가 교회라는 공동체를 망쳐도 상관이 없습니다. 망쳐도 상관없다니까 눈이 뚱그레지시는데 순교가 무엇입니까? 순교란 기독교 신앙을 지켜서 죽어버리는 것입니다. 왜 교회가 영원무궁해야 됩니까? 순교란 하나님의 일하시는 얼마나 놀라운 방법입니까? 한 알의 썩는 밀알이 되는 방법, 죽음에서 부활을 만들어 내시는 하나님의 방법이 우리에게 순교를 요구하는 것입니다. 교회는 마땅히 그래야 합니다.

보이는 것으로 힘을 가지려고 하지 마십시오. 예수 안에 있는 것으로 힘을 가지고 가십시오. 그것만이 우리의 무기가 되어야 합니다. 이것은 갈라디아서 5장 16절 이하의 이야기에 이렇게 결론으로 등장했었습니다. 갈라디아서 5장 22절에 가면 "오직 성령의 열매는 사랑과 희락과 화평과 오래 참음과 자비와 양선과 충성과 온유와 절제니 이 같은 것을 금지할 법이 없느니라"고 한 다음에 "그리스도 예수의 사람들은 육체와 함께 그 정욕과 탐심을 십자가에 못 박았느니라"가 나옵니다. 사람의 의와 하나님의 의를 이보다 더 분명하게 구분하고 있는 곳은 없을 것입니다.

우리는 기독교 신앙으로도 자기를 증명하고 싶어 합니다. 그러나 기독교 신앙은 예수를 증명하는 것입니다. 예수가 누구신가에 관한 싸움입니다. 그래서 예수를 닮는 싸움이고 나를 버리는 싸움입니다. 내가 없어지는 것은 나의 존재가 없어지거나 나의 어떤 주권과 나의 고유한 요소들이 없어진다는 말이 아니라 하나님의 통치 안에 들어가 그 통치의 영광을 누리는 자가 된다는 뜻입니다. 이어지는 말씀을 봅시다.

만일 우리가 성령으로 살면 또한 성령으로 행할지니 헛된 영광을 구하여 서로 노엽게 하거나 서로 투기하지 말지니라(갈 5:25~26)

이제 분명해졌습니다. 우리의 싸움이 어디에 있는지 보십시오. 예수 안에서 곧 십자가 안에서의 용서와 사랑이란 서로 싸울 수 없는 것들입니다. 무엇인들 참을 수 없는 것이 없습니다.

그러나 자기 의를 주장하게 되면 우리가 지금 다루고 있는 산상설교의 마태복음 7장에서 극명하게 드러나는 비판하는 의, 정죄하여 가지는 의, 긍정적이고 적극적인 자기 정체성의 내용은 없고 상대방을 비판하고 정죄해서만 증명되는 자기 의가 드러나는 것입니다. 이러한 의는 예수 그리스도 안에서 그리스도를 닮아 용서하고 사랑하고 깊어지고, 예수 그리스도 안에서 하나님이 허락한 거룩한 것들로 채워지는 의와 대비되는 것입니다. 기독교 신앙이 자신을 채워가는 것이 아니라 옆 사람에게 손가락질 하는 것이라면 그것은 아닙니다. 예수님이 그렇게 오시지 않았습니다. 세상을 구하려 오셨고 죄인들을 용서하려 오셨지 심판하러 오시지 않았습니다. 이것이 예수 그리스도의 성육신이며 그의 수난이며 우리를 구원한 은혜입니다. 그것으로 살아야 됩니다.

신앙인으로 산다는 것은 여러분에게 주어지는 현실의 모든 위협과 시험 앞에서 하나님의 사람으로 살아야 되는 것입니다. 문제를 해결하여 세상에 나를 증명하려고 할 것이 아니라 예수 믿는 사람이 용서하고 성실히 살며 죽음도 각오함으로써 나는 예수 안에 있는 하나님의 통치에 순종하는 자라는 싸움을 하셔야 합니다. 그것이 여러분의 존재와 인생을 맡기는 싸움인 것입니다.

그것을 하면 형통해진다고는 약속되어 있지 않습니다. 순교로 갈 수 있습니다. 고난으로 갈 수 있습니다. 그러나 이 길을 가지 않는다면 기독교 신앙은 아닙니다. 여러분이 이 문제를 제대로 이해하고 이 하나님의 통치에 대하여 제대로 항복하신다면 여러분의 마음에 평안과 기쁨이 있을 것입니다. 현실의 고통을 감내할 수 있습니다. 짐이 가벼워져서가 아니라 억울하지 않기 때문입니다. 이 신앙을 사십시오. 이것이 예수가 오신 이유요 예수를 통해 하나님이 우리를 자신의 자녀로 삼으신 이유입니다.

기도

하나님 아버지 은혜를 감사합니다. 예수를 믿는다는 우리의 신앙고백이 갖는 예수 한 분 안에만 있는 하나님의 은혜, 용서, 사랑, 기다려 주심, 자비, 긍휼로 우리를 붙들어 주시옵소서. 우리의 삶과 우리의 이웃과의 관계, 사회, 시대, 국가, 민족 앞에서 예수가 누구인가를 증언하는 우리의 삶을 살게 하옵소서. 믿음이라는 이름으로 고통이나 해결하려는 싼 것으로 우리의 귀한 것을 넘기지 말게 하시옵소서.
예수님 이름으로 기도합니다.
아멘

26. 의의 기초

나더러 주여 주여 하는 자마다 다 천국에 들어갈 것이 아니요 다만 하늘에 계신 내 아버지의 뜻대로 행하는 자라야 들어가리라 그 날에 많은 사람이 나더러 이르되 주여 주여 우리가 주의 이름으로 선지자 노릇 하며 주의 이름으로 귀신을 쫓아 내며 주의 이름으로 많은 권능을 행하지 아니하였나이까 하리니 그 때에 내가 그들에게 밝히 말하되 내가 너희를 도무지 알지 못하니 불법을 행하는 자들아 내게서 떠나가라 하리라 그러므로 누구든지 나의 이 말을 듣고 행하는 자는 그 집을 반석 위에 지은 지혜로운 사람 같으리니 비가 내리고 창수가 나고 바람이 불어 그 집에 부딪치되 무너지지 아니하나니 이는 주추를 반석 위에 놓은 까닭이요 나의 이 말을 듣고 행하지 아니하는 자는 그 집을 모래 위에 지은 어리석은 사람 같으리니 비가 내리고 창수가 나고 바람이 불어 그 집에 부딪치매 무너져 그 무너짐이 심하니라(마 7:21~27)

26

산상설교의 마지막 결론 부분입니다. 굉장히 큰 경고로 결론을 짓고
있습니다.

그 날에 많은 사람이 나더러 이르되 주여 주여 우리가 주의 이름으로
선지자 노릇 하며 주의 이름으로 귀신을 쫓아내며 주의 이름으로 많
은 권능을 행하지 아니하였나이까 하리니 그 때에 내가 그들에게 밝히
말하되 내가 너희를 도무지 알지 못하니 불법을 행하는 자들아 내게서
떠나가라 하리라(마 7:22~23)

이 경고를 이해시키기 위해서 모래 위에 지은 집과 반석 위에 지
은 집을 설명하고 있습니다. 집을 비교하고 있는 것이 아니라 집이
어디에 세워졌느냐를 비교하고 있습니다. 홍수가 났을 때 무너지는
집은 집을 잘못 지었기 때문이 아니라 기초가 부실한, 모래 위에 지
었기 때문이고 홍수를 견디는 집은 지금 반석 위에 있기 때문입니다.
　서기관과 바리새인의 의로 대표된 인간의 의와 예수 안에서 드러
난 하나님의 의의 차이가 무엇이냐 할 때 본질적으로 예수 그리스도
가 그 기초이냐 아니냐 하는 것입니다. 예수 그리스도를 기초로 논
할 때도 우리는 지난주에 생각해본 바와 같이 우리 인간이 가지는 이

해와 성경이 우리에게 요구하는 의가 전적으로 다르다는 것이었습니다. 그것이 자랑하는 옳음이 아니고 용서하는 옳음이었던 것을 기억하셔야 합니다.

그 의를 만들어내는 것은 예수로만 가능하다는 것이 결론입니다. 예수 없이는 다른 어느 곳에다 집을 지어도 그것은 헛됩니다. 그것은 가치 없습니다. 왜 예수 위에만 있어야 하는 문제는 우리에게 사실 너무나 당연하면서도 또 잠깐 지나칠 수 있는 늘 우리의 실수를 유발하는 부분이기도 합니다. "집을 잘 지으면 됐지." 이것이 우리에게는 늘 따라다니는 자연스러운 본성입니다.

이 비유에 반석과 모래가 각각의 기초들로 나오는데 '예수만이 반석이다'는 것을 이 비유가 충분히 드러내지는 않습니다. 이 비유는 대조를 위하여 그 기초들을 등장시킨 비유이기 때문에 비유의 내용을 더 깊이 이해하기 위해서 요한복음 15장으로 가겠습니다.

나는 참포도나무요 내 아버지는 농부라 무릇 내게 붙어 있어 열매를 맺지 아니하는 가지는 아버지께서 그것을 제거해 버리시고 무릇 열매를 맺는 가지는 더 열매를 맺게 하려 하여 그것을 깨끗하게 하시느니라 너희는 내가 일러준 말로 이미 깨끗하여졌으니 내 안에 거하라 나도 너희 안에 거하리라 가지가 포도나무에 붙어 있지 아니하면 스스로 열매를 맺을 수 없음같이 너희도 내 안에 있지 아니하면 그러하리라 나는 포도나무요 너희는 가지라 그가 내 안에, 내가 그 안에 거하면 사람이 열매를 많이 맺나니 나를 떠나서는 너희가 아무 것도 할 수 없음이라 사람이 내 안에 거하지 아니하면 가지처럼 밖에 버려져 마르나니 사람들이 그것을 모아다가 불에 던져 사르느니라(요 15:1~6)

포도나무와 가지의 비유입니다. 포도나무와 가지의 비유는 붙어 있을 것이냐 말 것이냐의 문제가 아니라, 5절과 6절에서 나오는 "나는 포도나무요 너희는 가지라 그가 내 안에, 내가 그 안에 거하면 사람이 열매를 많이 맺나니 나를 떠나서는 너희가 아무 것도 할 수 없음이라"고 한 말씀이 중요합니다. 이것은 너무나 자명한 원리입니다. 나뭇가지가 나무에 붙어 있지 않고 어떻게 다른 대안을 찾거나 다른 선택이 있을 수 있겠습니까?

오늘 마태복음 7장 본문에서 본 반석 위에 지을 것이냐 모래 위에 지을 것이냐는 사람이 자기 의로 갈 것이냐 예수 안에서 하나님의 의를 좇을 것이냐를 대조하는 부분이었지만 그것은 가지인 인간이, 하나님의 피조물인 인간이 창조주 하나님께 붙어 있지 않고서는 생명과 진리를 공급받을 수 없다고 하는 요한복음 15장에 설명되어 있습니다. 이것은 사실 선택의 문제가 아닙니다. 인간이 인간다울 수 있는 유일한 길을 말하는 것입니다. 가지가 나무에서 떨어져 나가면 곧 마릅니다. 다른 데 가서 다른 대안을 찾고 다른 길을 찾을 수 없습니다. 가장 중요하고 근본적인 문제입니다.

예수 그리스도로 말미암은 이런 의가 자연인이 가지는 의와 무엇이 다르냐고 할 때 그것은 인간이 하나님을 떠나서는 제대로 된 인간 노릇도 인간 본연의 존재도 될 수 없다는 것입니다. 그것을 어떤 도덕성이나 종교성으로 대조하기 이전에 존재론적으로 그렇다는 것입니다. 8절에 가면 이 문제가 아주 재미있게 나옵니다.

너희가 열매를 많이 맺으면 내 아버지께서 영광을 받으실 것이요 너희는 내 제자가 되리라 아버지께서 나를 사랑하신 것같이 나도 너희를 사랑하였으니 나의 사랑 안에 거하라 내가 아버지의 계명을 지켜 그의 사랑 안에 거하는 것같이 너희도 내 계명을 지키면 내 사랑 안에 거하리라(요 15:8~9)

아주 묘하게 계명으로까지 확장됩니다. 우리가 예수 안에서 하나님의 통치와 하나님의 창조주 되심과 하나님의 보호자 되심과 복 주심에 붙어 있어야 된다는 것은 무슨 다른 선택이 없는 피조물인 우리라는 존재의 유일한 길이요 생명이요 유일한 가치요 목적일 수밖에 없습니다. 그것이 왜 계명으로까지 확대되느냐 하는 것을 로마서 6장 6절 이하는 이렇게 가르칩니다.

우리가 알거니와 우리의 옛 사람이 예수와 함께 십자가에 못 박힌 것은 죄의 몸이 죽어 다시는 우리가 죄에게 종노릇하지 아니하려 함이니 이는 죽은 자가 죄에서 벗어나 의롭다 하심을 얻었음이라 만일 우리가 그리스도와 함께 죽었으면 또한 그와 함께 살 줄을 믿노니 이는 그리스도께서 죽은 자 가운데서 살아나셨으매 다시 죽지 아니하시고 사망이 다시 그를 주장하지 못할 줄을 앎이로라 그가 죽으심은 죄에 대하여 단번에 죽으심이요 그가 살아 계심은 하나님께 대하여 살아 계심이니 이와 같이 너희도 너희 자신을 죄에 대하여는 죽은 자요 그리스도 예수 안에서 하나님께 대하여는 살아 있는 자로 여길지어다(롬 6:6~11)

이것을 연합의 교리라고 합니다. 기독교인들의 구원 이나 믿음은 말하자면 옳고 그름에 대한 선택이나 사망과 생명 사이에서의 선택

또는 그가 선택한 것에 대한 충성과 훈련보다도 더 본질적으로 하나님이 우리를 구원하시기 위하여 그의 아들을 보내 우리를 다 그의 아들 안에 감싸 안았다고 가르치는 것입니다.

노아의 방주를 생각해 보십시오. 홍수가 이 세상을 덮었을 때 방주 안에 있는 자들이 산 것같이 기독교의 구원은 하나님이 예수를 보내어 자기 뜻을 따르고 죄 아래 있던 자들, 영벌을 받을 수밖에 없는 존재들을 영원하신 예수 그리스도의 품 안에 둠으로써 사망에서 벗어나 생명으로 나아가게 하여 우리를 승리케 하셨다고 가르칩니다.

그래서 우리는 예수 안에 들어감으로써 예수의 죽음에서 예수와 함께 죽으므로 우리를 붙잡고 있던 사망에 대하여 죽습니다. 그런 권력을 잡고 있던 죄에 대하여 죽습니다. 여기서 죽는다는 것은 관계가 끊어지는 것입니다. 그리고 예수의 부활에 함께 동참하여 살아남으로 하나님과의 관계가 다시 회복됩니다. 그것이 성경이 말하는 구원입니다.

그렇기 때문에 죄 아래 살 때 죄가 요구하는 것들로 다스려지고 죄가 내용이었던 자가 이제 하나님과 회복되어 하나님의 통치에 보호를 받고 인도함 받고 그 통치자의 성품으로 우리의 내용이, 인격과 성품과 모든 것이 바뀌는 것입니다. 그것은 예수 안에서만 가능한 것입니다.

이 연합의 교리는 우리 기독교 신앙에선 매우매우 중요한 것입니다. 구원의 확실성이 어디에 있느냐? 예수 때문입니다. 오해의 소지가 있지만 예수를 믿기 때문이 아니고 예수 안에 있기 때문입니다. 여러분이 비행기 타고 갈 때 고소공포증을 느낄지라도 여러분이 비행기 밑으로 떨어질 수 없는 것과 같습니다. 기차를 타고 갈 때 역방향으로 앉아 계셔도 그 기차가 여러분을 목적지로 끌고 가는 것과 같습니다.

기본적으로 기독교 신앙의 모든 근거와 이유와 방법과 운명은 예수에 달려있는 것입니다. 그에게 묶여 있습니다. 오늘 대조는 그것입니다. 반석 위에 집을 짓는다는 것은, 포도나무에 붙은 가지가 되라는 것은 기독교 신앙의 처음부터 끝까지 가장 중요한 근거요 핵심이요 수단이요 운명이 예수를 제쳐놓고는 있을 수 없다는 데에 그 초점이 있습니다.

우리가 본문에서 본 "주여 주여 우리가 주의 이름으로"라고 나열된 것도 기독교 신앙의 근거가 될 수 없습니다. 집을 지었으나 반석위에 지었느냐 모래 위에 지었느냐가 운명을 가르듯이 예수 안에 있느냐, 예수로 말미암느냐, 예수가 내용이냐가 중요하지 단지 그 이름을 부른다는 것에 있지 않습니다. 이 연합의 교리를 이해하지 못하면 우리는 늘 흔들리게 되며 오늘 본문에서 본 바와 같이 주의 이름을 부르고서 자기 의로 갈 수 있습니다. 왜 그렇게 되느냐에 대하여 조금 더 찾아보겠습니다. 에베소서 4장입니다.

우리가 다 하나님의 아들을 믿는 것과 아는 일에 하나가 되어 온전한 사람을 이루어 그리스도의 장성한 분량이 충만한 데까지 이르리니 이는 우리가 이제부터 어린아이가 되지 아니하여 사람의 속임수와 간사한 유혹에 빠져 온갖 교훈의 풍조에 밀려 요동하지 않게 하려 함이라 오직 사랑 안에서 참된 것을 하여 범사에 그에게까지 자랄지라 그는 머리니 곧 그리스도라 그에게서 온 몸이 각 마디를 통하여 도움을 받음으로 연결되고 결합되어 각 지체의 분량대로 역사하여 그 몸을 자라게 하며 사랑 안에서 스스로 세우느니라(엡 4:13~16)

우리는 예수 그리스도와 유기적으로 연합되어 있습니다. 머리에 어떠함이 그 몸의 어떠함을 결정하며 요구합니다. 그 유기적 관계란 둘이 분리되면 둘 다 죽습니다. 서로 붙어 있는 한 둘은 유기적으로 요구하며 함께 갈 수밖에 없습니다. 그 주도권은 머리가 갖고 있습니다. 예수 그리스도와 연합되어 있는 자는 예외 없이 예수 그리스도의 몸으로 부름을 받는데 여기서 예수 그리스도의 몸이라는 것은 예수 그리스도와 성도들이 어떻게 하나인가를 나타내기 위한 것이며 그 하나 된 존재로서의 그리스도인의 내용과 완성의 주도권이 누구에게 있느냐라는 이야기입니다. 물론 예수에게 있습니다.

그러므로 여러분은 집을 짓는 이 문제에 있어서 요한복음의 포도나무 비유와 비교한다면 그 기초는 포도나무입니다. 우리는 거기에 붙은 가지로서의 건물입니다.

우리가 기독교 신앙을 이해하는 데 있어서 예수 그리스도의 중요성을 마치 십자가를 짐으로써 구원 문제를 해결할 수 있다고 생각한다면 예수 그리스도의 위치를 약화시킬 것입니다. 성경은 그렇게 이야기하지 않습니다. 에베소서 1장을 보겠습니다.

그러므로 내가 이것을 말하며 주 안에서 증언하노니 이제부터 너희는 이방인이 그 마음의 허망한 것으로 행함같이 행하지 말라 그들의 총명이 어두워지고 그들 가운데 있는 무지함과 그들의 마음이 굳어짐으로 말미암아 하나님의 생명에서 떠나 있도다 그들이 감각 없는 자가 되어 자신을 방탕에 방임하여 모든 더러운 것을 욕심으로 행하되 오직 너희는 그리스도를 그같이 배우지 아니하였느니라 진리가 예수 안에 있는 것같이 너희가 참으로 그에게서 듣고 또한 그 안에서 가르침을 받았을진대 너희는 유혹의 욕심을 따라 썩어져 가는 구습을 따르는 옛 사람을 벗어 버리고 오직 너희의 심령이 새롭게 되어 하나님을 따라 의와 진리의 거룩함으로 지으심을 받은 새 사람을 입으라(엡 1:17~24)

여기에 하고 싶은 이야기는 세 가지로 요약되어 있습니다. 하나님이 어떤 분인지 알게 하며 너희를 부른 하나님이 어디로 데려가려고 하는지 알기를 원하고 그 목적을 이루기 위하여 어떤 능력을 동원하고 있는지를 알기를 원한다는 것입니다.

그 능력이 얼마나 큰 것이냐면 그의 아들을 보내어 우리를 그와 묶어 죄와 사망에서 끌어냈고 우리의 구원을 완성하기 위하여 교회의 머리로 주셨습니다. 예수와 우리가 하나가 되도록 묶어 버리셨다고 합니다. 그래서 너희는 만물 안에서 만물을 충만케 하시는 자의 충만이라고 합니다. 우리의 충만은 우리와 당신을 묶으신 예수 그리스도의 충만함 때문에 충만할 수밖에 없습니다.

왜냐하면 나와 당신을 묶어 우리라는 존재를 당신 안에서 하나님의 영광과 거룩함으로 이끄실 모든 내용이 그 분에게 있기 때문입니다. 그것이 우리에게 흘러 넘쳐 우리에게 채워지므로 하나님의 원하시는 거룩하고 영광된 존재로 만드는 일을 예수 안에서 이루실 것입니다. 그런 차원에서 반석과 포도나무는 중요합니다.

거기서 이야기하는 "계명을 지켜라"는 말은 통치자의 인도와 요구에 순종하라는 것입니다. 그 순종은 보통 이야기하는 의지나 결단의 문제와는 차원이 조금 다릅니다. "밥 먹어라" 그 이야기입니다. 그것을 결정해야 되고 선택해야 되는 문제라고 생각하지 마십시오.

물론 안 먹겠다고 선택할 수 있습니다. 그러나 그 문제는 반석과 모래를 비교할 때 둘을 대조하기 위하여 반석 위에 지은 집과 모래 위에 지은 집이 마치 선택할 수 있는 것처럼 보이는 것과 달리 포도나무 비유에서는 붙어 있는 것이 당연한 것이고 분리되면 그것이 사망입니다. 부모가 자식에게 밥 먹으라는데 먹을까 말까 망설이게 되면 어떻게 되겠습니까? 먹는 것이 선택이고 안 먹는 것도 선택이라고 할 수 있겠습니까? 그런 말은 있을 수 없는 것입니다.

기독교 신앙을 모르는 자들에게는 이것이 선택의 문제로 보일 수 있지만 신앙에서는 선택의 문제가 아닙니다. 기독교 신앙에서 계명을 지키라는 명령법들이 등장하는 것은 그것 자체로 복인 것입니다. "밥 먹어라, 젓가락질 할 때 소리 내지 마라." 그것은 고급한 데로 부름을 받는 것입니다. 그런데 "난 내 자유를 맘껏 사용해서 젓가락을 한 번씩 공중으로 던졌다 받아서 먹을 거야"라고 한다면 서커스에서나 일어날 수 있는 일이 될 것입니다.

성경의 명령법을 이해하셔야 됩니다. 그것이 무슨 말이며 우리가 이런 요구들을 왜 받는지 알아야 됩니다. 너희는 예수 안에서 하나님의 무한한 사랑과 은혜와 진리와 생명과 영광과 거룩함으로 지금 채워지고 있는 존재라는 뜻입니다. 같은 에베소서 3장에 가면 이런 기도가 나옵니다.

이러므로 내가 하늘과 땅에 있는 각 족속에게 이름을 주신 아버지 앞에 무릎을 꿇고 비노니 그의 영광의 풍성함을 따라 그의 성령으로 말미암아 너희 속사람을 능력으로 강건하게 하시오며 믿음으로 말미암아 그리스도께서 너희 마음에 계시게 하시옵고 너희가 사랑 가운데서 뿌리가 박히고 터가 굳어져서 능히 모든 성도와 함께 지식에 넘치는 그리스도의 사랑을 알고 그 너비와 길이와 높이와 깊이가 어떠함을 깨달아 하나님의 모든 충만하신 것으로 너희에게 충만하게 하시기를 구하노라(엡 3:14~19)

충만을 논합니다. 선택을 논하지 않습니다. '마음껏 먹고 커라'를 이야기하지 지식적이고 의지적이고 소위 말하는 자유와 같은 이런 이야기 안 합니다. 그것보다 훨씬 더 근원적인 이야기를 다루고 있습니다. 하나님의 하나님 되심, 충족성과 거룩하심과 의로우심을 근거로 한 하나님 아버지와 그 사랑과 은혜와 복 주시려는 말씀 앞에 선 자녀라는 것이 전제되어 있습니다.

기독교 신앙을 이해하는 상당히 중요한 도구입니다. 그래서 그리스도 안에 있는 하나님의 사랑을 알아 나가는 것을 위하여 성경은 우리에게 명령법을 쓰고 있습니다. 그리고 이렇게 덧붙입니다.

우리 가운데서 역사하시는 능력대로 우리가 구하거나 생각하는 모든 것에 더 넘치도록 능히 하실 이에게 교회 안에서와 그리스도 예수 안에서 영광이 대대로 영원무궁하기를 원하노라(엡 3:20~21)

이것은 무엇입니까? 늘 우리의 구하는 것보다 언제나 더 넘치도록 능히 하실 이 예수 그리스도 안에서 은혜와 축복을 확인할 수 있습니다. 요한복음 15장이 바로 그 이야기를 하고 있습니다.

너희가 내 안에 거하고 내 말이 너희 안에 거하면 무엇이든지 원하는 대로 구하라 그리하면 이루리라 너희가 열매를 많이 맺으면 내 아버지께서 영광을 받으실 것이요 너희는 내 제자가 되리라 아버지께서 나를 사랑하신 것같이 나도 너희를 사랑하였으니 나의 사랑 안에 거하라 내가 아버지의 계명을 지켜 그의 사랑 안에 거하는 것같이 너희도 내 계명을 지키면 내 사랑 안에 거하리라 내가 이것을 너희에게 이름은 내 기쁨이 너희 안에 있어 너희 기쁨을 충만하게 하려 함이라 내 계명은 곧 내가 너희를 사랑한 것같이 너희도 서로 사랑하라 하는 이것이니라 (요 15:7~12)

예수님께서 우리에게 "서로 사랑하라"고 명하시고 그것을 또 사랑이라고 하실 뿐 아니라 그것이 당신 안에 거하는 법이요 예수 그리스도께서 아버지 안에 거하는 법이라고 하셨습니다. 그리고 이런 연합 속에서 7절에 있는 바와 같이 "무엇이든지 원하는 대로 구하라"는 말이 성립된다고 이야기합니다. 또 16절에 보시면 "너희가 나를 택한 것이 아니요 내가 너희를 택하여 세웠나니 이는 너희로 가서 열매를 맺게 하고 또 너희 열매가 항상 있게 하여 내 이름으로 아버지께 무엇을 구하든지 다 받게 하려 함이라"는 약속도 주어집니다. 조금 전에 본 에베소서 3장 20절 말씀과 같은 것입니다.

그러나 우리에게 있어서는 무엇이든지라는 말을 반석이 제외된 무엇이든지로 이해하고 나무에서 분리되어 나가는 것까지 무엇이든지로 이해하려 합니다. 그러나 내 안에 거하면, 가지가 나무에 붙어 있으면 얼마든지 풍성하게 될 것이라고 말씀하는 것이 성경이 하고 싶은 이야기입니다.

오늘 우리가 본 본문에 나오는 "주여 우리가 주의 이름으로 선지자 노릇하고 주의 이름으로 귀신을 쫓아내고 주의 이름으로 권능을 행치 아니하였나니까"라는 것은 본질상 기독교 신앙을 점검하는 기준에 없는 것들입니다.

얼마나 능력 있느냐 업적이 있느냐 하는 것은 사실은 기독교 신앙을 점검하는 첫 번째 잣대가 아닙니다. 그것은 무엇입니까? 예수 안에서 예수를 닮아가는 것입니다. 에베소서 4장 13절 이하에 있었던 그리스도 예수 안에서 그리스도의 장성한 분량이 충만한 데까지 자라나는 것입니다. 그리스도를 닮고 그리스도화 되는 내용입니다. 골로새서 1장에 이렇게 가르칩니다.

> 나는 이제 너희를 위하여 받는 괴로움을 기뻐하고 그리스도의 남은 고난을 그의 몸 된 교회를 위하여 내 육체에 채우노라 내가 교회의 일꾼 된 것은 하나님이 너희를 위하여 내게 주신 직분을 따라 하나님의 말씀을 이루려 함이니라 이 비밀은 만세와 만대로부터 감추어졌던 것인데 이제는 그의 성도들에게 나타났고 하나님이 그들로 하여금 이 비밀의 영광이 이방인 가운데 얼마나 풍성한지를 알게 하려 하심이라 이 비밀은 너희 안에 계신 그리스도시니 곧 영광의 소망이니라 우리가 그를 전파하여 각 사람을 권하고 모든 지혜로 각 사람을 가르침은 각 사람을 그리스도 안에서 완전한 자로 세우려 함이니 이를 위하여 나도 내 속에서 능력으로 역사하시는 이의 역사를 따라 힘을 다하여 수고하노라(골 1:24~29)

그리스도 안에서 그리스도를 닮은 완전한 자로 세우는 것입니다 이것이 계명화 되는 것은 이런 이유 때문입니다. 우리가 영어를 배울 때 제일 많이 했던 것인데 영어 실력이 느는 것은 계속 말하는 방법밖에 없습니다. 길을 가다가 미국 사람만 만나면 붙잡고 한마디라도

해보는 것이 느는 법입니다. 계명을 준 이유는 하나님이 예수 안에서 준 것들이 내 혈관을 흐르고 내 근육이 되고 내 세포가 되어야 하기에 계명으로 요구하시는 것입니다.

우리는 이 계명이 이미 이렇게 드러났던 것을 알고 있습니다. 사랑이란 뭐냐, 사랑은 천사의 말을 하는 것도 아니었고 산을 옮기는 능력도 아니었고 자기를 불사르게 내어주는 열정과도 다른 것이었습니다. 바울 사도가 사랑을 규정해 나갈 때 가장 첫 어구에 둔 것은 오래 참는 것이었습니다. 상대방의 꼴을 보아주는 것이었습니다. "너 정직해라"는 것은 예수 안에서 하나님이 우리에게 요구한 예수 그리스도의 의를 이루는 하나의 단계들입니다. 그것을 했다 하지 않았다는 것이 중요한 것이 아니라 그것을 하면 그만큼 예수의 의로 채워져 갈 것입니다.

사랑이 오래 참고 성내지 않고 무례히 행치 않고 악한 것을 생각지 않고 참고 믿고 바라고 견디는 것으로 진전되고 사랑이 무르익고 완성되어 가듯이 계명이란 우리에게 했다 안 했다라는 잣대로서 요구된 것이 아니라 예수 안에 있는 하나님의 의를 우리 것으로 만드는 실제적인 하나님의 일하시는 방법이기 때문에 명령법으로 주어진 것입니다.

그래서 우리는 정직히 살고 온유하며 용서하며 이웃을 미워하지 않으며 원수를 위하여 기도하는 것들에 대한 성경의 요구를 따라 훈련합니다. 그리하여 나는 여기까지 왔다가 아니라 그 일을 행함으로써 비로소 우리가 예수 그리스도의 의에 참여함이 무엇인지를 배우게 됩니다.

원수를 사랑할 방법은 우리에게 없습니다. 우리를 핍박하는 자를 위하여 기도할 실력도 없습니다. 그 요구하는 명령법과 현실 사이에서 우리는 그 요구를 하신 하나님이 예수 안에서 우리에게 요구하신 일을 이미 나에게 행하셨다는 사실과 만나게 됩니다. 그래서 그 명령법이 힘을 발하는 것입니다. "나는 용서했다"라는 자랑으로 올라가는 것이 아니라 이 용서는 하나님의 것이다, 이 용서가 얼마나 큰가, 벌을 주고 정죄하는 것보다 용서가 얼마나 더 큰 힘이요 큰 의인가를 스스로에게서 발견하는 것입니다. 절망과 자폭과 자괴 속에서 발견을 합니다. 나를 용서하신 하나님, 나를 용서하고 축복하고 사랑해서 아버지가 되시려는 하나님을 만나는 것입니다. 이 계명을 실천하려고 할 때마다 반석 위에 짓는 집이 되는 것입니다.

만일 이 일을 모른다면 기독교 신앙은 오직 순종과 실천이라는 의지와 책임의 싸움에 불과하고 말 것입니다. 그렇지 않습니다. 명령을 따라 해보십시오. 비로소 예수가 누구신지, 예수 안에서 하나님의 의가 무엇인지, 인간이 무엇이 되어야 하는지를 알게 됩니다. 예수 안에 있는 하나님의 의, 그의 의롭고 자비하심에 부름 받은 여러분이라는 것을 기억하시고 그리하여 예수 그리스도를 믿는 자라는 말이 가지는 진정한 인생과 존재가 되는 복된 신자의 길을 걷는 여러분이 되시기를 바랍니다.

기도

하나님 아버지 은혜를 감사합니다. 하나님의 자녀가 된다는 것은 참으로 놀라운 것입니다 거기에만 진정한 인간의 승리가 있습니다. 하나님의 자녀의 영광이 있습니다. 거기에 용서와 감격과 화해와 정의와 평화가 있습니다. 이 놀라운 길로 부름을 받았으니 나와 내 인생을 통하여 내 영혼과 내 이웃과 세상 앞에 과연 빛과 소금이 되게 하여 주시옵소서. 예수님 이름으로 기도합니다.

아멘

27. 왜 청중은 놀랐는가

예수께서 이 말씀을 마치시매 무리들이 그의 가르치심에 놀라니 이는 그 가르치시는 것이 권위 있는 자와 같고 그들의 서기관들과 같지 아니함일러라(마 7:28~29)

예수님이 산상설교를 마치자 무리들이 "참 놀랍다, 서기관들의 가르침과 다르다, 권위가 있다." 그렇게 반응을 보였습니다. 산상설교의 가장 중요한 주제인 서기관과 바리새인의 의와 다른 예수 안에서 허락된 하나님의 의에 관한 중요한 본질이 잘 비교되었기 때문입니다.

예수 안에서 하나님의 의를 대표하는 본질은 은혜와 사랑이라고 이야기할 수 있습니다. 그러나 은혜와 사랑이 바리새인들의 의와 비교될 때 자칫 도덕과 법과 대척점에 있는 것같이 이해해서는 안 됩니다. 바리새인과 서기관의 의에서 중요한 결함은 도덕성과 법의 문제가 아니고 그 정신과 내용을 성취할 수 없다는 데 있습니다. 가장 중요한 지적이 같은 마태복음 23장에 이렇게 소개되고 있습니다.

이에 예수께서 무리와 제자들에게 말씀하여 이르시되 서기관들과 바리새인들이 모세의 자리에 앉았으니 그러므로 무엇이든지 그들이 말하는 바는 행하고 지키되 그들이 하는 행위는 본받지 말라 그들은 말만 하고 행하지 아니하며 또 무거운 짐을 묶어 사람의 어깨에 지우되 자기는 이것을 한 손가락으로도 움직이려 하지 아니하며 그들의 모든 행위를 사람에게 보이고자 하나니 곧 그 경문 띠를 넓게 하며 옷술을 길게 하고 잔치의 윗자리와 회당의 높은 자리와 시장에서 문안 받는

것과 사람에게 랍비라 칭함을 받는 것을 좋아하느니라(마 23:1~7)

이 지적의 핵심은 오해의 소지가 있습니다. 말만하고 행하지 않는다고 하는 것을 알고는 있지만 실천은 안 한다는 그런 뜻이 아니라는 것입니다. 그들이 말하는 것을 본인들이 이룰 수가 없다는 뜻입니다. 도덕이든 법이든 그 궁극적인 목적은 성경이 이야기하는 바와 같이 하나님 사랑과 이웃 사랑입니다. 그것이 적극적인 의미입니다. 그러나 우리가 현실 속에서 경험하듯이 도덕이나 법을 굉장히 부정적이고 소극적으로밖에는 사용하지 못합니다. 최소한의 사회 질서를 위하여 강제력으로 요구되기 때문입니다. 도덕을 논할지라도 그것이 명분으로는 모두의 공감을 받고 있지만 그것을 실천하는 일은 거의 불가능합니다. 왜 불가능하냐면 적극적으로 그 가치를 자신과 남에게 나눌 만큼의 실력이 죄인 된 인간에게는 없기 때문입니다.

서기관과 바리새인의 의의 치명적 결함이 무엇이냐 할 때 무엇이 옳은가를 모르는 것이 아니라 그 옳은 것을 행사할 때 그것이 자신을 기만하거나 위장할 수밖에 없다는 사실에 있습니다. 또는 다른 사람을 비난하거나 정죄하는 것으로밖에 그 도덕과 법을 사용할 다른 실력이 없다는 사실입니다.

우리가 현실 속에서 쉽게 이 사실을 목도하는데 우리는 어느 곳에서나 최소한의 질서를 위하여 법을 이야기하고 도덕을 이야기할 수 있습니다. 우리 교회 공동체 내에서도 질서를 위하여 최소한의 윤리가 요구됩니다. 은혜를 이야기하고 사랑을 이야기한다고 해서 도덕과 법의 반대편에 서 있는 것이 아니라 도덕과 법의 생명과 내용과 능력을 부여하는 것은 예수밖에 없다는 뜻으로서 서기관과 바리새인의 의와 대조하고 있습니다.

그러나 우리는 그 가진 명분과 가치를 인정한다는 것 때문에 그것을 들먹일 때마다 그것이 이웃 사랑이라는 것으로, 하나님 사랑이라는 것으로 가지 못하는 부분을 간과합니다. 우리가 어느 곳에서나 저지르는 실수입니다. 최소한의 질서가 필요할 때 수준의 윤리를 이야기하는 것은 당연합니다. 그러나 그것을 어떻게 사용하는가 보십시오. "당신 왜 그래? 그 말도 안 되는 짓을 왜 해?"라고 이야기함으로써 나는 마치 그것을 지키고 있는 자같이 생각하고 있다는 것입니다. 이처럼 자신과 상대방을 할 수 있는 자와 할 수 없는 자로 나누고 있습니다. 할 수 있는 자가 할 수 없는 자를 비난함으로써만 자신이 할 수 있다는 것을 증명하지, 그를 포용하여 자신의 옳음을 증명할 방법은 자연인의 경우에는 없습니다. 어떻게 옳은데 입을 다물고 있단 말입니까? 옳은데 입 다물고 있으면 무식하거나 방관자가 될 뿐이지 상대방이 잘못한 것을 웃고 포용할 수 없는 이유는 다른 개선의 방법을 갖고 있지 못하기 때문입니다.

그래서 우리의 옳음은 늘 비평일 수밖에 없습니다. 누구의 잘못을 들춰서만 자기의 옳음이 증명된다는 것은 사실 치사합니다. 누가 공부 잘해 가지고 와서 "야 너 왜 하나 틀렸냐" 그랬더니 "여보 옆집의 누구는 다 틀렸어" 이렇게 이야기하는 것은 여러분도 알다시피 치사한 것입니다. 공부를 잘하면 시험 문제가 쉽게 나오는 것이 싫습니다. 치사합니다. 그러면 다른 식으로도 생각해 봅시다. 여러분이 부자면 '물가가 싼 것이 싫다' 논리가 그렇게 갈 수 있습니다. 우리의 자기 확인은 이렇게 참으로 비열합니다. 이것이 성경이 지적하고 싶은 바입니다.

우리는 누가 틀리면 불편합니다. 그 사람 때문에 일어나는 부작용들이 싫습니다. 그래서 그를 비난할 뿐만 아니라 정죄합니다. "넌 왜 태어났니"라고 합니다. 본질로 들어가면 "너 왜 태어났니. 좋아 내가 한 발 양보하마. 너 태어난 거 내가 인정하겠는데 너 이민 가라" 이것입니다. 우리는 도덕이나 법을 이렇게 밖에 사용할 줄 모릅니다.

그러나 지금 예수님이 하고 싶은 이야기는 예수 안에서 드러나는 하나님의 의는 옳고 그른 자격 논쟁이나 유용성에 관한 능력 문제와는 다른 본질이라는 것입니다. 우리는 그것이 복음의 가장 중요한 본질이라는 것을 기억해야 됩니다. 로마서 1장입니다.

내가 복음을 부끄러워하지 아니하노니 이 복음은 모든 믿는 자에게 구원을 주시는 하나님의 능력이 됨이라 먼저는 유대인에게요 그리고 헬라인에게로다 복음에는 하나님의 의가 나타나서 믿음으로 믿음에 이르게 하나니 기록된 바 오직 의인은 믿음으로 말미암아 살리라 함과 같으니라(롬 1:16~17)

복음은 일단 능력으로 소개됩니다. 왜냐하면 서기관과 바리새인의 의로 설명되고 대표된 그들의 의 곧 하나님 없이 인간이 만들어내는 의란 옳은 것을 혹 알 수는 있으나 옳은 것을 행할 능력은 없다는 것입니다. 왜냐하면 그가 죄인인 까닭입니다. 그가 죄 아래 붙잡혀 있습니다. 선택권이 없습니다. 그래서 우리가 하나님의 의에서 일차적으로 은혜를 강조하고 사랑으로 강조하는 것은 죄의 반대말이 은혜이고 사랑인 탓입니다. 그냥 이해를 위해서 죄와 반대되는 단어를 고르라면 선이나 의가 맞습니다. 그러나 죄의 반대말을 은혜나 사랑으로 놓는 이유는 죄가 세력이기 때문입니다. 죄는 하나의 세력으로 우리를 붙잡고 있습니다.

우리가 의를 행하려면, 참다운 의인이 되려면 죄의 권세에서 벗어나는 것이 가장 중요한 첫 번째 조건이 되어야 합니다. 죄로부터의 구원인 까닭에 은혜가 그 반대편에 섭니다. 왜 은혜가 구원의 반대편에 설 수밖에 없느냐면 죄를 벗어날 실력과 자격이 없기 때문입니다. 누군가 와서 구해줘야 하는 것입니다. 누구의 은혜, 누구의 용서, 누구의 해방이 필요합니다.

그래서 죄의 반대말을 은혜라고 이야기합니다. 여기에는 도덕이 필요 없고 혼란과 무질서가 상관없으니 싸우지 말자는 이야기가 아닙니다. 진정한 도덕을 지키려면, 법을 지키려면, 그 내용을 제대로 실천하려면 우리는 은혜부터 받아야 합니다. 예수 안에서만 그것이 가능하다는 이야기를 하는 것입니다.

그래서 조금 전에 읽은 로마서 1장 16절의 "능력"이란 표현과 17절에 나오는 "오직 의인은 믿음으로 산다"라는 설명은 결국 한 인간이 가지는 의라는 것은 우리가 만들어내는 우리의 실력과 우리의 범위에 속한 것이 아니라 하나님의 통치에 있는 하나님의 속성과 하나님의 성품에 근거한 것으로만 사랑이 가능하다는 것을 설명하는 것입니다. 여기에 기독교 신앙의 자랑이 있습니다. 왜 예수를 믿어야 하는가? 그것은 우리가 만들어내는 가치와 의미와 승리와는 비교도 할 수 없는 창조주의 속성과 성품과 능력과 거룩함으로의 부름이 거기에만 있기 때문입니다.

그래서 예수님께서 하나님의 의를 선포하심에 있어서 서기관과 바리새인들이 올바른 내용과 올바른 규범을 가지고도 결국은 이루어낼 수 없었던 까닭에 당신의 의를 사랑과 대조시키고 우리에게 사랑을 요구하십니다. 요한복음 15장으로 가 보십시다.

아버지께서 나를 사랑하신 것같이 나도 너희를 사랑하였으니 나의 사
랑 안에 거하라 내가 아버지의 계명을 지켜 그의 사랑 안에 거하는 것
같이 너희도 내 계명을 지키면 내 사랑 안에 거하리라 내가 이것을 너희
에게 이름은 내 기쁨이 너희 안에 있어 너희 기쁨을 충만하게 하려 함이
라 내 계명은 곧 내가 너희를 사랑한 것같이 너희도 서로 사랑하라 하
는 이것이니라(요 15:9~12)

하나님의 사랑 안에 거하는 것이 예수님의 계명을 지키는 것입니
다. 여기에도 오해의 소지가 있습니다. '계명'이라는 어떤 이상이나
규칙의 개념을 의의 조건이라 한 것이 아니기 때문입니다. 예수 그
리스도라는 인격자의 속성과 성품과 능력이 강조되고 있지 무인격적
인 개념이 강조된 것이 아닙니다. 어떤 규칙과 규율과 법으로서 우리
의 의의 조건을 말하고 있지 않다는 것을 강조하고 있습니다. 그래서
'내 계명'이라고 하신 것입니다.
　"내 계명을 지키라"는 것은 예수께서 아버지 안에 있는 것같이
우리가 예수 안에 있게 되는 방법을 말하고 있습니다. 그를 따르고
그의 통치에 나를 복종시키는 것을 말합니다. 그러면서도 이 요구
는 굴종하라거나 힘으로 요구해 오는 것이 아닙니다. 13절을 보십시
다.

사람이 친구를 위하여 자기 목숨을 버리면 이보다 더 큰 이 없나니 너
희는 내가 명하는 대로 행하면 곧 나의 친구라(요 15:13~14)

이 계명의 요구는 하나님과 우리 사이를 권력자와 복종자로 나누는 요구가 아니라 친구 관계이기 때문에 요구하는 사랑의 요구입니다. 친구란 대등한 관계를 말하는 것입니다. 친구이기 때문에 요구한다고 합니다. 이 사랑으로 요구하는 대등함이라는 것은 참으로 놀랍습니다. 왜냐하면 사랑의 반대말은 증오나 외면이 아닙니다. 사랑의 반대말은 동정이거나 굴종일 것입니다. 왜냐하면 사랑의 중요한 요소가 대등한 관계이기 때문입니다.

하나님이 예수 안에서 우리를 찾아오사 우리에게 허락하시려는 의는 서기관과 바리새인의 의와 다른 것입니다. 지금까지 살펴본 바와 같이 법과 윤리라는 것을 우리는 자기 증명을 위하여 누구를 해치는 것으로밖에 쓸 능력이 없습니다. 그러나 하나님의 의는 예수 안에서 상대방을 존중하며 가치 있게 만드는 능력이라는 것입니다.

예수께서 우리를 구원하기 위하여 우리를 찾아오시는 데 법과 도덕 그 이상의 더 큰 이유로 오신다는 것입니다. 도덕이란 최소한의 가치가 있어야 되고 법이란 최소한의 조건이 있어야 되는 것입니다. 옳고 그른 조건을 묻거나 가치가 있다 없다 하는 조건을 묻는 것이 법과 도덕입니다.

그러나 지금 예수님이 우리를 찾아오시는 것은 자격과 가치보다 큰 다른 조건을 갖고 오시는데 그것은 사랑이라는 것입니다. 하나님이 우리를 사랑하셔서 자격과 가치로는 받을 수 없는 어떤 복과 영광과 명예를 우리에게 주기로 하신 것입니다. 그 조건과 이유는 법적 조건과 도덕의 조건보다 훨씬 더 큰 것으로서 관계라는 차원에서 하나님이 당신을 우리에게 요구하시고 우리를 당신의 그런 관계의 대상으로서 대접하신다는 것입니다. 여기에 당시 무리들이 반응한 바는 "이 가르침은 다르다. 예수의 가르침은 권위가 있다"라는 것이었습니다.

이런 문제는 성경 전체에 드러나는 하나님이 우리를 향하여 가지시는 깊은 사랑입니다. 하나님이 우리를 요구하시고 또 우리에게 당신을 알리시는 가장 중요한 신앙의 핵심 되는 내용인데 우리가 늘 간과하고 있습니다. 출애굽기 32장으로 가보겠습니다. 당시의 역사적 배경은 이스라엘 백성이 애굽을 탈출하여 하나님의 기적 속에서 해방되어 시내산에 이르렀습니다. 모세가 하나님을 만나 율법을 받으러 시내산에 올라가는 동안 백성들이 금송아지 만들어서 죄를 범했던 그 당시입니다.

이튿날 모세가 백성에게 이르되 너희가 큰 죄를 범하였도다 내가 이제 여호와께로 올라가노니 혹 너희를 위하여 속죄가 될까 하노라 하고 모세가 여호와께로 다시 나아가 여짜오되 슬프도소이다 이 백성이 자기들을 위하여 금 신을 만들었사오니 큰 죄를 범하였나이다 그러나 이제 그들의 죄를 사하시옵소서 그렇지 아니하시오면 원하건대 주께서 기록하신 책에서 내 이름을 지워 버려 주옵소서(출 32:30~32)

모세가 용서를 받아냅니다. 모세 기도의 핵심이 무엇입니까? "하나님, 원래 이 백성을 하나님의 백성으로 삼으시고 저들을 구원하시고 하나님의 자녀로 약속하셨을 때 자격과 가치를 보고 한 것 아니지 않습니까? 하나님은 사랑의 하나님입니다." 이때 말하는 사랑을 서두에서 이야기한 것같이 도덕과 대척점에 놓지 마시라는 것입니다. 사랑이란 도덕을 도덕 되게 하고 법을 법 되게 하는 진정한 본질이요 생명입니다. 사랑이 빠지면 도덕과 법은 사람 잡는 것 외에는 아무런 기능을 할 수 없습니다. 이 이야기를 하는 것입니다. "하나님, 만일 이 백성을 버리시려면 저도 버리십시오. 저도 하나님 마음에 들 자격을 만들 실력이 없습니다. 그리고 제가 아는 하나님은 그런 하나님이 아닙니다"라고 하자 하나님이 용서를 하시는 것입니다. 구약에만 있느냐, 신약에도 있습니다. 로마서 9장입니다.

내가 그리스도 안에서 참말을 하고 거짓말을 아니하노라 나에게 큰 근심이 있는 것과 마음에 그치지 않는 고통이 있는 것을 내 양심이 성령 안에서 나와 더불어 증언하노니 나의 형제 곧 골육의 친척을 위하여 내 자신이 저주를 받아 그리스도에게서 끊어질지라도 원하는 바로라(롬 9:1~3)

바울은 유대인입니다. 이스라엘 백성입니다. 그도 예수를 믿지 않았다가 나중에 회심하고 복음의 사도가 되었습니다. 그리고 뜻밖에 이방인을 위한 사도가 되어서 이방에 다니면서 여러 교회를 세우고 복음을 전합니다. 그래서 마음에 늘 자기 동족 자기 민족이 예수를 믿지 않는 일에 대하여 마음이 아픕니다. 그래서 이 고백을 합니다.

나의 형제 곧 골육의 친척을 위하여 내 자신이 저주를 받아 그리스도에게서 끊어질지라도 원하는 바로라(롬 9:3)

여러분 이 말이 얼마나 무시무시한 말인지 아시겠습니까? 구원받아 천국 가기 바쁜 우리에게 나 지옥 가도 좋다, 대신에 내 가족 구원 시켜 달라고 기도하는 것입니다. 바로 이것이 예수 그리스도 오심 속에 나타난 바입니다. 예수님이 죄인들을 구원하기 위하여 이렇게 하십니다. "아버지여 나를 사망에 내려 보내 주시옵소서." 그것이 성육신과 십자가 아닙니까? 하나님은 기꺼이 우리를 구원하기 위하여 당신을 낮추어 우리의 자리에 찾아오십니다. 우리를 구원하기 위하여 우리가 놓여 있는 사망의 자리까지 오십니다. 이것이 하나님의 의입니다.

도덕과 윤리에 대하여 또는 법에 대하여 은혜가 우선하고 사랑이 모든 것이라고 이야기하는 이유를 이해하셔야 됩니다. 기독교 신앙은 당연히 도덕성을 가집니다. 법보다 더 큰 기준과 책임을 가집니다. 그러나 그것으로 우리가 의로워지고 책임 질 수 있다는 것이 아니라는 것을 알기에 은혜를 구하는 것입니다.

그래서 우리는 우리가 신앙부터 가지는 것이 아니라 죄인으로 태어나는 것이 먼저이듯이 도덕과 법을 먼저 알고 나중에 은혜를 아는 순서를 가진다는 것을 기억하여 이 은혜가 진정한 결실을 하도록 기다리는 사랑을 가져야 됩니다.

산상설교 내내 신자의 신앙의 본질을 이해와 용서라고 설명했습니다. 이해와 용서라는 것은 다른 것이 아닙니다. 내 실력으로 윤리적일 수 없고 법을 지킬 수 없는 현실을 나 자신에게서 발견하여 우리 모두가 동일한 형편 속에 있다는 것을 기억하고 하나님의 역사와 간섭을 기다리는 것을 말합니다.

그래서 신자들의 중요한 실천적 이해는 신앙인으로서의 자기 실천과 이웃에 대한 이해가 보다 너그러워야 합니다. 가장 대표적으로 웃어야 합니다. 어느 때 사람이 시퍼렇게 되는지 보십시오. 옳을 때 그렇습니다. 틀린 사람 잡아서 옳은 것을 확보할 때 시퍼렇게 됩니다. 20세기에 제일 많이 자행된 세계 역사의 현실이 무엇이었습니까? 지나간 20세기에 어떤 역사적 현실을 경험했느냐 하면 이념 투쟁 때 사람은 가장 인간성을 상실하더라는 것을 배웠습니다. "옳은 사회 만들자, 옳은 세상 만들자." 이렇게 외쳐대는 말은 좋은 말이지만 그때 제일 많이 사람을 죽였습니다.

지금도 여러분 한국 사회도 이념 투쟁이 있는데 이념을 탓하고 싶어서 하는 말이 아닙니다. 이념 투쟁을 하면 사람이 친척도 못 알아보고 부모 자식과도 연을 끊고서 울어야 할 때도 절대 안 우는 사람이 됩니다. 이념에 사로잡혀서 인간성이 말살됩니다. 얼마나 끔찍한 일입니까? 신앙도 잘못 나아가면 결사각오 같은 순교가 사람을 시퍼렇게 만듭니다. 멋대가리 없는 인간을 만듭니다. 시도 때도 없이 고함지르고 눈감고 혼자 우는 이상한 괴물을 만듭니다. 웃어야 됩니다. 웃는다는 것은 인간의 한계를 인정하는 것입니다.

잘 생각해보십시오. 신앙이 좋다는 것은 그의 실력이 없는 것을 넘어가주는 것입니다. 손들고 막 옳은 소리 하면 씩 웃는 것입니다. 하나님이 그의 생애 속에서 그를 만드시고 다듬으셔서 제대로 된 실력과 생명과 참다운 승리를 주신다는 것을 기다려주십시오. 들어 주셔야 합니다.

서로 언성을 높이고 얼굴 시뻘게지는 것은 기독교 신앙 실천에는 없습니다. "너 두고 봐 너 지옥 가." 이런 말을 안 하게 되어 있습니다. 그것이 기독교 신앙입니다. 옳으면 다가 아닌 것을 기억하십시오. 내가 사람을 잡고 있는지 참다운 인간성을 신앙으로 누리고 있는지 확인하시는 여러분의 신앙과 신자 된 현실이기를 바랍니다.

기도

하나님 아버지 예수 믿는 것이 우리에게 기뻐야 합니다. 넉넉해야 합니다. 그러나 우린 그렇지 않습니다. 조급해 하고 분내고 억울해 합니다. 우린 아직도 성육신을, 십자가를 조금밖에 이해하지 못합니다. 주께서 우리를 사랑하신다 하며 내 계명을 지키라 초청하사 내 사랑 안에 거하라 하십니다. 내 기쁨을 너희에게 준다 하십니다. 그 기쁨 주시옵소서. 참다운 하나님의 자녀의 인격과 성품과 삶을 알게 하사 우리의 인생의 기적을 알게 하옵소서. 그 신비를 누리게 하옵소서. 우리를 만나는 이들과 내가 사는 세상에 그리스도가 함께 하는 줄 우리 이웃들로 보게 하옵소서.

예수님 이름으로 기도합니다.

아멘